천동설을 극복하기
위해서는 약간의
용기가 필요합니다.
친중북 오류들이 너무
많습니다. 조심합시다.

정 규재.

정규재 TV
닥치고 진실

※ 이 도서의 국립중앙도서관 출판시도서목록(CIP)은 서지정보유통지원시스템 홈페이지 (http://seoji.nl.go.kr)와 국가자료공동목록시스템(http://www.nl.go.kr/kolisnet)에서 이용하실 수 있습니다. (CIP제어번호: CIP2014014927)

정규재TV 닥치고 진실

Copyright ⓒ 2014 by Kyu-Jae Jung

이 책은 저작권법에 따라 보호받는 저작물이므로 무단전재와 무단복제를 금지하며, 이 책 내용의 전부 또는 일부를 이용하려면 반드시 베가북스의 서면동의를 받아야 합니다.

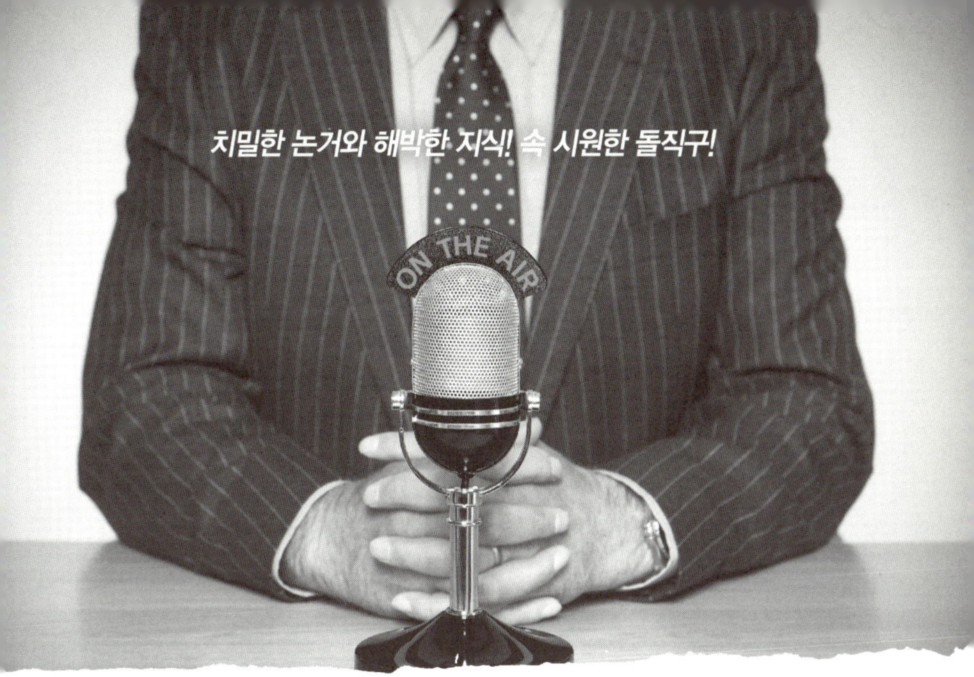
치밀한 논거와 해박한 지식! 속 시원한 돌직구!
ON THE AIR

정규재 TV

닥치고 진실

정규재 지음

베가북스

추천의 글

★ ★ ★

현오석 (부총리, 기획재정부 장관)

'정규재TV'는 여론시장에서 시대에 맞는 소셜플랫폼을 통해 정정당당하게 경쟁하는 것이 무엇인지를 잘 보여줬습니다. 인터넷 기반의 1인 방송을 시작한지 채 2년도 안 돼 누적 시청자가 1,000만 명을 넘어섰다니 정말 대단합니다. 그 자체로 이미 거대한 미디어이고, 여론의 흐름을 읽는 광장인 셈입니다.

특히 시장경제의 효율성에 대한 해박한 논거, 자유민주주의에 대한 확고한 믿음, 경제교육의 중요성에 대한 소신이 돋보입니다. 뉴미디어시대를 선도하는 오피니언 리더의 성공사례를 눈앞에서 목격하니 아주 기분 좋습니다. 앞으로도 '정규재TV'가 한국경제의 갈 길과 할일에 대한 생산적인 공론의 장으로 승승장구하길 기원합니다.

★ ★ ★
복거일 (소설가)

'정규재TV'는 어느 사이엔가 '현상'이 되었다. 이제 '정규재TV'는 우리 사회에서 가장 진지하고 솔직한 담론들의 진원이다. 객관적 조건들만 따지면 결코 대중적 성공을 거둘 수 없는 외로운 방송이 좀처럼 열광하지 않는 사람들로부터 열광을 불러낸 것이다.

혼자 길을 나선 개척자가 광야를 발견한 셈이다. 모두 궁금해할 그 성공의 비밀을 우리는 이 책에서 엿볼 수 있다.

'정규재TV'가 경이로운 발전을 이어가기를 기원한다.

★ ★ ★
이순우 (우리금융지주 회장, 우리은행장)

'정규재TV'는 자유민주주의와 시장경제 원칙에 입각, 우리 사회의 잘못된 경제관을 바로잡고 사회 현안을 정론으로 분석해주는 우리나라의 대표적 지식교양 채널입니다. 특히 정규재 논설실장님의 치밀한 논리와 해박한 지식을 바탕으로 한 직설 화법은 경제와 시사에 대한 저의 지적 갈증을 속 시원하게 해소해 주기도 하였습니다. 앞으로도 정규재TV가 인문과 사회, 정치와 경제를 아우르는 우리나라의 대표 방송이 되길 기원합니다.

★ ★ ★

김영환 (민주당 의원)

2012년 4월 첫 방송을 시작으로 2년도 채 안 되는 짧은 기간 동안 국민들의 열화와 같은 호응을 이끌어 낸 것은 참으로 대단한 일입니다. 그 폭발적인 힘은 '정규재TV'의 정치·경제·사회·문화를 총망라한 수준 높은 콘텐트에서 나오는 것이라 생각합니다. 때로는 날카롭게, 때로는 흥미롭게 사안을 분석하고 해결 방안까지 제시해주는 '정규재TV'를 통해 많은 국민이 복잡한 사안을 쉽게 이해하고 또 자신의 생각을 정리할 수 있었습니다.

앞으로도 계속해서 국민의 곁에서 국민을 대변하고 국민에게 정확한 정보를 제공하는 매체로서의 역할을 해주셨으면 합니다.

★ ★ ★

이승훈 (서울대 교수)

'정규재TV'는 시의적절한 주제로 다양한 시각을 일깨워주는 역할을 해주고 있습니다. 허름한 스튜디오도, 보잘 것 없는 화질도 오히려 콘텐트에 집중할 수 있게 해주는 것 같아서 좋습니다. 앞으로도 지금껏 해온 것처럼, 시장주의적, 자유주의적 시각에서 본질은 무엇이며 문제점이 무엇인지, 또 해결방안은 어떠해야 하는지 잘 제안해주셨으면 하는 바람입니다.

★ ★ ★

강만수 (전 기재부 장관)

'정규재TV'는 지금 있어야 할, 사회적으로 필요한 목소리를 잘 내고 있다. 잘못 가고 있는 여론에 대해 내용을 깊이 있게 분석해서 정리해주고 있으며, 기업가정신이 크게 위축되고 있는 상황에서 그 필요성을 잘 대변하고 있다. 정부에 대해서도 잘잘못을 과감하고 용기 있게 지적하고 있다. 앞으로도 계속 목소리를 키워갔으면 좋겠다.

★ ★ ★

이영훈 (서울대 교수)

'정규재TV'는 대단히 중요한 국민 교육 역할을 하고 있다고 생각합니다. 자유주의적 관점에서의 사회, 역사, 세계 경제에 대한 소개가 tv영상 매체로는 드물다는 점에서 '정규재TV'는 많은 성과를 이루었습니다. 그 내용이 유익할뿐 아니라, 대학강의에서도 쉽게 들을 수 없는 수준의 교육이 대중매체로서 이루어지는 것의 가능성까지 보여주었습니다. 유사 매체가 많이 발전을 하고, 널리 보급됐으면 하는 바람입니다.

추천의 글 ·· 4
서문 ·· 12

CHANNEL 1 낭만주의적 무지

서울 시장의 자격 ·· 20
기초연금에 던지는 도덕철학적 문제 ······································ 30
누가 인문학을 말씀하시는지 ··· 38
청년 미래 저당 잡힌 복지국가의 출발 ··································· 48
경제가 민주화의 대상인가 ··· 53
스포츠 정치학 ··· 63
압축 퇴보로 낙제생 자리 굳혀가는 대한민국 ························ 71
가짜 멘토들의 행복론 ··· 79

규제의 탄생 그리고 생태계 ··· 84
국가가 법정에 설 때 ·· 94
골목 상권 일자리 계산법 ·· 97
돈 크라이 포 아르헨티나 ··· 105
메르켈의 승리를 보고 ·· 114

자유인의 서재 꼰빠이 386 ··· 120

CHANNEL 2 오류가 낳은 치명적 결과

OECD? GDP? 알량한 억지 통계 ·· 134
대기업 일자리에 관한 잘못된 주장들 ··································· 144
양극화? 과장과 착시와 위선 ·· 149
또 괴담이 먹히는 대한민국의 낮은 지력 ································ 158
춤추는 토지 불평등론 ·· 167
얼간이들의 자살론 ·· 171

재미있는 엉터리 ································· 178
춤추는 법인세 ································· 183
로마클럽 보고서 40년의 적폐 ······················ 188

자유인의 서재 북학의 ···························· 196

CHANNEL 3 촌철살인 경제논평

한국 재벌 출생의 비밀 ··························· 208
지하경제 양성화, 세금 얼마나 더 걷어질까 ············ 219
휴대폰 단말기 보조금 ··························· 227
갑을의 경제학 ································· 231
어, 비교우위네 ································ 236
근로시간 단축, 천국은 올 것인가 ··················· 243
정의의 상속세 불의의 상속세 ······················ 252
무너진 한국판 카길의 꿈 ·························· 262

중국 3중전회 감상법 ······································· 267
우량기업들이 증세를 보이콧하는 이유 모르시나 ······················· 277
도시의 몰락 ······································· 283

자유인의 서재 시장경제와 화폐금융제도 ······················· 290

[특별수록] 정규재TV 오프 더 레코드
초여름 밤의 토크콘서트 ······································· 306
정규재에게 묻는다 ······································· 336

서 문

> "정규재 TV를 만든 것은
> '마음 속에 촛불 하나'라는 간절한 심정이었다"

　첫 동영상 방송이 나간 것은 '정규재TV'라는 것을 만들어보기로 생각한 지 불과 이틀 만의 일이었다. 평소 잘 알고 지내던 김PD가 마침 동영상을 제작할 수 있다기에 같이 남대문 시장으로 나가 카메라를 구입한 것이 준비의 전부였다. 그리고 돌아와 개국 인사말을 찍었다. 논설위원실 내 책상 바로 옆 회의용 탁자에서였다. 정규재TV는 그렇게 시작되었다. 그러나 즉흥적이었다고 생각하지는 마시라.
　'나꼼수'가 아직 여진을 울릴 때였고 종편들이 새로 영업 허가를 얻어 막 방송국을 차릴 즈음이었다. MBC는 그 난장판이던 광우병 보도 이후에도 별로 달라진 것이 없어보였다. 방송 기자들이 공부하지 않는다는 것은 잘 알려진 이야기지만, 기자들은 자기도 모르는 주장들에 열을 내고 있었고 일부 앵커들은 마치 앵무새들처럼 멋들어지게 연기할 뿐이었다. 돌아가는 모양새로 판단컨대 종편들도 별로 기대할 것이 없었다.

한국의 정치 연예 잡담 방송사들은 오랜 기간 동안 독점이었고 제멋대로였다. 지금도 이런 현상은 계속되고 있다. 노조가 운영하는 '노영(勞營)방송'이라는 말까지 나돌고 있을 정도다. 방송은 무엇보다 싸구려 정치 이념 쓰레기의 상자였다. TV를 굳이 바보상자라고 폄훼할 이유는 없었다. 그러나 싸구려 정치이념을 파는 좌편향 굴절기 역할은 톡톡히 해내고 있었다. 편향적 뉴스들은 그 자체로 쓰레기 더미 같은 악취를 뿜어대고 있었다.

심야토론, 백분토론 등 TV 토론에도 적잖이 출연해왔지만 그쪽 분야도 마찬가지였다. 시간이 지날수록 토론이 가능한 사람은 점차 사라졌고 토론 아닌 불만의 표출이나 자극적 선동을 토로하고 싶은 사람만 등장했다. 그래서 어떤 날은 4명 토론에 3대1의 싸움이 되거나 6명 토론에 5대1의 난장판이 되는 경우조차 생겨났다. 모두가 대중의 인기만을 의식해 겉으로 보기에 아름다운 단어들만 내뱉었다. 결국 내가 물러나는 것이 상책이었다. 저질 평준화가 시대의 대세였다. '정규재TV'는 그래서 시작한 몸부림이었다. 누구라도 촛불 하나는 켜고 서 있어야 할 것 아닌가라는 간절한

©Jason

마음이었다. 그것은 긴 시간 가슴만 끓여오던 것이었다.

지식이 있는 방송, 교양이 있는 방송, 생각할 무언가가 있는 방송을 해보자는 것이었지만, 그런 거창한 목표들이 어느 정도 달성되고 있는지 아직은 알 수 없다. 그러나 많은 사람들이 '정규재TV'를 보고 있다. 이것은 사실이다. 직업도 나이도 다양한 많은 사람들이 제대로 된 교양물에 목말라하고 있다는 것이 마침내 확인되었다. 동영상을 만들면서 한편의 길이가 5분을 넘어서면 절대로 시청자가 보지 않는다는 말을 귀가 따갑도록 들었다. 소녀시대도 3분이면 사람들이 지루해 한다는 것이었다. 그러나 '정규재TV'는 한편에 20분, 때로는 30분을 넘기는 프로들이 많았다. 아니 대부분이 적어도 20분 이상 걸리는 프로그램으로 채워져 있다. 시청자들의 인내력이 고마울 따름이다. 어떤 주제는 40분, 50분짜리도 있다. 그런 동영상은 부득이 1부와 2부로 나누어 제목을 달았다.

'정규재TV'는 시사 사건들에 대한 논평, 고전 읽기, 극강, 기타 교양물들로 편성해 운영하고 있다. 정규재 외에 강규형, 현진권, 이영훈 교수가 출연한 동영상들은 인기리에 방송되고 있다. 정치 현안 이슈들도 많은 관심을 끌었다. 특히 정치인 안철수에 대한 논평들은 '정규재TV'가 사람들에게 알려지는 데 크게 일조했다고 할 만큼 많은 인기를 끌었다. 안철수에게 감사해야할 따름이지만 그는 아직도 방황하고 있어 걱정을 잔뜩 안긴다. 그는 언론이 만들어 올린 위인이었다. 언론은 언제나 위인 아니면 악당으로 뉴스를 재단하는 버릇들이 있다. 아니, 우리 마음들이 그런 보도를 요구하고 있다. 그것에 자기도 모르는 새 희생된 자들이 많다. 나는 정치인 안철수도 그런 경우라고 본다. 그러니 부디 조심하시라. 누구라도 자신에게 대중들이 쏟아내는 과찬의 언어들이 쌓일 때엔, 그것들이 실은 자신을 파괴하는 독화살이라는 것도 알아야 한다. 그러나 정치는 그런 식으로 돌아가는 모양이다.

'정규재TV' 프로그램들은 유튜브에 보관되기 때문에 체계적으로, 그리고 제대로 정리되어 있지 않다. 언제나 죄송스럽고 아쉬운 점이다. 이 책은 유튜브에 저장된 '정규재TV'를 분류, 정리한 것이다. 글 사이사이 덧붙여놓은 약간의 보충 설명이 영상의 미진한 부분을 조금이나마 채워줄 수 있기를 바란다. '정규재TV'를 급한 대로 발간하기로 결심한 것은 독자 여러분들의 요청이 많았기도 하고 출판사 측의 달콤한 꼬드김이 있었기 때문이다. 더구나 (툭 터놓고 하는 얘기지만) 책이 많이 알려지면 '정규재TV' 시청자도 더 늘어날 것이라는 점도 생각했다.

'정규재TV'가 인기를 끌자 수많은 유사품들이 생겨나기도 했다. 아마 줄잡아 스무 개는 넘을 것 같다. 진영으로 보자면 양쪽에서 모두 비슷한 숫자가 생겨났다. 가짜나 짝퉁이 많다는 것은 '정규재TV'를 꽤 그럴듯하게 생각해주는 사람이 많았다는 뜻이기도 하다. 개국 2년을 10여일 앞둔 지난 2월초 정확하게 1천만 뷰가 넘어섰다. '정규재TV'는 스스로 진보를 자처하고 있다. 퇴행적 수구좌파가 아니라, 그리고 무작정 보수 꼴통이 아니라 진짜 보수

말이다. 중도보수나 건전한 보수, 따듯한 보수 등등의 말도 대부분은 정치적 윤색에 불과하다. 진정한 보수야말로 개혁적이다. 정치 논리나 구차한 진영논리가 아니라 역사적 맥락이 있고 배경적 지식이 드러나며, 논리에 들어맞는, 그런 자유의 가치를 '정규재TV'는 지지한다. 자유만큼 중요한 가치는 존재할 수 없다. 자유롭기 때문에 평등한 것이고 자유롭기 때문에 인간이다. 사람은 국가가 나누어주는 먹이로 살아가는 동물이 아니다. 자기의 책임을 극소수 부자에게 떠넘기는 그런 도덕적 타락과도 거리가 멀다. 그게 '정규재TV'의 철학이다. 그러니 그런 철학을 조금이라도 더 알아보고 싶은 분들은 '정규재TV'에 동참하시기를 바란다.

ㅎㅎㅎㅎ-.

낭만주의적 무지

"이제 2030들이 선택해야 합니다.
아직도 자본주의를 깨부수고 보편적 복지를 해서
행복하게 살아보자는 낭만주의에 빠져있다면,
그것이야말로 자신들의 미래를
갉아 먹는 꼴이라는 것을 깨달아야 합니다."

서울 시장의 자격

'도시' 하면 사람들은 흔히 인간 소외를 떠올립니다. 도시에서 살아가는 사람들의 분자화, 또는 익명성, 비정함 등을 떠올리지요. 그런데 우리는 도시가 인간을 얼마나 풍요롭고 행복하게 만들었는지에 대해서는 잘 생각하지 않습니다. 서울만 해도 천만 명이 넘는 거대한 인구가 익명성 속에서 살아가고, 온종일 거리를 걸어도 아는 사람을 만나기 쉽지 않습니다. 하지만 사실 그런 요인들 때문에 지금 우리가 누리는 자유가 있습니다. 서로 모르기 때문에 누군가에게 허리를 굽혀 인사하거나, 시선을 의식하거나, 어떠한 권위주의적인 요구를 받을 이유가 없는 겁니다. 도시에 대한 몰이해는 아주 넓게 퍼져있습니다. 우리 사회 시인과 묵객들은 도시를 부정적인 이미지로만 그려내고 있지요.

도시는 문명 그 자체입니다. 도시에는 자유가 있고, 일자리가 있습니다. 서울의 직업 수가 5만 개라면, 뉴욕은 10만 개가 넘습니다. 도시가 크면 클수록 기하급수적으로 직업 수도 늘어나고,

일자리도 늘어나고, 우리들이 생활의 소요를 위해 구할 수 있는 상품의 종류도 늘어납니다. 도시에서 높은 빌딩을 올리는 이유가 꼭 좁은 토지 때문만은 아닙니다. 하나의 단위 면적 위에 마치 벌집처럼 긴밀하고도 복잡한 협업이 가능한 연결고리Junction를 만들어내는 것이 바로 빌딩입니다.

물론 도시에는 비정한 측면이 있죠. 쓸쓸하고 외롭고 고독하고. 그러나 동시에 깨끗하게 포장된 거리와 적절하게 잘 관리된 빌딩들이 우리를 편리하게도 합니다. 도회적인 미학도 있는 것이죠. 왜 도시남자 도시여자라는 말도 있지 않습니까. 우리는 도시 속에서 전혀 낯선 자들과 협력할 수 있고, 더불어 풍요로운 삶도 가꾸어 갈 수 있습니다. 똑같은 10만 명의 공동체라도 도시와 농촌의 문명 수준은 매우 다르죠. 도시의 빌딩 높이만큼 복잡성과 분업의 정도도 높아집니다. 그러니까 도시는 나쁘다, 좋다고 얘기할 성질의 것이 아닙니다.

그런데 서울과 같은 최첨단 도시를 이끄는 박원순 시장은 도시 자체를 아주 부정하는 사고방식을 가지고 있는 전형적인 좌 편향적 문명관, 좌 편향적 도시관을 가지고 있는 듯합니다. 최근에는 난데없이 영등포 시장통에 반값식당을 차리겠노라고 선언했죠. 영등포역 부근을 배회하는 노숙자와 저소득 빈곤층을 위해 서울시에서 건물을 사들이고, 반값식당을 운영하겠다는 겁니다. 시 정부에서 식당을 차리고 요리에 소질이 있는 시민이 재능기부 형식으로 봉사하면, 이천 원 내지 삼천 원 정도의 저렴한 값에 그럴듯한 식사를 할 수 있는 반값식당이 충분히 운영될 것이라며, 아름다운 그림을 그렸죠. 참, 말은 그럴듯합니다. 그런데 결국 어떻게 됐나요? 서울시가 1억 8,000만 원을 들여 완공한 영등포 1호 반값식당은 운영도 해보지 못한 채 3개월이나 방치돼 있었습니다. 왜 그랬을까요?

당연한 결과입니다. 주변에 다른 식당들이 가만히 있겠습니까? 그야말로 시장에 대해 무지한 이야기를 한 겁니다. 당장 인근 영세 식당 업자들이 반값식당의 저렴한 가격 때문에 상권이 위협받을 수 있다고 반발하고 나섰습니다. 지역주민 역시 영등포역 상주 노숙인이 몰려들면 주거환경이 나빠진다며 반발에 가세했습니다. 결국 서울시는 이들의 의견을 받아들여 정책을 백지화하고 말았죠.

그러니까 박원순 시장은 시장경제가 만들어내는 복잡성, 도시 문명이 만들어내는 고도화된 분업구조를 전혀 이해하지 못하고 있는 겁니다. 아니면 일각에서 주장하듯이 그저 듣기 좋은 이야기나 하고 순진한 눈빛을 하면서 표를 얻고 권력을 장악하고 좌익세력을 심는 좌익정치가일 뿐인 겁니다. 둘 중 하납니다. 만약 박원순 시장이 그저 순진해서 반값식당에다 1억 8,000만 원의 예산을 투자했다면, 경제에 대한 이해 수준이 "한국은행에서 0만 하나 더 찍어주면 우리 국민 모두 부자가 될 텐데…"라고 생각하는 초등학생과 다를 바 없습니다.

어찌 됐건 그동안의 정책 행보로 본다면, 박 시장은 도시에 대해 무지하고, 도시기능 자체를 부정하고 있습니다. 서울 시청에서 양봉을 하겠다, 노들섬에서 도시 농업을 하겠다, 협동조합운동을 하겠다, 마을 공동체 사업을 하겠다, 세빛둥둥섬은 추진하지 않겠다, 한강 르네상스도 백지화하겠다…등등입니다. 박원순 시장은 세계 8위권의 서울이라는 메가 시티, 거대 도시의 시장이라고는 생각할 수 없을 정도로 도시에 대해 전혀 무지하다고 이야기할 수밖에 없습니다.

예컨대 박원순 시장이 백지화시킨 한강 르네상스 사업 같은 경우를 한 번 생각해봅시다. 프랑스 파리처럼 역사적 유물이 많은 구舊 도시old city들은 전통 건축물들을 보호하지만, 그런 경우를 제외하고는 전 세계 어느 도시에나 초고층 아파트와 밀집된 빌딩 구역이 존재하기 마련입니다. 서울의 오래된 콘크리트 건물들이 유물적 가치가 있나요? 그걸 그냥 두면 바로 슬럼으로 전락하는 겁니다. 오히려 초고층 아파트나 고도화된 빌딩을 세워야 녹지가 생기고 한강의 스카이라인이 생겨납니다. 지금처럼 성냥갑 같은 아파트들이 빽빽하게 붙어 있어야 좋은 걸까요? 한강을 끼고 성냥갑들이 마치 감옥의 담처럼 길게 세워져있는 장면은 정말 끔찍합니다. 서울의 공기 흐름을 막고 서울을 차폐하는 것과 다를 것이 없습니다.

근데 한 가지 이상한 것은, 오세훈 전 시장이 계획한 경전철 개발 사업은 그대로 진행하기로 한 것입니다. 8조 원이나 들어가는 거대한 프로젝트인데 말이죠. 도시를 제대로 이해하지 못하고, 도시화를 반대하는 박 시장이 비용편익 숫자도 제대로 안 나온 경전철 개발 사업은 왜 하려고 할까? 오히려 의혹이 생깁니다. 박 시장의 도시 개조 사업인 (저는 이것을 도시 파괴 사업이라 부릅니다만) 협동조합, 마을 가꾸기 사업 등과 묘하게 얽혀서 박원순 식의 정치적 결사체를 만들거나 정치 운동에 불을 붙이려는 것이 아닐까 의심이 들 정도입니다. 박 시장은 '건축 시장', '토목 시장' 같은 말로 이명박 전 시장을 공격했었죠. 근데 그걸 지금 본인이 하겠다는 거거든요. 그러니까 무언가 노림수가 있다고 볼 수밖에요. 박 시장의 사업 진행이 정치적 세력화나 관련 단체 등과 무언가 이권적 관련이 있지 않나 하는 공연한 의심만 생겨납니다. 지금 협동조합이 그런 의심을 받고 있죠.

현재 만들어진 협동조합이 서울에만 1,300개입니다. 이 중에는 사회적 협동조합도 꽤 됩니다. 일반 협동조합이 있고, 사회적 협동조합이 있습니다. 협동조합 연합도 있죠. 얼마 전에는 서울 망원동 등지에서 동네 문구점 협동조합이 대형마트 출점 거부 운동을 벌였습니다. 이렇게 되면 이미 협동조합이 아니죠. 지역이기주의를 양산하는 정치 운동을 하는 단체가 협동조합이 되어 있는 꼴입니다. 더구나 협동조합법 제 10조 2항을 보면, 정부가 돈을 댈 수 있도록 해놓았습니다. 그러니까 이런 협동조합 설립붐이 일어난 것입니다. 서울시의 경우, 박원순 시장의 계획은 민간인 매

칭 펀드 1,000억을 만드는 겁니다. 서울시에서 500억을 내고, 민간에서 500억을 내서 1,000억을 만들자. 그 민간이 누구겠어요? 또 삼성전자나 현대차에 가서 무언가를 협찬하라고 요구하겠지요. 그렇게 받은 1,000억을 누구에게 주겠습니까?

협동조합 8,000개가 목표랍니다. 이거, 겁나는 일이죠. 그렇게 해서 도시를 파괴하는 겁니다. 민주당은 아예 지자체가 출자할 수 있도록 하자는 이야기까지 하고 있습니다. 그렇게 되면 대한민국 경제는 완전히 정치적으로 재편됩니다. 정상적 기업 활동이나 원리에 맞는 시장의 운영은 거의 불가능해질 수 있습니다. 도처에 협동조합들이 들어서서 정치를 등에 업고 정상적인 기업을 축출하게 되죠. 그러면 도시는 파괴되고, 경제는 죽게 됩니다. 그런 협동조합을 만든다고 "마음에 맞는 사람 다섯 사람 있으세요?"하며 동네방네 선전을 하고 있어요. 멋모르는 사람들은 마음 맞는 사람들끼리 오순도순 모여서 경제활동을 하면, 정부가 지원까지 해준다는 아름다운 상상을 할 겁니다. 과연 그럴까요? 자본주의 시장경제체제는 마음에 맞지 않는 사람도 오십 명, 오백 명, 오천 명, 오만 명을 분업조직으로 엮어서 협동할 수 있도록 만들어냅니다. 설사 마음이 안 맞더라도 계산만 정확하면, 오백 명, 오천 명, 오만 명이 주주로 참여해서 자본을 모으고 고도화된 분업의 시스템을 만들어내는 것이 바로 시장경제 체제인데 말이죠. 지금 박 시장은 그런 고도화된 시장경제 체제를 원시 촌락 공동체적 형태로 환원하려고 악을 쓰고 있는 겁니다. 돈까지 줘가면서!

도시는 문명 그 자체입니다.
도시에는 자유가 있고, 일자리가 있습니다.
도시의 빌딩 높이만큼
복잡성과 분업의 정도도 높아집니다.
도시는 나쁘다, 좋다고 얘기할 성질의 것이
전혀 아닌 것입니다.

"그런 것이 아니다. 기업은 기업대로 커나가고, 이 협동조합은 정부가 조금만 도와주면 생산적인 경제활동을 할 수 있는 사람들을 지원하는 거다." 말은 그렇게 하겠죠. 근데 당장 한번 보세요. 동네 문구점 협동조합이 대형마트 출점을 거부하고 있지 않습니까. 성미산 마을은 아예 동네 입구부터 '미군 철수' '미군 규탄'과 같은 현수막을 붙여놓고 있습니다. 박 시장의 목표는 720억 원을 들여서 3,180명의 마을공동체 활동가를 만들어내겠다는 것인데요. 이 사람들이 사실상 도시를 파괴하고, 좌익 운동의 선봉자가 되는 겁니다. 서울시 예산으로 시장선거 운동을 하고 좌익이념 전파 조직을 지원하는 셈이 되는 거죠. 그게 협동조합과 마을공동체 사업입니다.

만약 그게 아니라, 박원순 시장이 정말 순수해서 소꿉장난하듯이 소녀적 감성으로 이런 식의 정책 사업을 진행하는 것이라고 해도 문제는 심각합니다. 서울은 국내 GDP의 25%를 차지하고 유동인구를 합쳐 1,150만 명이 생활하는 한국의 거대한 자산이요 자본입니다. 현대적 부가가치를 창출하며 이를 생산할 인력과 자본을 유치하고 배양하는 거대 도시죠. 그런데 도시화에 역행하는 협동조합이나 사회적 기업은 정상적인 기업을 파괴합니다. 소기업의 자리에 사회적 기업이 들어오는 겁니다. 일자리가 늘어난 것이 아니라 소기업이 죽는 것이죠. 그런 꼴을 만들어서는 사회적 기업 일자리 몇 개 창출됐다고 손뼉을 칩니까?

시장의 혁신 외에는 그 어떤 새로운 일자리도 만들어낼 수 없습니다. 주인 없는 땅, 주인 없는 빌딩이 어디 있습니까? 어떤 어리석은 사람이 좋은 땅을 가지고 묵혀두는 것을, 현명한 사람이 매수해서 빌딩을 세우고 치열한 경제활동이 일어나도록 만드는 혁신이 일어나야 비로소 일자리가 생깁니다. 비어있는 일자리를 사회적 기업이 채운다는 것은 난센스입니다. 설사 일시적 공백이 존재한다 해도 그것을 협동조합이나 사회적 기업이 메운다면 효율적인 기업이 들어올 기회를 오히려 정치적으로 차단하게 되는 것이지요. 그렇게 되면 그 사회는 점점 망하게 되는 겁니다. 그 피해는 고스란히 시민의 세금으로 돌아옵니다. 협동조합 운동은 구 유럽과 러시아 같은 곳에서 이미 19세기에 거의 끝난 것입니다.

🎙️ 서울과 같은 거대 도시를 운영할 시장은 도시를 아는 사람이어야 합니다. 베이징, 도쿄, 싱가포르 등과 경쟁하고, 대한민국 성장의 견인차 역할을 하는 미래 서울의 청사진을 제안할 수 있어야 합니다. 집중과 고밀도의 원리가 어떤 것인지 이해하는 사람이어야 서울 시내에서 발생하는 수도 없는 이해관계를 조정할 수 있고, 서울을 운영할 기본적 아이디어를 형성할 수 있는 겁니다. 서울은 천만 시민의 삶의 공간이지, 소녀취향의 실험장이 아니란 사실을 명심해야 할 것입니다.

기초연금에 던지는
도덕철학적 문제

우리 사회를 뜨겁게 달구고 있는 기초연금에 대한 몇 가지 논쟁이 있습니다. 제1의 논쟁은 이겁니다. "**국민연금과 기초연금이 연계될 수 있는 것이냐?**" 저는 당연히 연계되어야 한다고 봅니다. 그다음, 보다 본질적으로는 "**하위 70%에게 20만 원씩 주는 기초연금이 옳은 것인가?**"라는 철학적 논쟁이 있습니다. 그러니까 "약 390만 명의 모든 노인에게 기초연금을 준다는 보편적 복지정책이 과연 맞는 것인가?" 이게 두 번째 논쟁이 될 것입니다.

우선 기초연금에 대해 한번 알아봅시다. 기초연금이란 하위 70%인 390만 명의 노인에게 월 20만 원씩을 지급한다는 것입니다. 하위 70%의 기준은 뭐냐? 단독 가구의 경우 소득이 83만 원에 못 미치는 경우입니다. 부부 합산소득으로 따지면 133만 원이 안 되는 경우입니다. 물론 국민연금에 가입해서 이 연금을 받는 사람은 2011년부터 2020년에 이르는 기간 동안 1년에 만 원씩 줄이되, 최소 10만 원은 추가로 지급하도록 하고 있습니다. 이런 방식을 통해 현재 45% 정도인 노인빈곤율이 6~7% 정도 줄어들 것으로 보고 있죠.

근데 이 기초연금을 둘러싸고 민주당이나 일부 야권, 소위 좌익그룹에서의 반발이 있습니다. 참, 야비한 반발이기도 하고, 이미 예견된 반발이기도 한데요. 지금 우리나라는 이미 기초노령연금이라는 제도를 가지고 있습니다. 기초노령연금은 평균 소득의 값, 이것을 우리는 A값이라고 하는데요, 이 A값의 최고 10%까지 연금을 주는 겁니다. 2만 원부터 최고 9만 7천원까지 소득수준에 따라 지급되고 있습니다. 근데 일정기간이 지나면 이 A값이 늘어나서 20%까지 오릅니다. 그럼 19만 원 정도 되죠. 작년 기초노령연금 대상자가 391만 명이었는데, 이들 중 대부분인 350만 명이 내년부터는 약 20만 원을 받게 됩니다. 그러니까 기초노령연금을 기초연금으로 바꾸는 방식에 대해 의견 대립이 생기는 겁니다.

정부의 소요예산 규모를 비교해보면, 2020년에 기초노령연금이 13조 7천억이고 기초연금이 17조 2천억으로, 기초연금이 더 많습니다. 그런데 2028년이 되면 이 두 그래프가 만나게 되고 그 이후부터는 뒤집히기 시작합니다. 2030년 되면 정부 소요예산 규모는 노령연금이 54조 원, 기초연금은 49조 원 정도가 됩니다. 2040년이 되면 기초노령연금은 111조 6천억 원으로 불어나고, 기초연금은 100조 원 정도가 됩니다. 오히려 기초노령연금의 지급 총액이 많아지게 된다는 얘기죠. 예산총액이 뒤집어지는 2028년이라면 지금으로부터 15년 후, 즉, 지금 50세가 65세 되는 해입니다. 그래서 지금 50세 이하의 국민은 기초연금으로 제도가 바뀌는 것보다 기초노령연금을 그대로 두는 것이 유리하다는 계산이 나오는 거죠.

기초노령연금을 받는 사람들은 내년 7월부터 수령액이 약 20만 원으로 오른다는 기대감 때문에 장기적으로 정부예산이 어떤 그래프를 그릴지에 대해서는 제대로 인식하지 못하고, 정부도 구체적 설명을 하지 않았습니다. 그러다보니 상황이 일종의 세대전쟁 비슷하게 돌아가고 있는 겁니다. 당장 지금부터 연금을 받고 있거나 곧 받을 노인들에게는 기초연금제도가 절대적으로 유리하고, 50세 이하의 국민에게는 기초노령연금이 유리한 것처럼 보이는 거죠. 그래서 이 문제가 복잡하게 전개되고 있는 겁니다.

그다음, 국민연금과 기초연금을 연계하는 것에 대한 논란입니다. 당연히 연계하는 것이 옳습니다. 국민연금이라는 것은 저축이 아닙니다. 많은 사람이 국민연금을 공무원 연금처럼 당연히 내가 저축한 돈을 받는 것처럼 착각하고 있죠. 외형상 구조는 그렇게 보이지만, 사실 국민연금의 조직 원리는 그렇지 않습니다.

많은 사람들이 국민연금은 나의 퇴직연금이고 내가 노후를 위해 저축해놓은 돈이 국립연금관리공단에 쌓여가는 중이라고 생각합니다. 하지만 사실은 그렇지 않습니다. 마치 자식이 부모를 봉양하듯이, 현재 돈을 버는 사람들이 은퇴한 노인들에게 돈을 주는 것이 국민연금의 기본 원리입니다. 지금 내가 내는 돈은 노인들이 받아가고 없는 돈입니다. 국민연금은 원리상 세금을 걷어서 주는 것이 맞습니다. 그러니까 국민연금이라기보다 실은 기초연금이라는 말이 더 맞죠. 아니라면 기초 수당, 기초 지급금 등이 차라리 오해를 낳지 않는 단어입니다.

그런데 국민연금을 만들고, 가입을 유도하기 위해 가입 안 한 사람에게는 연금도 없도록 한 겁니다. 그러니까 연금을 받지 못하는 사람이 생기고, 그 사람들에게 연금을 주기 위해 기초노령연금이라는 것을 또 하나 만들게 된 거죠. 처음부터 기초연금으로 세금을 걷어서 줬다면 아무 문제가 없는 겁니다. 근데 세금을 걷어서 주는 형식으로 하지 않고, 적립의 형태로 만들었죠. 그래서 지금 은퇴자들에게 연금을 주는 데 필요한 돈보다 훨씬 많은 돈을 걷고 있는 겁니다. 그렇게 걷고 있는 돈은 저축이나 적립의 차원이 아닙니다. 우리나라 인구 구조가 한 시기에 베이비붐 세대들이 왕창 몰려있고, 그다음에 저출산으로 이어졌잖아요. 이 베이비붐 세대들이 나중에 은퇴하면 세금을 걷어 연금을 지급해야 하는데, 그때는 일시적으로 큰 부담이 생기므로 베이비붐 세대들이 열심히 경제활동을 하는 지금 미리 세금을 더 걷어놓자는 생각을 한 것입니다. 말하자면, 국민연금은 세금으로 지급되는 겁니다. 나중에 세금이 모자랄 테니 더 걷어놓은 겁니다. 내가 탈 돈을 미리 모아두는 저축이 아닌 것입니다. 다만 세금을 많이 낸 사람은 그 금액에 비례해서 좀 더 준다는 취지에서 소득비례연금을 연계하는 것이죠.

기초연금의 기본정신은 세금을 걷어서 지급한다는 것입니다. 근데 국민연금 방식으로 만들다보니 국민연금을 내지 않는 노인에게는 연금이 없는 이상한 사태가 생기고, 그래서 기초노령연금을 이중으로 만들게 되면서 뒤죽박죽이 된 겁니다. 즉, 국민연금을 기초연금과 소득비례연금으로 분할해서 모든 국민에게 기본적으로 기초연금을 지급하고, 소득비례연금은 소득대체율에 따라 지급하도록 설계하면 문제가 없어지는 겁니다. 지금 정부가 내놓은 기초연금 안이 바로 그런 것이죠. 근데 사전에 국민연금의 성격이나 기초노령연금에 대한 설명도 없이, 각 세대의 이해관계에 대한 논의과정도 생략된 채, 갑자기 모든 노인에게 20만 원씩 주기로 했다가 70%만 준다고 발표하니 이런 논란이 발생하는 겁니다.

기초연금은 2002년 대선에서 당시 한나라당 이회창 후보가 공약으로 내걸면서 처음 공론화됐지요. 그런데 그 당시 노무현 후보가 "그게 무슨 국민연금이냐, 용돈연금이다."라는 정치공세를 폈고, 결국 노무현 후보가 당선됐죠. 그러면서부터 국민연금 문제가 꼬이기 시작했습니다. 이제 정치권의 그 누구도 국민연금이라는 고양이 목에 방울을 못 달게 된 겁니다. 조금이라도 국민연금을 정상화하려고 노력하면, '용돈 연금'이라는 조롱과 정치공세가 들어오기 때문에 아무도 그 일을 안 합니다. 그래서 국민연금은 마치 손을 댈 수 없는 성역처럼 되어 버렸고, 국민연금은 국민연금대로 주고, 기초연금은 기초연금대로 주는 혼선이 생긴 겁니다.

그 다음 문제는 기초연금의 본질적인 문제입니다. 민주당은 지금 모든 노인에게 20만 원씩을 내놓으라고 주장하고 있습니다. 국민이라는 이유로 국가에게 20만 원씩 내놓으라고 요구할 권리가 있는 걸까요? 우리가 복지나 자비심, 이타심을 이야기할 때는 가난한 이웃에 대해서죠. 열심히 생활했으나 여러가지 불운, 필연적인 악조건 때문에 노년이 되어서 더는 경제적 기회도 얻을 수 없는 노인 빈곤층에게 국가가 자식을 대신해서 복지사업을 한다는 것이 원래의 취지입니다. 근데, 가난하거나 말거나 노인이니까 무조건 20만 원씩 준다는 것이 과연 올바른 일일까요?

원래 취지는 노인 빈곤 문제를 해결하자는 것이잖아요? 근데 우리 주변의 가난한 노인문제를 장황하게 걱정한 다음 갑자기 돈을 걷어서 n분의 1로 부자 노인이나 가난한 노인이나 모두 똑같이 나눠 가지자는 것이 말이 된다는 건지? 다른 사람들의 이타심이나 자비심에 기초한 도움의 손길을 누군가의 권리라고 선언할 수 있는 것인지? 국가란 과연 온 국민에게 용돈을 나누어 주는 그런 존재인 것인지?

앞으로 두고 보세요. 새누리당이 20만 원 적다, 25만 원으로 올리자, 그러면 민주당은 무슨 소리냐 30만 원으로 올려야 한다, 하면서 대통령 선거할 때마다 5만 원씩 올려갈 겁니다. 그럼 일부의 어리석은 국민들은 어느 정당에서 용돈을 많이 주나, 보다가 돈 많이 주는 정당에 표를 던지는 거죠. 우리는 빈곤 노인에게 사회적 부조의 손길을 줘야 하고, 그것을 받는 이들은 국가를 통한 사회적 부조를 고맙게 여겨야 하는 겁니다. 근데 이것이 어느 날부터 받아야 마땅한 권리가 됐어요. 정치가 뇌물의 크기를 경쟁하는 더러운 흥정의 장이 된 것이죠.

스웨덴 같은 나라도 사실 기초연금은 국민의 45%에게만 지급합니다. 말이야 바른 말이지, 45%도 많죠. 우리는 지금 "하위" 70%라고 이야기하고 있는데, 이게 말이 되나요? 상위 10%, 20%, 하위 10%, 20%라면 모르겠지만, 국민 대다수가 포함되는 70%를 "하위"라고 하는 건 어불성설語不成說이잖아요? "하위 70%"라는 것 자체가 언어적으로 모순입니다.

또 요즘 증세 안도 이야기되고 있죠. 그러나 지난번 박근혜 정부의 제1차 세법개정안은 깨끗하게 거부되었습니다. 4,000만 원 중간 소득자가 한 달에 세금 1만 원 더 내자, 세율은 그대로 두고 비과세감면을 조정하는 방법으로 세금을 더 내자는 주장들이었지요. 근데 그것도 거부했죠. 그럼 하위 70%에게 어떻게 연금을 줄 것이냐? 지금 민주당 주장으로는 극소수의 부자에게 돈 걷어서 주라는 겁니다. "우리 모두에게 돈 나눠줘! 돈 없어? 그럼 돈 많은 애한테 빼앗아서 나눠줘!" 이런 식입니다. 이런 말을 정치인들은 뻔뻔스럽게 증세라고 표현하는 거예요.

복지라는 말에 담겨 있는 부도덕성, 파렴치함에 대해 우리는 생각해볼 필요가 있습니다. 도덕은 도덕적 해이를 차단하려는 인류의 끊임없는 노력입니다. 근면, 검소, 성실, 정직, 나아가 이타적 행위를 위해서. 그런데 이렇게 비열하게 나의 삶을 타인에게 의존하고, 나의 노후를 국가에 의존하고, 국가는 극소수의 부자들에게 돈을 빼앗아서 나눠줘야 하는 것이 과연 도덕적 사회라고 할 수 있을까요?

20세기의 대중민주주의가 복지라는 것을 만들었고, 이것이 결국 인간을 너무도 뻔뻔하고 부도덕하고 비열하게 만들고 있습니다. 인간의 이타심에 의한 자선적 활동을 고맙게 생각하기는커녕, 마치 나의 권리인 것처럼 국가를 윽박지른다면, 그것은 실로 뻔뻔스러운 일이죠.

누가 인문학을
말씀하시는지

지난주 어떤 모임에서 여러 가지 인문학 이야기가 나온 끝에 모 대학 교수가 저더러 몹시 화를 내면서 하는 얘기가, 언론들이 한중 정상회담을 보도하는 것을 보면 짜증이 난다는 겁니다. 얘기인즉슨, 한중 정상회담에서 시진핑이 박근혜 대통령에게 족자를 선물하는 장면은 마치 과거의 중화제국 시절 황제가 변방의 왕들에게 교시를 내리는 듯한 느낌이 들어 심기가 불편했다는 요지였습니다. 시진핑이 선물한 족자가 일류는 일류였지만 전통적 의미가 있는 최고급 작품이 아닐뿐더러, 그 내용 또한 깊은 뜻이 있는 것도 아닌 아랫사람을 훈계할 때나 쓰는 내용인데다, 어느 나라나 그 나라의 호칭이 있는 것인데 박 대통령을 한국대통령이라고 쓰지 않고 한국총통이라고 쓴 것은 이해할 수 없는 부분이라는 겁니다. 그러면서 한국 인문학의 수준, 소위 중국학이나 동양학을 한다는 사람들로부터 아무런 반발이나 의견이 없는 것에 대해 지적했습니다. 뭐, 전적으로 동의하는 것은 아니지만, 저는 그분 말씀이 일리가 있다고 생각합니다.

　최근에 인문학과 관련하여 엄청나게 많은 주장들이 설왕설래說往說來하고 있습니다. 박근혜 대통령이 주요 언론사 논설실장들과의 오찬에서 문·사·철文·史·哲을 유독 강조하기도 했고, 한중 정상회담에서는 '인문 유대'를 강화한다는 표현도 등장했죠. 근데 한국어도 아닌 중국의 인문관, 즉 중화주의에 동의한다는 뜻으로 여겨질만한 이 정체불명의 '인문 유대'라는 단어가 왜 들어갔는지 이해할 수가 없습니다.

　요즘 우리 사회에서는 인문학, 즉 문·사·철에 대한 중요성이 굉장히 높게 평가되고 있습니다. 실제로 누가 그 중요성을 잘 알아서 그런 것 같지도 않은데, 그냥 인문학에 대해서 한마디씩 보태는 것이 유행처럼 되고 있습니다. 지금 서울대학을 비롯한 주요대학의 AMP라는 최고경영자과정 같은 것을 보면, 인문학 최고경영자과정 따위가 굉장히 유행입니다. 그러다 보니 문학과 예술 등을 무조건 양념처럼 여기저기 집어넣어야 하고, 심지어 포도주 강의 같은 것도 인문학으로 둔갑해서 가르치는 실정입니다. 일부 부유층의 얄팍한 예술취미가 인문학으로 둔갑하기도 하지요.

　근데 지금 우리나라의 문·사·철은 결코 정상이 아닙니다. 최근에 대학교 평가에서는 인문학 분야의 취업률은 아예 넣지 않기로 했죠. 취업률이 워낙 낮으니까 말입니다. 과잉 진학률의 문제도 있습니다. 섭섭하게 생각할 분들도 있을지 모르지만, 경제학과를 예로 들어볼까요. 일부 공부 안하는 대학에 가면, 경제학에 나오는 그래프를 그려놓고도 왜 그런지 설명을 해줄 수가 없다고 합니다. 수학을 알아듣는 학생이 없기 때문이라는 겁니다. 그래프를 읽으려면 기본적으로 미적분이나 함수, 지수에 대해서 알아야 하는데, 미적분도 모른다, 지수도 모른다, 이렇게 되면 경제원론에 나오는 기본 곡선들을 설명할 재간이 없습니다. 그런 상태로 4년을 공부하고는 경제학을 전공했다고 얘기할 수 있습니까? 그럼 경제학, 수학, 물리학만 그러냐? 아닙니다. 철학도 마찬가집니다. 철학이야말로 아주 논리적인 구조물이거든요. 예를 들어 아리스토텔레스의 논리학을 공부한다면, 아리스토텔레스의 기본적인 논증 프로세스에 대한 이해 능력이 있어야 하는 겁니다.

 인문학을 강조하는 어법의 백미白眉는 강남 좌파들입니다. 강남 좌파들은 자신들이 좌파라고 불리는 것을 기분 나빠합니다. 왜 기분 나빠하는지 모르겠어요. 자기가 왼쪽에 있으면 왼쪽에 있다고 하면 되는데. 옛날 MBC에서 방송을 진행하던 유명인사가 좌파 시비에 걸렸을 때, 이렇게 말했습니다. "나는 좌파가 아니다. 나는 인문주의자다." 저는 그때 배꼽을 잡고 웃었습니다.
 강남 인문주의자들은 -그렇게 불러달라니까 그리 불러줍시다- 시장경제가 낡은 계급을 타파하고 인간을 해방시켜왔던 지난 과정에 대해서는 전혀 생각이 없습니다. 인문학이라는 것은 시장주의에 반대하고 그저 낭만주의적으로 인간성에 대해서 뭔가 부르짖으면 되는 거라고 생각합니다. "시장경제 체제라는 것은 그저 부자가 마음대로 하는 체제고, 시장의 원칙이라는 것은 이익만 중시하는데다 인간의 이기적 행동을 정당화하는 것이니까 나쁜 거야." 그러면서 이타적 행동을 장려하고, 인간의 자비심을 장려하고, 사회적 사업을 장려하고, 세금 더 내기를 강요하고, 이웃과 국가를 위해 봉사해주기를 바라는 것입니다. 정작 본인은 안 하면서. 그러니까 로맨틱한 반反시장사회 논리, 나이브naive한 소녀적 취향을 인문학이라고 착각하고 있는 겁니다.

그러면서 "스티브 잡스가 소크라테스를 만날 수만 있다면 자기의 모든 재산을 포기하겠대." 하면서 인문학의 중요성을 들먹이죠. 근데 그런 이야기를 하는 인간일수록 소크라테스를 읽어본 적이 없는 사람들이에요. 소크라테스는 삼류 인문주의자, 대중주의자들에 의해 독배를 마시고 죽임을 당한 사람입니다. 근데 멋도 모르는 인문주의자라는 사람들이 소크라테스를 들먹이는 거죠. 사실 소크라테스야말로 우리나라 강남 좌파와 같은 사람들을 아주 질색할 만큼 싫어했습니다.

우리나라 인문학은 위기라기보다 빈곤입니다. 꽤 이름 있는 철학 교수들조차 국제 좌파인 마이클 샌델Michael Sandel과 놈 촘스키Noam Chomsky로 연명하고 있죠. 그런데 마이클 샌델이나 존 롤스John Rawls의 '정의론'을 칭송하면서 그 반대쪽에 있는 '시장정의론'에 대해서는 그 존재조차도 모릅니다. 존 롤스의 『정의론』이라는 책은

우리 사회가 요즘 자꾸
인성교육이라고 떠드는 것 자체가
주자학적 세계에 대한 미련과도
관련이 있다고 생각됩니다.
지난 수백 년 동안 조선을 피폐시켰던
명분주의, 주자학적 썩은 잔재가
지금 슬금슬금 부활하고 있는 겁니다.

미국에서 (우리 식으로 표현하자면) '보수꼴통 철학자' 로버트 노직Robert nozick 교수에 의해 면도날처럼 잘근잘근 분해되어 폐기 처분되어 버렸습니다. 근데 우리나라의 소위 인문주의자라고 주장하는 자들은 로버트 노직에 대해 알지도 못하고, 읽어보지도 않았죠. 그러니까 마치 시장경제 체제를 부정하고, 법치주의를 부정하고, 싸구려 온정주의를 강조하기만 하면 인문학인 줄 착각하는 거죠.

칸트Immanuel Kant는 또 어떤가요? 칸트야말로 시장경제 체제가 얼마나 문명적 전개인지를 설명한 사람이죠. 만인을 평등하게 하고, 동시에 만인을 자유롭게 하고, 모든 계급적 착취를 철폐시키고 쌍방이 모두 납득할 수 있는 거래 시스템으로 바꾼 것이 시장경제 체제라는 것을 논증한 분이 바로 칸트입니다. 시장주의 철학이야말로 칸트 철학의 진수죠. 문명에 대해 긍정하는 것, 문명이 어설픔에서 정밀함으로 잘 발전해왔다는 주장이 칸트의 철학이거든요. 칸트의 「영구평화를 위하여」와 같은 논문들을 한 번 읽어보십시오. 무슨 낭만적 공동체주의, 사춘기적 감성 과잉취향, 이런 것이 인문학입니까? 아닙니다. 칸트야말로 인간의 이타심을 적극적으로 강조했지만, 동시에 시장경제가 문명의 본질이고 시장경제 체제를 통해 인간이 자유롭고 평등해진다고 주장했습니다. 근데 칸트를 읽어본 적 없는 사람들이 자신을 인문주의자로 포장하면서, 마치 시장주의는 천박하고 자신은 도덕적 우위를 선취하는 것처럼 인문학적 사고 어쩌고저쩌고하면서 건방을 떠는 겁니다.

최근에 떠오르는 것 중에 또 백미가 인성교육이라는 겁니다.

"나는 보수파다, 나는 자유주의자다"라고 말하는 사람 중에서도 인성교육이 중요하다고 말하는 사람들이 많습니다. 그 사람들 다 가짜일 가능성이 농후합니다. 장소와 시대를 불문하고 인성교육은 지도자를 위한 교육이지, 민주사회의 선량한 시민을 위한 교육이 아닙니다. 인성교육이라는 것은 주자학적 세계, 다시 말해 유교적 세계관 속에서 도덕을 통치 이념으로 할 때 성립하는 얘기입니다. 현대 세계를 규율하고 있는 규칙은 법치입니다. 인성교육이 아니라 법치교육을 해야 하는 겁니다. 전반적으로 교육을 본다면, 교육에서 가장 중요한 것은 한 시민이 자유로운 인간으로, 경제적인 독립을 이루어 자신의 삶을 영위할 수 있는 수단을 가르치고 손에 쥐어주는 것이죠. 민주 시민으로서 이 복잡한 현대 사회 속에서 자신이 가진 것으로 타인과 선량한 교환을 할 수 있도록 하는 것입니다. 가능한 한 상대방의 많은 것과 교환할 수 있는 포괄적 가치를 담보하는 것일수록 좋겠죠.

우리 사회가 요즘 자꾸 인성교육이라고 떠드는 것 자체가 주자학적 세계에 대한 미련과도 관련이 있다고 생각됩니다. 유학이 가르치는 제1의 법칙이 뭔지 아십니까? "이익을 우습게 보라!"거든요. 맹자를 한 번 볼까요. 어느 날 왕이 맹자에게 물었습니다. "맹자 선생, 당신은 어떻게 우리나라를 이롭게 해주겠습니까?" 그러니까 맹자가 대뜸, "왕이시여 왜 당신은 의義에 대해서 이야기하지 않고 이익에 대해 이야기하십니까." 하고 핀잔을 줍니다. 그게 유교 교육의 출발입니다. 이익 추구를 아주 우습게 보는 거죠. 여기서 사농공상士農工商의 계급질서가 나오는 겁니다. 도덕을 장악해서 농공상의 피지배계급을 통치하는 지식계급의 철학이 바로 인성교육이거든요. 그래서 경제 활동의 거의 모든 항목을 범죄로 규정한 다음 그것이 범죄인지 아닌지 사士가 판단하겠다는 겁니다. 그런 자들이 강조하는 것이 바로 인성주의입니다. 유교이상사회는 공동체주의거든요. 지배계급에 유리한 유교적 대동大同사회라는 거예요. 그게. 아니, 현대적인 민주주의 평등사회를 이룩해놓고, 왜 유교적 대동사회로 갑니까? 역사의 시계를 거꾸로 돌릴 건가요? 이게 인문학 열풍하고 맞닿아서 우리 사회를 무지의 구렁텅이, 도덕적 백지 상태로 몰아넣고 있는 것입니다. 그러니까 전부 선비만 되려고 하는 거예요. 다들 공무원 시험이나 본다고 몰려있고, 기업체 가서 기술을 배운다는 생각은 없는 거죠. 인성교육이 중요하지, 기술교육이 중요하지 않다고 말하는 겁니다. 아니 기술교육이 왜 안 중요합니까? 우리를 먹여 살리는 수단이 어디서 옵니까? 손과 발에서 옵니다. 그 사회가 튼실하려면 손과 발이 부지런해야죠. 머리만 커져서 되나요? 그러니까 기술을 우습게보고, 정치판에 가면 명분 가지고 말장난, 싸움박질이나 하고…

소위 유교 대동사회라는 것, 지난 수백 년 동안 조선을 피폐시켰던 명분주의, 주자학의 썩은 잔재가 지금 슬금슬금 부활하고 있는 겁니다. 경제민주화도 바로 그런 연장선에 있습니다. 최근 난데없이 튀어나오는 역사교육이니, 인성교육이니 하는 것들이 전부 반법치적이고 반기술적이고 반실학적이고 명분만 추구하는 엉터

리 반자유적 세계관에 기반을 둔 것이죠. 조선 말기 명분에 집착해서 온 사회가 공리공론에만 매몰되던 사회가 그대로 재현되고 있잖아요. 정치판 보세요. 거기 어디에 건실한 것이 있고, 실무적인 게 있나요? 인간의 잔머리가 아닌 무실역행務實力行하는 정신이 어디 있나요?

 입으로 무언가를 가져가는 것은 손이라는 걸 명심해야 할 것입니다.

청년 미래 저당 잡힌
복지국가의 출발

🔊　　박근혜표 복지 공약의 이행과 그 재원에 대한 논란이 많습니다. 4대 중점 질환 전면 무료, 반값등록금 차등 지급, 국민연금, 보육료 전액 무료 등의 소위 박근혜 복지를 하는데, 애초 예상했던 130조 원보다 훨씬 더 큰 비용이 들 것이라는 재정 전문가들의 의견이 쏟아지고 있습니다. 복지, 재정 전문가들의 분석을 조사해본 결과, 29명 가운데 15명은 복지 공약 이행이 불가능하다는 의견을 냈습니다. 100% 이행을 고집했다가는 10% 이행도 어렵다는 기사도 났죠.

　이 때문에 많은 전문가들이 복지정책을 일부 또는 대폭 수정하여 이행해야 한다고 주장하고 있습니다. 그런데 제 의견은 다릅니다. 박근혜 정부의 공약에 돈이 얼마가 들든 간에 (물론 문재인 후보의 공약은 그 금액의 두 배나 되더군요) 그것을 지키기를 바랍니다. 제가 이런 말을 하니까 놀라시는 분이 있던데. 정치인이 공약을 하고 지키지 않는다는 게 말이 됩니까? 복지정책을 찬성해서 이런 주장을 펴는 것이 아니라 그대로 지켜서 나라가 거덜 나는 꼴을 봐야 한다는 얘기입니다. 복지라는 것이 어떤 고질적 병폐를 가지고 있는지 모든 국민이 두 눈으로 똑똑히 봐야 합니다. 그래야 2030세대들도 보편적 복지에 무조건 열광하지 않을 것 아닙니까. 무상 급식하자, 대기업을 비판하자, 등록금 공짜로 만들자, 서울대를 없애자… 이런 미치광이 같은 이야기로 마치 천국이 열릴 것처럼. 그래서 실제로 천국이 열리냐는 거죠. 그걸 잘 보여주는 사례가 스웨덴입니다. 1970년에 보편적 복지체제를 구축했다가, 20년 만에 새롭게 다 뜯어고쳤습니다. 보편적 복지체제를 도입했다가 그 부작용을 보고, 상당히 뜯어고친 것이 스웨덴 국민이었고, 보고도 뜯어고치지 못한 것이 그리스 국민이었죠. 한국은 어떨까요? 그리스에 가깝습니다. 대중민주주의 체제를 유지하고 있고, 토론보다는 데모를 좋아하고, 지식보다는 감성이 앞서고. 그래서 아마 보편적 복지로 나라가 파탄이 나도 고치지 못하고 주저앉을 확률이 큽니다. 보편적 복지를 주장하면서 문재인을 추종했던 2030세대들이 노인 지하철 무임승차를 공격하는 거 보세요. 내 등록금은 절반으로 해줘야 하고, 평생 국가에 세금을 냈던 노인들은 지하철을 공짜로 타면 안 된다고 난장판을 만들고 있지 않습니까. 물론 나는 노인이라고 해서 무조건 지하철 공짜 혜택을 주는 것은 부끄럽다고 생각합니다.

그러면 박근혜표 복지정책의 재원은 어떻게 조달할 것인가?

박근혜 공약의 재원조달 계획을 보면 총 130조 원(물론 이보다 훨씬 큰 비용이 들것이라 예상되지만) 중 71조 원을 예산 절감 또는 세출 구조 조정으로 충당하겠다고 밝히고 있습니다. 그런데 그 첫해인 지난 2013년 12월 국회에서 세출 구조 조정을 2조 8천억밖에 못 했죠. 71조 원을 5년 안에 마련하려면 1년에 13조 원씩의 세출 구조를 조정해야 하는데, 이미 첫 해에 2조 8천억밖에 못 했습니다. 불가능합니다. 예산을 절감한다구요? 어디서 줄입니까? 지금 온 아시아가 국방비를 올리는 형국에, 우리만 국방비를 낮추나요? 지금도 중국, 일본과 비교해 국방이 약한데 또 낮춘다는 것은 말이 안 되죠. 그럼 R&D 투자를 줄일 건가요? 역시 안 되죠. 줄일 것이 많지 않습니다.

그다음, **세제 개편**을 해서 48조 원을 조달하겠다고 말합니다. 우리 경제능력을 보았을 때, 세금을 더 걷기로 한다면 50조 원 가까이 더 걷을 수 있습니다. 물론 어떻게 더 걷느냐는 방법은 다 다르죠. 박근혜 정부는 지하경제를 양성화해서 탈세를 줄이겠다고 주장하고 있습니다. 그러면 아마 자영업자들과 중소기업들은 굉장한 타격을 받겠죠.

그다음으로 **복지행정**을 **개혁**해서 10조 6천억 원을 줄이겠다는 겁니다. 사실 복지를 늘리면 복지 전달체계에 드는 비용도 늘어납니다. 예를 들어, 우리가 빈민을 돕기 위해 자선기금을 모은다면, 최종 수혜자들에게 가는 금액은 기금 전체의 40~60% 정도밖에 되지 않습니다. 말하자면 40~60%의 금액이 중간 전달과

정을 위한 비용으로 들어간다는 겁니다. 복지행정을 개혁해서 10조 원을 줄이는 것은 불가능합니다. 오히려 더 늘어날 것을 우려해야 할 것입니다.

이런 상황에서 복지정책의 부작용들이 벌써 나타나고 있습니다. 행복기금이라는 것을 만들어서 저소득층 금융부채를 탕감해주자는 공약 때문에 벌써부터 돈을 더 빌려주려는 브로커들이 늘고 있습니다. 예를 들어, 500만 원을 빚지고 있는 사람에게 500만 원을 더 빌려 쓰라는 겁니다. 왜? 국가가 탕감해줄 테니까! 그리고 탕감 받은 금액 일부를 나누자는 겁니다. 때문에 애초 정부가 저소득층 금융부채를 10조 원으로 예상했다 하더라도, 그것이 얼마로 더 불어날지는 알 수 없는 일인 거죠. 무상보육은 어떨까요? 지금 민간 보육원의 권리금이 껑충 뛰어올랐습니다. 갑자기 장사가 잘 되기 시작했죠. 더불어 보육비가 껑충 뛰어올랐습니다. 정확히 정부가 지원해주는 금액만큼 올랐습니다. 영어교습이다 악기교습이다 하면서 정부지원금만큼 더 올리는 겁니다. 국민이 내는 돈은 똑같죠. 이런 것을 **복지 탄력성**이라고 이야기합니다. 그 예로, 노무현 정부 때 0세부터 6세까지 아이의 입원비를 공짜로 해줬다가 2년 만에 중단한 것을 들 수 있습니다. 당시 입원이 11.7%가 증가했고 입원 일수도 5.4% 증가했습니다. 말하자면 어설픈 복지정책이 복지 수요만 늘려놓는다는 겁니다.

복지정책의 또 다른 부작용은 복지 대상자들이 거짓말을 하기 시작한다는 겁니다. 국민들이 복지 혜택을 받기 위해 점점 자신을 가난하다고 주장하죠. 게다가 국민들이 서로를 비교하기 시작합니다. 저 사람은 나보다 더 부자인데, 왜 복지 혜택을 나보다 더 많이 받는 거지, 하면서 서로서로 감시하는 겁니다. 복지가 많아져서 따뜻한 사회가 되었습니까? 아닙니다.

그럼에도 불구하고 지금의 복지정책을 그대로 추진한다면, 정부가 재원을 조달할 방법은 국가부채를 늘리는 방법뿐입니다. 국가부채는 젊은이에게 돈을 걷어서 지금의 세대가 나눠 먹는 형식입니다. 그러니까 지금의 2030세대가 훗날 모두 갚아내야 한다는 거죠. 보편적 복지를 하자니 미래가 죽고, 선택적 복지를 하자니 정치적 인기가 위협받고, 지금 이 기로에 서 있는 겁니다. 어떻게 해야 할까요? 그나마 규모가 작은 박근혜표 복지정책이 이 정도입니다.

이제 2030들이 선택해야 합니다. 아직도 자본주의를 깨부수고 보편적 복지로 행복하게 살아보자는 낭만주의에 빠져있다면, 그것이야말로 자신들의 미래를 갉아 먹는 꼴이라는 것을 깨달아야 합니다. 지금의 사회 분위기를 만들어 낸 것도 2030세대의 무비판적인 감성주의거든요. 결국 자기 손으로 자기 눈을 찌르는 꼴이 되고 마는 것입니다.

경제가 민주화의 대상인가

🔊　　경제민주화라는 슬로건은 과거 전두환 前대통령 통치하에서 만들어진 개념입니다. 1987년도 민주화 항쟁 막바지에 노태우 前대통령이 대통령 직접선거를 받아들이는 6.29선언을 발표하면서 헌법 개정을 하게 되는데 119조 2항에 경제민주화 조항이 삽입되었습니다. '정부는 중소기업의 육성이나 빈부격차의 완화 균형성장 등을 위해 시장에 개입할 수 있다'고 규정되어 있죠.

지금도 그렇지만 그때 국회의 무능과 부패는 말도 못 했죠. 그 당시 입법 청원 설명서에는 '경제도 이제는 민간 경제를 강화해야 한다'는 정반대의 설명으로 조항이 통과되었습니다. 누군가는 사기를 친 겁니다. 당시에는 이 조항이 통과된 것에 대해서도 일부 직접 관계된 전문가들 외에는 아무도 몰랐습니다. 정치민주화 속에 슬쩍 묻혀 지나간 것이 재작년 대통령 선거과정에서 갑자기 떠오른 겁니다. 잠복해 있다가 수십 년이 지난 재작년 선거 과정에서 좌경화 현상에 편승하면서 증폭된 거죠.

미제스Ludwig von Mises라는 정치경제학자가 있습니다. 자유주의 경제학의 원조격이라고나 할까요. 그가 정의한 경제민주화는 '**시장경제야 말로 가장 민주화된 경제 시스템**'이라는 것입니다. 정치에 있어서는 1인 1표의 선거제도가 존재하는 것처럼 경제에 있어서는 소비자가 주권자이고 그 소비자 주권이 마지막 1원까지도 가격에 반영되어서 적정 가격을 만들어내는 데 기여하는 것이 경제민주화의 본질이라고 설명한 겁니다. 정치에는 사표死票가 있을 수 있지만 자유시장경제에서는 사표가 있을 수 없죠. 사표란 이런 겁니다. 대선에서 후보1이 60%를 득표했고, 후보2가 40%를 득표했다면 당선되지 않은 후보2에게 던졌던 국민 40%의 표는 사표가 되고 마는 겁니다. 이들은 다음 대선까지 복수심을 불태우면서 기다려야 하죠. 그러나 시장에서는 그렇지 않습니다. 100원을 가진 사람은 그 사람대로, 99원을 가진 사람은 그 사람대로, 1원을 가진 사람은 그 사람대로 자신이 가진 것 전부가 시장 가격에 정확하게 반영되는 시스템이죠. 그래서 시장이 가장 민주적이라는 겁니다. 이것이 경제민주화와 관련된 표현의 거의 전부에요. 촘스키 같은 미국의 일부 극좌세력들이 쓰는 표현인 경제민주화는 그 단어 자체로 이론의 영역에서는 존재하지 않습니다.

우리나라의 경제민주화라는 말은 독일의 '**산업민주화**'에서 따온 겁니다. 그런데 우리가 여기서 짚고 넘어가야 할 것은, 독일 경제는 우리나라 또는 미국 경제와 다르다는 점입니다. 독일은 기본

적으로 미국식 독점금지법Anti Trust Acts이라는 게 존재하지 않습니다. 독일은 산업과 금융 간의 긴밀한 상호 주식보유 과정을 통해서 지금도 일부 **국가사회주의적인 성격**을 갖고 있죠. 독일은 영국이나 미국과 같은 형태의 자유로운 시장경제 질서로서 순조롭게 성숙해온 국가가 아닙니다. 국가가 지도하고, 산업을 육성하는 과정에서 성장을 해왔습니다. 그것은 일본과도 비슷합니다. 일본은 정치권력구조와 산업구조가 일체화된 놀라울 정도의 결합사회입니다. 정경유착이 구조화 되어 있었어요. 그래서 2차 대전 이후 미국이 진주하면서 일본의 재벌들을 다 해체하게 되죠. 독일도 마찬가지였는데, 독일의 재벌은 대개 그대로 살아남았습니다. 독일사회가 가지고 있던 기본적인 정경유착적 구조도 그대로 살았죠.

그러한 구조가 만들어진 시기가 바로 비스마르크 시대입니다. 산업민주화라는 말 또한 비스마르크 시대부터 나왔는데요. 비스마르크 시대에 지금 우리가 알고 있는 초대형 회사들이 다 구축되었어요. 대표적인 게 크루프Krupp 같은 회사인데, 1870년도 보불전쟁 시 이미 종업원 숫자가 5만 명이었습니다. 그때부터 크루프사가 독일의 전쟁 수행 기관으로서의 역할을 합니다. 마치 2차 대전 때 일본의 미쓰비시Mitsubishi에서 전함을 만들어서 일본의 군부와 완전히 일체화가 된 군산복합체로 굴러갔듯이 말이죠. 그 후 크루프 회장이 독일 전체 산업의 회장직에 오릅니다. 그리고 1928년 독일 총선 시, 나치당의 히틀러를 발굴해 괴물로 만들어내죠. 이처럼 독일의 산업은 기본적으로 정경유착적이고 군산복합의 구조로 되어 있었습니다. 기본적으로는 우리 사회가 모방할 건덕지가 별로 없는 사회구조라고 봅니다.

그런 구조를 만들어내는 하나의 틀이 산업민주화라는 이름으로 만들어낸 노자일체 구조입니다. 정년제도를 정하고, 근로자 퇴직기금을 만들어내고 하면서 소위 산업평화, 노자가 완전한 동일체가 되는 경제구조를 만들자는 목표로 기업지배구조를 다 뜯어고친 겁니다. 독일의 산업민주화라는 틀은 이렇습니다. 임금을 줄 때 기업체 별로 줄을 세웁니다. 자동차 산업이라고 가정한다면 그 업종에 종사하는 기업은 모두 줄을 서는 거죠. 그리고는 어느 회사에 있건 거의 동일한 임금을 지불하는 겁니다. 그걸 연대임금, 산별노조라고 합니다. 기업 간의 생산성 격차에 따른 임금구조로 가지 않고 업종별로 국가가 지시하고 산업별로 합의한 연대임금을 주는 시스템이 독일의 기본 시스템인 겁니다. 이 연대임금은 스웨덴 등에서도 한때 유행을 탑니다.

지금 경제민주화를 주장하는 사람들의 머릿속에는 연대임금이라는 것이 자리 잡고 있는 겁니다. 그런데 각 기업의 생산성이 다 다른데, 임금을 똑같이 줘야한다면 어떤 회사는 생산성에 비해 적은 임금을 근로자들에게 주게 되고, 어떤 회사는 생산성에 비해 많은 임금을 줘야 합니다. 그러면 생산성이 낮은 회사들은 점차 망해버리고 말겠죠. 그렇게 망하는 쪽은 거의 중소기업들입니다. 이런 게 경제 민주화의 본질입니다.

우리나라는 이미 1987년도에 제1차 경제민주화를 겪었습니다. 독일의 노자민주화가 1987년도에 대통령 직접선거라는 정치적 민주화 속에서 이루어졌죠. 당시 노동조합이 약진을 하면서 정치판까지 흔들게 됩니다. 지금은 비정상적 권력으로까지 과잉 현상을 보이고 있습니다. 흔히 노동조합은 사회의 소외되거나 생산성 이하의 임금을 받는 하층 노동계급으로부터 조직되었다고 생각하는 사람이 많지만, 우리나라 노동조합은 그렇지 않습니다. 오히려 임금을 많이 받는 대기업, 마지막 병목 부분을 장악하고 있는 노동자 그룹에서 노조가 조직되어 있습니다. 민노총 전체의 최고 행동부대는 금속노조고, 금속노조는 현대자동차 노조가 좌우하죠. 현대자동차 노조가 파업할 때마다 임금은 오르지만 현대자동차 한 대에서 차지하는 인건비 비중은 거의 그대로입니다. 만일 노조 파업 인건비가 올라가는 만큼 인건비 비중도 올라갔다면 현대 자동차는 벌써 망했겠죠. 인건비 비중이 동일하게 유지되는 이유는 뭘까요? 그 아래 단계에 있는 노동자들의 인건비를 깎아서 올려주기 때문입니다. 아시아나 파일럿 파업도 그렇습니다. 임금 20% 더 올려달라고 파업하니까 누구 돈으로 올려줍니까. 결국 스튜어디어스, 비행기 기내식 납품업자들의 몫에서 가져오는 겁니다. 연대임금은커녕 그 밑에 있는 근로자를 착취해서 상위의 근로자들이 먹고 사는 거예요. 그게 우리 사회 양극화의 본질입니다.

그러니까 제1차 경제민주화, 노동의 민주화는 완전히 실패로 간 겁니다. 우리나라 노동조합 조직률은 전 세계에서 가장 낮은 10%밖에 안 됩니다. 그런데 놀랍게도 전투력은 세계 최강입니다. 노동조합의 일방성, 귀족성을 그대로 입증하는 겁니다. 그러니까 우리나라는 조직된 노동자가 조직되지 않은 다수의 노동자를 착취하는 개념인 겁니다. 그러면 자본가가 더 주면 되지 않느냐고 말하는 사람도 있을 겁니다. 노동분배율 자체를 높이면 된다고 주장을 하는 거죠. 그럼 어떻게 될까요? 자동차 값이 너무 높아져서 차가 안 팔립니다. 또는 자동차 연구개발 등 지속사업을 위한 투자는 거의 불가능해집니다.

지금이 **제2차 경제민주화**에 해당할 겁니다. 우리 헌법에 경제민주화 조항이 들어오고, 그것을 실행하기 위해 달려든 것이 2013년 입법입니다. 그 법들이 2015년부터 실제로 발효되죠. 경제민주화와 관련한 입법 건수는 약 140개 정도 됩니다. 140개 법률 중에 통과된 것이 있고, 안 된 것도 있고, 통과된 것 중에 시행령이 만들어 진 것도 있고, 안 만들어 진 것도 있습니다. 아마 지자체 선거가 끝나고 나면 경제민주화 둘러싼 논의가 재점화될지 물밑으로 가라앉을지 모르겠습니다. 하지만 지금 만들어진 것만 해도 엄청난 규제와 경제 자유의 봉쇄가 나타날 위험이 상당합니다.

경제민주화라고 하는 여러 주장들은 대부분 민주화에 대한 잘못된 주장이라기보다 경제적으로는 아무런 근거가 없는 주장에 기초해 있다고 볼 수 있습니다. 눈에 보이는 것과 눈에 보이지 않는 것을 구분하지 못하고 있죠. 눈에 보이지 않는 것은 존재하지 않는다고 주장하는 겁니다. 임금이 올라가는 원리는 눈에 보이지 않고, 월급봉투에 찍히는 숫자는 눈에 보이니까 근로자의 월급봉투에 0을 하나씩 더 쳐주면 월급이 올라갈 것이라고 착각하는 것과 같죠. 그러면 구멍가게의 물건 가격에도 0이 하나씩 더 붙게 되지 않겠어요?

경제민주화 입법들은 대개 그런 조치들로 구성되어 있습니다. 거의 모든 경제활동을 범죄의 목록으로 선언하는 내용이죠. 가장 대표적인 독소조항들이 **업무상 배임죄** 같은 것입니다. 한화그룹 회장의 경우도 그렇습니다. 원래는 다른 혐의로 검찰의 압수수색이 진행됐었습니다. 그러나 검찰이 압수수색을 하고도 아무것도 찾지 못한 겁니다. 명색 중수부 검사가 아무 것도 가져오지 못하면 안 되니까 뭐 없나 하고 몇 번을 샅샅이 털게 됐죠. 그렇게 압수수색을 다섯 번이나 해서 기어이 업무상 배임죄로 구속을 시켰습니다. 한화그룹에는 여러 계열사가 있습니다. 그런데 어떤 조그만 계열사가 곧 망하게 생긴 겁니다. 다른 계열사가 그 회사에 빌려준 돈도 많은데, 그대로 놔두면 회사는 망하고 빌려준 돈까지 떼이게 생긴 겁니다. 그래서 십시일반으로 그 회사에 돈을 빌려줘서 사업구조조정을 하라고 지시한 것이 업무상 배임이 되고 말았습니다. 물론 지원을 받은 그 회사는 나중에 거뜬하게 살아났습니다. 한화그룹 회장이 사취하거나 떼먹거나 한 돈은 거의 없습니다. 피해자가 없는 업무상 배임이라니 재미있게 되었습니다. 물론 회장 개인의 지분적 가치를 따지면 업무상 이득을 취한 것은 맞습니다. 그러나 기업집단의 경영적 선택에 대해 제3자가 더구나 정부가 나서서 옳고 그름을 따져 형벌을 주는 것은 맞지 않습니다.

하나 더 예를 들어볼까요? 주주들이 CEO에게 회사를 잘 운영하라는 임무를 맡깁니다. 그런데 이를 어기고 주주가 투자한 돈을 고의로 축낸 경우 업무상 배임죄에 해당됩니다. 외국에도 이런 사례들이 있습니다. 그럼 외국에서는 이런 업무상 배임을 어떻게 처리하나요. 주주들이 CEO를 상대로 손해배상을 청구합니다. 손해배상의 문제지 감옥에 갈 문제가 아니다 이거죠. 다른 나라에는 민법에서 다루지, 우리나라처럼 형법에 처벌 조항이 있지는 않습니다. 업무상 배임죄는 독일과 일본, 우리나라밖에 없습니다. 독일과 일본은 증권거래법에 경영판단의 원칙이라는 것을 둬서 빠져나갈 수 있게 하고 있어요. 경영자로써 회사를 잘 운영하기 위한 판단이었다는 것을 설명할 수 있으면 죄를 묻지 않는 겁니다. 근데 우리나라는 업무상 배임이 명확하지 않습니다.

자, 이 모든 경영 판단 문제를 형벌의 대상으로 인정했다고 칩시다. 그러면 이런 죄를 지은 자들에 대한 구형은 어느 정도가 좋을 거라고 생각하십니까? 다른 나라는 감옥에 넣지도 않지만, 백번 양보해서 감옥에 보낸다고 치면 말입니다. 새누리당이 경제민주화 실천모임에서 만든 업무상 배임죄 최저형량이 15년입니다. 이 위대한 엄벌주의 입법자들에게 박수를 쳐야 할지요. 참 놀라운 일입니다.

그러니까 경제민주화를 주장하는 사람들은 경영판단의 사례조차 실패하기만 하면 바로 범죄로 보는 겁니다. 더구나 일부 경제민주화 조항은 정상적인 기업 의사결정에도 개입합니다. 원가 후려치기 금지 규제들도 그런 범주에 속합니다.

'국제 시장의 가격이 떨어졌다는 이유로 일률적으로 가격을 내려서는 안 된다'는 조항도 있습니다. 공정위의 주장이기도 합니다. 그럼 어쩌자는 겁니까? 국제 가격이 떨어졌는데도 가격을 인하해서는 안 된다면 기업은 무엇으로 경쟁합니까. '경쟁 회사의 시장 가격이 떨어졌다는 이유로 납품 가격을 인하해서 안 된다'는 조항도 있습니다. 기업은 경쟁하는 곳입니다. 경쟁사가 가격을 떨어뜨리면 죽기살기로 따라가게 됩니다. 상품이 팔려나가야 원가도 존재하는 것 아닙니까?

마지막에는 이런 조항도 있습니다. '해당 사업이 적자가 났다는 이유로 납품 가격을 인하해서 안 된다.' 기업이 물건을 만들어 파는 것은 이윤을 올리기 위해서입니다. 그런데 적자가 나면 모든 비상수단을 강구해서 가격을 내려야 합니다. 그런 과정에서 소비자도 이익을 봅니다. 이게 시장경제의 동태적 운동과정입니다. 그런데 원가 관리를 하지 말라?

이런 경제민주화법들이 2015년부터 적용이 됩니다. 이제 기업은 어떻게 기업 활동을 해야 할까요? 예를 들어 원화 환율이 급락하고 엔화 환율이 급등했다고 생각해봅시다. 일본 경쟁업체의 물품 가격이 매우 저렴해지는 거죠. 그런 위기 상황에 협력업체들을 모아 어떻게 원가를 줄일 수 있을지 궁리를 하면 불법으로 걸리는 겁니다. 이게 어처구니없는 경제민주화입니다. 경제민주화로 만들어진 많은 조항들은 사실은 실현 불가능한 것들입니다. 그런 방법들은 경제민주화라는 결과를 만들어내기에 적합한 방법이 아니라는 것입니다.

스포츠 정치학

　　스포츠는 국민에게 소속감과 공감을 주는 살아있는 드라마입니다. 국제 스포츠는 더욱 그렇지요. 2002한일 월드컵이 당시 노무현 대통령을 당선시켰다 해도 과언이 아닌데요. 'Be the Reds'라는 캐치프레이즈Catchphrase에 대한 논란도 많았습니다. 일부 좌익그룹에서는 소위 빨갱이 콤플렉스도 극복하고 축제를 시위처럼 보이게 하는 혼동 효과도 기대했었다고 합니다. 그래서 조직을 총동원해 붉은 함성 총력전을 폈다고 하는데요. 정작 자신들은 붉은 악마의 응원전을 대실패로 규정했다고 하네요. 한반도기가 나와야 하는데, '대~한민국'과 태극기가 나오는 바람에.

　　당시 정몽준 대선후보가 월드컵 4강 신화를 극적으로 등에 업고 유력한 대통령후보가 되고, 단일화 쇼를 연출한 끝에 노무현 대통령이 당선되었습니다. 그때 이후로 축제를 시위로, 시위를 축제로 역이용하는 경우가 많이 생겼죠. 정치집회를 미학적 집회로 끌어올린 겁니다. 촛불시위를 중계하고, MBC가 광우병 사기극을 만들어내고, 그런 허위 보도에 기만당한 국민들이 광장에 쏟아 나온 것을 촛불시위라는 것으로 아름답게 포장했죠. 깜깜한 밤에 광장에 모여 촛불을 켜고 있으면 마치 자신이 시대를 밝히는 양심의 불꽃인 것처럼 느껴지면서 보통의 사람들도 정치 미학적 광기에 조금씩 동참해 들어가는 겁니다. 그게 바로 촛불시위가 대중들을 선동하게 되는 과정입니다. 그 출발점 중의 하나가 한일월드컵의 엄청난 축제 군중이었습니다. 길거리를 점령하지 말라는 집회의 금기도 완전히 깨졌던 겁니다. 예전에는 단결된 소수가 격렬한 시위를 벌일 때나 광장을 점령했는데, 이제는 아무나 광장을 점령할 수 있게 된 것이지요. 가족들이 어린아이들을 다 데리고 나와서 도로교통법을 무시하고 그냥 길거리에 내려서는 겁니다. 이제 길거리를 점령하는 정도는 아무것도 아니게 됐죠.

국제 스포츠에서 국가에 대한 자부심이 고양되는 것은 좋지만, 자부심을 넘어선 과도한 귀속의식, 민족주의적 열정이 불 지펴지는 것은 우려해야 할 일입니다. 한일 축구경기라도 있는 날이면 길거리, 아파트에서 함성이 터져 나오고, 그것 때문에 잠을 깨는 주민들도 많죠. 타인이 고요한 휴식을 취하는 시간에 고함을 치고, 그 고함이 퍼져나가고, 시청 앞 광장에 젊은이들이 모여서 응원하는 바람에 주변은 잠도 못 자고. 사회와 개인생활은 구분되어야죠. 그런데 그게 혼동되고 있는 겁니다. 다수가 시끄럽게 하면 꼭 잠을 자야할 어떤 사람은 말할 수 없는 괴로움을 당합니다. 내가 즐겁다고 남도 즐거울 것이라는 행동은 곤란합니다. 개인의 권

리가 굳건히 서는 것이 민주주의의 출발점이고 근대 시민사회입니다. 누구라도 다수를 구성한다고 정당화된다면 그것은 독재에 불과합니다. 한 명이 되었건, 두 명이 되었건 휴식이 필요한 사람이 있으면 예의를 지켜줘야죠. 퇴행적 민주주의로 갈수록 논리의 힘이 아닌 다수의 힘으로 주장을 밀어붙이는 현상이 일어납니다. 잘 정돈된 대의제 민주주의나 공화주의적 민주주의와 대중의 에너지에 사로잡힌 대중민주주의의 갈림길에서 국가의 명운이 갈리는 경우도 많습니다.

최근 우리 사회에 기업이 후원을 하고, 국가에게 상금이나 연금을 주는 국가주의적 스포츠 현상이 더욱 심해지고 있습니다. 국가주의적 스포츠 또는 국가스포츠는 썩 좋은 현상은 아닙니다. 선진국 중에서 국가스포츠를 하는 경우는 거의 없습니다. 국가스포츠가 가장 치열하게 꽃피웠던 때가 손기정 선수가 참여했던 베를린 올림픽이거든요. 소위 나치즘의 정화로서의 올림픽이었습니다. 콜로세움을 방불케 하는 베를린 스타디움에 전 세계 민족들이 모여 경기를 하고, 그것을 독일 게르만 민족이 주도하는 모습을 보여줌으로써 게르만 민족과 전체주의의 우수성을 전파하려는 국가주의적 행사였습니다. 국가스포츠는 필연적으로 민족주의를 강화하는 속성을 갖습니다. 국가스포츠의 위험한 측면입니다. 그래서 중국 베이징 올림픽 당시 어마어마한 물량을 쏟아 부어서 중국민족의 부상을 전 세계에 알리려는 중국의 거친 숨소리 때문에 모두가 긴장을 했던 것이구요. 이러한 국가스포츠가 베를린 올림픽 이후에 나타난 현상입니다. 그래서 히틀러의 베를린 올림픽이 그토록 논란이 많았던 겁니다.

한일전 축구경기에서 우리나라의 한 선수가 '독도는 우리땅'이라는 티셔츠 세리모니를 펼쳐 보여 논란이 일어난 적이 있었죠. 정치적 슬로건을 걸어선 안 된다는 IOC규정에 걸렸던 것인데, 우리 측의 주장은 독도 문제는 사실fact에 대한 진술이기 때문에 정치적 주장이 아니라는 것이었습니다. 그러나 그것이야말로 우리의 일방적 주장입니다. '울릉도는 우리 땅'이 아니었거든요. 우리나라에는 한일전이라는 것이 실력외적 압력에 노출되는 경우가 많습니다. 최근 들어서는 이런 현상들이 더욱 심해지고 있습니다.

다시 중국, 한국, 일본, 베트남, 필리핀 등이 서로 맞물려가면서 태평양이 온통 분쟁덩어리 지역으로 변해가고 있습니다. 동북아 뒷골목에서 거친 숨소리가 들리고 있죠. 그런데 이 스포츠라는 것이 그런 격앙된 분위기를 더욱 강화하고 있습니다. 스포츠라는 게 민족주의, 애국주의, 국가주의를 지나치게 부추깁니다. 평화를 만드는 제전이 아닌 각 민족들이 칼을 갈고 집체주의적인 승리에의 갈망에 충돌하는 그런 상황으로 변해가고 있죠. 베이징 올림픽 당시 중국이 중화주의의 오만한 자존심을 드러냈던 것, 기억나시죠?

우리나라도 이제 메달을 따면 연금을 준다는 등의 국가 스포

츠 지원제도는 없앨 때도 됐다고 봅니다. 국가의 명령에 따라서 대기업 그룹들은 좋건 싫건 무조건 한 종목씩을 떠맡아 돈을 대고 육성해야 하고, 상금도 주고 격려금도 줘야 하고…. 물론 하다보면 즐거워지죠. 동질감이 생기고. 언제 우리가 선수와 재벌 회장이 눈물을 흘리며 껴안는 장면을 볼 수 있겠어요. 하지만 국가스포츠라는 측면에서는 썩 좋지는 않습니다. 선진국 중에서 금메달을 땄다고 격려하고 연금 주고 병역특혜 주는 나라는 거의 없습니다. 미국도 상금을 주기는 하지만 상금액은 차이가 많습니다.

『대중의 국민화 Nationalization of the Masses』라는 책이 있습니다. 부제가 '독일 대중은 어떻게 히틀러의 국민이 되었는가'인데요. 축제, 연극, 영화, 합창, 조각상, 스포츠, 군중대회, 조명, 행진, 국민의례 등의 다양한 근대화 항목을 대중의 국민화라는 측면에서 조목조목 설명하고 있습니다. 이런 것들이 다 합쳐져 있는 것이 올림픽 같은 국제 스포츠죠. 대중의 국민화 과정에서 스포츠가 결정적으로 중요한 역할을 합니다. 이 책의 6장에 그런 내용이 잘 나오고 있습니다. 19세기 초 독일에서 독일과학자의사협회, 체조동호회, 남성합창단, 사격동호회 등의 협회들이 많이 만들어집니다. 프리드리히 얀Friedrich L. Jahn이라는 사람이 1911년에 처음으로 체조회를 조직했는데, 그 타이틀은 이러했습니다.

'체조를 통한 조국애. 가르침과 삶이 하나로 통일되어야 한다. 역사에게 기억할 만한 것은 남성적 힘을 과시함으로서 다시 살아난다. 조상들의 영예로운 업적은 체조를 통해 부활할 것이다. 민족의 무질서한 움직임은 축제를 만들어내지 못한다. 무정형의 군중이 만드는 것은 시장통 같은 분위기일 뿐이다. 그래서 국민 모두가 하나의 체조 동호회에 가입함으로써 스스로 국민으로서의 소속감을 느끼게 하고 정신적으로 고양되게 한다.'

그들은 같은 유니폼을 입고 평등한 호칭을 사용했으며 '하일'이라는 인사를 사용했다고 합니다. 하일이라는 말은 단순히 만세라고 해석되고 있지만 질병에서 정상적인 상태로 돌아가는 것이라는 의미가 있습니다. 요즘 우리 사회에서도 힐링이라는 단어가 유행하는데, 글쎄요. 나치가 즐겨 쓰던 말이 힐링이었는데 그게 좋은 말이 아닙니다. 어쨌든 독일은 당시 만들어진 여러 협회들을 중심으로 축제를 열고, 여러 거대한 기념비를 만들어 위용을 자랑하고 있습니다.

이것을 아직도 지구상에서 가장 열심히 하는 나라가 북한입니다. 아니, 김일성 왕조라는 표현이 더 맞겠죠. 아리랑 축제 보세요. 아이들 수만 명이 나와서 한 치의 흐트러짐 없이 집체운동을 하고 카드섹션을 하죠. 우리 사회에서 어떤 정신 나간 인간들은 그 퇴행적인, 지구상에 마지막 남은 1984의 집단체조를 관광상품으로 만들자느니, 감동적이니 따위의 흰소리를 지껄입니다. 문학과 예술을 한다는 유명한 모 작가가 광기의 집단 체조인 아리랑 축제를 보고 와서는 감동을 받았다고 떠드는 라디오 인터뷰를 듣고는 정말 기가 막히더군요. 생각해보세요. 어린 아이들이 자기가 사는 마을에서 새벽 두세 시부터 한 시간씩 걸어서 집결지에 모입니다. 모인 아이들을 트럭으로 실어서 평양시 외곽으로 나릅니다. 거기서 신분증 검사 및 점호를 받고 평양 시내로 들어오죠. 누가 밥 주나요. 아이들이 집에서 싸온 옥수수나 감자 몇 조각을 대충 먹은 뒤 체육관에 줄과 열을 따라 배치가 됩니다. 그 아이들 남녀 할 것 없이 기저귀를 차고 옵니다. 왜? 화장실을 못 가거든요. 그렇게 몇만 명의 아이들을 새벽부터 모아서 피눈물 나게 훈련을 시키는 겁니다. 정작 아이들은 자신들이 뭘 하는지도 모릅니다. 일당을 주나요, 밥을 주나요? 그런 노예들의 군무를 가지고 명색 예술가요 인간의 본질을 탐구한다는 문인이 감동을 받았다, 상업적으로 관광상품을 만들자 이 따위 이야기를 지껄이는 겁니다. 그걸 관광상품으로 만들면 그 수만 명의 아이들에게 과연 어느 정도의 인건비를 줘야 할까요? 관광을 하는 사람들은 얼마의 비용을 지불해야 하나요? 경제에 대해서는 쥐뿔도 아는 것이 있을 수 없지요. 그저 되는대로 지껄이는 이 좌익 밥통들을 생각하면 말이 안 나옵니다. 아니, 20세기에 이런 광기어린 군무가 평양에 남아있다는 사실에 충격을 받아야 마땅한 거죠!

 인간이 행동하는데 있어서 언제나 자유주의적 절제를 생각해야 하는 이유가 여기 있습니다. 우리가 스포츠를 즐길 때에도 항상 조심해야 합니다. 전체주의적 광기를 촉발하는 형식이 되지 않도록 늘 주의해야 합니다. 축구경기 보면 격렬한 몸싸움이 있잖아요. 일본 선수가 우리나라 선수에게 태클을 하면 마구 끓어 오르죠. 바로 그때 조심하셔야 합니다. 스포츠 안에는 인간의 원초적 집단주의를 촉발시키는 요소가 있다는 사실을 기억하시기 바랍니다.

압축 퇴보로 낙제생 자리 굳혀가는 대한민국

엄혹했던 독재시대 속에서 고뇌하고 방황했던 이들, 소위 **전두환 키즈**라고 불리는 사람들 중 일부는 세상이 많이 바뀌었는데도 여전히 그 시대를 살고 있는 듯합니다. 대한민국의 역사는 실패한 역사이고 불의가 승리한 역사인 것처럼, 전교조를 필두로 한 강단 좌익들이 말도 안 되는 신화를 만들고 가르치죠. 그 속에서 길러진 일부 극단적인 아이들이 눈앞에 있는 현실을 못 보고, 세계를 음모론적으로 인식하고, 사이비 종교적으로 접근하는 겁니다. 현실이 어떻게 바뀌든 간에 그것을 해석하는 또 다른 논리를 만들어내어, 옹호하고 방어하면서 종북이 생명력을 이어나가는 거죠. 민주 항쟁 속에서 형성되었던, 기존의 권위나 질서에 대한 반발 심리가 정상적으로 해소되지 못하고, 시대가 바뀌었는데도 여전히 낡은 틀에서의 사고를 고수하는 겁니다. 마치 정신지체 현상과 같습니다.

이런 독버섯들이 국회의원 배지를 달 정도가 되었다는 것은 정치권에서 그 일차적인 책임을 져야 합니다. 민주당이 종북의 숙주 노릇을 하고 있는데, 여기엔 두 가지 이유가 있습니다. 하나는 종북 중의 일부가 민주화 세력을 가장하고 있다는 것입니다. 또 하나는 그 민주화 세력의 일부가 지역을 볼모로 하고 있다는 것입니다. 우리 정당 구조가 다 그렇습니다마는, 그 지역의 볼모로 잡혀 있는 어떤 정당이 민주화라는 간판을 내세우고 있고, 종북이 그것을 숙주로 이용하면서 민주화 세력인 것처럼 명분을 끌어가고 있는 것이죠. 그럼 민주당은 왜 통진당 종북 세력과 같은 무리를 데리고 있는지 궁금해집니다. 촛불시위, 선거운동… 마치 중국이 북한이라는 깡패를 데리고 있는 것처럼 민주당은 종북과 동거하고 있습니다.

　이제는 그런 방식을 버려야 한다는 것을 민주당은 뼈에 새겨야 합니다. 지역성은 해체되어야 마땅하고, 종북과는 선을 그어야 합니다. 민주화는 이미 과잉보상 되었습니다. 민주화 전력에 기대어 무언가의 현실정치를 시도하는 것은 민주화를 영업밑천으로 삼는 것과 다를 바 없습니다. 이제는 거기에서 벗어날 때도 되었습니다. 많은 인사들이 이미 금전적 보상은 보상대로 정치적 보상은 또 그것대로 받았습니다.

　미국 중앙정보국에서 발행하는 「월드 팩트북The World Factbook 혹은 CIA World Factbook」이라는 것이 있습니다. 전 세계 국가들의 정치·경제·사회에 관한 정보가 수록된 발행물입니다. 우리나라의 작년 실

질 GDP 성장률이 2.0%였는데요, 월드 팩트북에 국제 순위가 나왔습니다. 2012년 **대한민국의 GDP 성장률은** 전 세계 189개 국가 중 117위입니다. 2010년에 57위였던 것에 비해, 60계단이나 떨어졌죠. 우리나라가 OECD에 가입되어 있다고 해서 마치 우리가 선진국이 된 것처럼 착각하고 있는데, OECD에서도 계속 순위가 떨어져서 지금 10위 정도입니다. 세계경제포럼에서 발표한 **국가경쟁력 순위는 25위입니다**. 여섯 계단 떨어졌죠. 이것은 말레이시아보다 낮은 순위입니다. 헤리티지 재단 평가에서는 작년 31위에서 34위로, 이것 역시 떨어졌습니다.

한국의 경제성장률을 보면, 노태우 정권 8%, 김영삼 정권 6%, 김대중 정권 5%, 노무현 정권 4%, 그리고 이명박 정권에 와서는 결국 2.9%로 떨어졌습니다. 1991년도 이후에 원형 천정을 치면서 솥뚜껑의 경사면을 따라 떨어지듯이 성장하락 추세가 가속화되고 있습니다. 물론 그렇게 된 것은 제1차 경제민주화라고 할 만한, 1987년 개정 헌법 때문이었습니다. 노동조합이 일제히 약진하고, 민노총이 만들어지고, 전교조가 몸부림치던 시기였는데요. 그 시기 제조업의 해외 러시가 일어날 때가 경제성장의 정점이었죠. 이 상태로 계속 나간다면 우리나라 경제성장률은 2% 밑으로 떨어질 겁니다. 그렇게 되면 대한민국의 경제성장 체제 자체가 완전히 붕괴되고 대한민국은 국제적인 낙제생으로 옮겨가게 되겠죠.

요즘 이런 생각이 많이 듭니다. 아, 대한민국이 자기가 있어야 할 자리로 돌아가는 것이다. 그동안 잘 살았던 것이 비정상이었던가. 제가 이렇게 얘기하면 어떤 분들은 너무 심하다고 할지 모르겠습니다. 근데 지금 우리나라 정치 상황을 한 번 보십시오. 동반성장이다, 중소기업 적합 업종이다, 골목상권 보호다, 대형마트 규제다, 개정 상법은 이사회까지 제멋대로 규정합니다. 프랜차이즈 돈 벌면 더는 확장 못하게 하고, 잘되는 거 바짓가랑이 끌어내리고, 잘 사는 놈들 빼앗아서 복지나 다 나눠 먹자, 우리는 세금 내기 싫고 잘 사는 1%만 세금 내라…. 이런 나라가 잘 사는 것은 애당초 불가능합니다. 국민소득이 4만 달러, 5만 달러가 되려면 그것을 유지할 수 있는 기술력과 생산성이 유지되어야 하고, 그 기술력을 뒷받침할 수 있는 사회적 인프라가 있어야 합니다. 근데 지금 그런 시스템은 싫다는 얘기입니다. 그러니까 주식회사는 싫고 협동조합이나 하고, 사회적 기업이나 하자는 거잖아요.

청와대 회의에서조차 이런 이야기를 하는 사람들이 많습니다. 스웨덴은 복지가 좋다. 그러므로 우리도 복지를 해서 중산층을 만들자. 그런 분이 어떻게 대학교수라고 앉아 있는지 모르겠습니다. 원인과 결과를 완전히 혼동하고 있는 겁니다. 청와대 회의의 그다음 발언자는 사회적 일자리를 늘리자, 그다음 사람은 사회적 기업을 늘리자, 그다음 발언자는 협동조합을 육성하자…. 그날 주제가 일자리와 관련된 것이었다고 합니다. 정말 참담함을 느꼈습니다.

최근 들어 사회적 기업이 아주 많이 생겼잖아요. 그런데 일자

한국의 기적을 쟁취해냈던 한국인들은
어디로 갔을까.
왜 스스로 파괴하지 못해서 안달일까.
이제는 이 퇴행의 몸부림을
단호하게 끊어내야만 합니다.

리가 더 생겼나요? 전부 기존 일자리의 대체입니다. 홍익대에서 어떤 탤런트까지 와서 법석을 떨었던 청소 아주머니들 문제, 그거 사회적 기업으로 대체하면 임금은 더 줄어들고, 그 아주머니도 일자리를 잃는 겁니다. 예를 들어, 빌딩 외벽 청소한다, 그거 지금도 누군가가 하고 있는 일이거든요. 사회적 기업이라는 것이 노령인구 장애인 등을 많이 고용하면 됩니다. 정부에서 사회적 기업을 만들라고 하니까, 나이 많은 분과 장애인 몇 분 고용하면서 지금까지 멀쩡하게 해서 일해 온 소기업을 내보내고 사회적 기업으로 바꾸는 겁니다. 일자리? 새로 생길 리가 있나요? 협동조합을 육성하자고요? 트랙터로 할 수 있는 일을 호미로 하자고 주장하는 꼴입니다. 결국 그런 방식으로 일자리가 생기는 것이 아닙니다. 그런 일자리를 주장한다면 이는 우리 사회 지력知力이 국민소득 3만~4만 달러에는 턱도 없는 수준이라는 것을 말해줄 뿐입니다.

한국이 마음 고쳐먹는다고 하루아침에 달 탐사선을 만들 수 있나요? 그만큼의 고도화된 수학적 지력이 필요하죠. 사회도 마찬가지입니다. 법과 규칙 규정 등 각종 제도를 만들어가는 지식계층의 지력이 어느 정도 되느냐에 따라 그 사회의 수준이 결정되는 거예요. 입법자들인 국회의원의 수준이 어떠냐에 따라 그 나라의 법률 수준이 결정되는 겁니다. 이석기 같은 종북적 인물들이 국회에 앉아서 이때까지 법을 만들어냈다고 생각해보세요. 등골이 오싹하지 않습니까. 김일성주의가 좋다는 정도의 지력이라면 더 이상은 생각할 것도 없습니다.

청와대 회의에서조차도 전후 관계를 혼동하고, 협동조합을 갖고 일자리를 만들 수 있을 것이라 헛소리하는 사람들이 많습니다. 경제성장에 비해 상대적 지력이 못 발달한 겁니다. 소위 근대화에 대한 민중주의적 사고, 전근대적 사고, 촌락공동체적 사고를 가진 사람들이 매우 많은 겁니다. 시장경제와 민주주의체제를 어떻게 고도화할 것인지 생각하지는 않고, 전근대적 공동체로 돌아가기를 외치는 것이 경제민주화거든요. 한마디로 선진사회나 고도화된 지식사회로 가기 싫다, 경쟁도 싫다, 나눠 먹자, 하는 게 경제민주화의 본질입니다. 공정한 경쟁? 아니죠. 단지 결과의 평등을 내놓으라는 겁니다. 그러면 우리 미래는 어떻게 되나요? 협동조합이나 하고 사회적 기업이나 하는 수준, 다시 말해서 국민소득 만 달러 이하로 되돌아 가는 겁니다. 그럼 중국의 식민지나 주변국 정도로 전락하겠죠. 그래서 GDP 성장률이 박근혜 정부 내내 2%로 가다가 (박근혜 정부 기간에 일어날지 그 다음에 일어날지 전망하기 어렵지만) 아주 깊은 쇼크가 오면서 한국 경제는 곤두박질칠 거라 예상하는 겁니다. 이대로 가면 필시 그런 일이 벌어집니다.

지금 겨우 국민소득 2만5천 달러 정도 됐는데, 3만 달러, 4만 달러로 나아가는 게 죽어도 싫다는 겁니다. 그 수준이 요구하는 질서정연한 민주주의가 싫다는 거죠. 나꼼수네 뭐네 하는 애들 수준을 보세요. 그걸 옹호하는 국회의원들의 지적 수준을 보십시오. 그 수준에 맞는 국민 수준은 5천 달러도 안 될 겁니다. 1950년대의 아비투스Habitus로 다시 돌아가는 겁니다. 소위 네크로필리아Necrophilia 같은 거죠. 이렇게 고도화된 사회를 부정하고, 과거로 돌아가면 우리 사회가 어떻게 됩니까?

지금이라도 단호한 결심을 해야 합니다. 과거로의 회귀를 끊어내고, 국민소득 3만 달러, 4만 달러에 상응하는 아비투스를 우리 몸에 억지로라도 입혀야 해요. 이석기 소동을 보면서 느낀 것은 이겁니다. 과거로 돌아가려는 퇴행이 우리 사회에 저렇게 꿈틀대고 있구나! 마치 19세기 말에 개혁으로 못 가고 쇄국으로 가려는 엄청난 사회적 압력이 형성되었듯이, 지금 그런 압력 세력이 우리 사회에 어마어마하게 형성되어 있다는 느낌을 받았습니다. 한국의 기적을 쟁취해냈던 한국인들은 어디로 갔을까. 왜 스스로 파괴하지 못해서 안달일까. 이제는 이 퇴행의 몸부림을 단호하게 끊어내야만 합니다.

가짜 멘토들의 행복론

며칠 전 삼성그룹에서 하는 열정락서에서 '진짜 경제학, 가짜 경제학'이란 주제로 강의를 했습니다. 그 강의를 마치고 열정락서에 참여했던 충주 지역의 대학생들이 제게 던졌던 질문에 대한 생각을 좀 나누도록 하겠습니다.

제가 열정락서에서 받았던 질문은 이런 것이었습니다. "정규재 실장님은 본인 스스로 성공했다고 생각하십니까?" "행복을 얻으셨습니까?" 또는 "스스로 하고 싶은 일을 하는 것과 경제적 성공이 일치를 이루었습니까?" "꿈을 이루었다고 생각하십니까?" "삶이란 무엇인가요?"

저는 약간 실망스러웠습니다. 답할 수 없는 질문이거나, 주관적 느낌이나 감정에 대해 묻는 질문들이었습니다. 이런 질문들은 사실 무의미합니다. 잠시 감성적인 답변이 될지는 몰라도 무슨 올바른 답변이 되겠습니까.

우리 사회에는 거짓말을 퍼뜨리는 '가짜 멘토'가 대단히 많습니다. 이런 가짜 멘토들이 퍼뜨린 잘못된 버릇 중의 하나가 가능한 한 사이비 종교적 질문들을 하도록 하고 결국엔 젊은이들을 나약하게 만든다는 겁니다. 끊임없이 자신을 설명하려고 안달이죠. 멘토라는 사람들의 정신 수준이 아직 청소년기를 벗어나지 못했다는 생각을 갖게 됩니다. 멘토라는 사람이 자기자신을 설명하기 위해 안달입니다. 그런 건 연말에 술 먹고 '나 이런 사람이야~' 하고 대중가요 한 번 부르는 걸로 그쳐야 하지 않겠습니까?

글쎄요. 인생은 그렇게 필연적으로 움직이지 않는 것 같습니다. 노력했다고 그 결과가 즉각 나타나는 것도 아니고, 반드시 결과가 보장되는 것도 아닙니다. 쥐꼬리만한 성공이라면 더더군다나 우연일 가능성도 많을 것 같습니다.

더구나 행복이라고 하는 것은 굉장히 논란이 많은 개념 중의 하나입니다. 행복은 역설이 매우 많습니다. 세상에서 가장 가난한 나라의 행복지수가 제일 높다, 뭐 이런 이야기들도 있잖아요? 행복이라는 것을 주관적 문제나 심리적 문제로 치환하면 답이 없습니다. 유아사망률, 병원의 접근성, 쾌적한 주거환경 등과 같은 객관적인 조건으로 접근하지 않는 행복이라는 개념은 너무나도 주관적이어서 질문은 성립할지 모르지만 답변하기는 아주 어렵거나 무의미합니다. 아무런 가치가 없다는 말은 아닙니다. 개인에게는 절대적으로 중요하지만 타인과 타인 사이에 논의할 수 있는 주제는 아니라는 것입니다. 그 주제를 논의한다 하더라도 종교적 문제나 심리적 문제로 치환되고 말죠. 고통의 부재, 사회적 조건의 개선, 문명의 진보를 논할 수는 있지만 그런 단어를 개인의 행복으로 치환해놓으면 더 이상은 토론이 안 됩니다.

만일 당신이 성공했느냐는 질문에, "제가 이렇게 성공하기까지~"라고 마치 자기의 현재 위치$_{position}$를 성공했다고 평가하는 사람이라면 그 사람은 가짜 멘토입니다. 자신을 성공했다고 표현한다면 그는 이미 멘토가 아닙니다. 왜? 진정으로 무언가를 위해 매진하는 대부분의 사람에게는 성공이라는 어떤 정해진 종착역이 존재하지 않습니다. 그저 긴 프로세스가 있을 뿐이죠. 하나의 과제가 해결되고 나면 더 큰 과제가 생기고 그걸 해결하면 또 더 큰 과제가 자신을 기다리고 있는 시지프스적 고통이 반복될 뿐입니다. 자기들이 무슨 예수 그리스도도 아니고. 인간이 '성공했다'고 말한다면 무엇을 성공으로 볼 거냐는 질문을 우리는 또 해야 하죠. 그저 이름이 좀 알려진 것을 성공했다고 하나요? 직위가 올라간 것? 돈을 좀 번 것?

또 다른 가짜 멘토의 부류는 자신의 노력을 지나치게 강조하는 자들입니다. 자신의 노력을 지나치게 강조하는 것은 오히려 보통의 사람에게 분노와 좌절감을 불러일으키죠. 인생의 많은 부분은 노력의 결과도 있지만, 우연의 결과도 많습니다. 똑같은 노력을 한다고 똑같은 결과가 나타나는 것은 아닙니다. 조그만 성공 앞에 겸손할 줄 모르고, 내가 이렇게 노력했기 때문에 필연적으로 나에게 주어지는 보상을 얻었노라고 노력을 지나치게 강조하는 자들은 대부분 자기의 노력을 과장하고 있거나 진정으로 자신을 성 공으로 이끈 다른 요인을 부정하고 싶어 하는 것입니다. 아니면 잘 난 척하고 싶은 것이든지. 자기의 스토리를 대단한 것처럼 만들 어내는 모든 종류의 멘토들은 대부분 가짜입니다. "단란이 뭐에 요?" "나는 군대 갈 때도 밤새워 일하고 가족한테 말도 못 하고 갔어요." 이런 싸구려 감동이나 만들어내는 자들의 삶이 얼마나 웃깁니까. 이것은 영웅이거나 위인전에 나오는 그런 이야기들입니 다. 자신을 위인의 반열에 올려보고 싶은 참 웃기는 노력입니다.

삶이란 무엇인가 하는 질문도 마찬가지입니다. 칼 포퍼Karl Raimund Popper는 이렇게 말했습니다. "삶은 문제 해결의 연속이다." 인 생은 하나의 과정인 것이지, 출발로부터 기승전결로 마감되는 스 토리가 아닙니다. 인생은 끊임없는 문제와의 씨름이죠. 하나의 문 제가 해결되면 또 다른 문제가 생기는 거예요. 우리가 인간인 이 상은 안주할 수 없거든요. 어떻게 안주합니까?

그래서 '행복' '출세' 이런 질문들은 사실 굉장히 유치하고 덧 없는 것입니다. 질문을 할 때는 아주 구체적으로 해야 합니다. 당 신이 이러한 것을 했는데, 어떻게 한 것이냐? 당신의 책에 이런 말 이 있는데 이것은 정확히 무슨 뜻이냐? 이렇게 질문해야 합니다. 당신의 기분, 나의 기분… 이런 식으로 우리 속에 들어 있어서 보 이지 않거나, 과장하거나 끊임없이 꾸며댈 수 있는 이야기 말고, 우리 밖에 있는 대상물에 관해서 객관적으로 이야기해야 합니다. 어떤 외물에 관해 이야기해야 우리가 조금이라도 지식을 얻을 수 있습니다. 그래야 서로 공통분모가 있는 소통을 할 수 있습니다.

    흔히 우리가 소통이라는 말을 하는데, 지식수준이나 문화적 배경의 차이가 매우 큰 사람 사이에서 소통은 사실상 불가능합니다. 예를 들어, 한 회사의 사장과 말단 사원이 소통할 수 있는가? 아주 작은 회사라면 가능할 수 있죠. 근데 수백 명 이상 되는 큰 회사다, 그러면 소통이 안 됩니다. 인간 대 인간으로는 소통할 수 있을지 모르지만, 회사 일을 가지고 소통하는 것은 불가능합니다. 사장이라면 오히려 경쟁 업체의 사장과 대화가 더 잘되죠. 직원이라면 오히려 경쟁회사 직원과 소통이 잘됩니다. 사장이 직원들을 모아놓고 "소통합시다!"하면서 소주잔을 돌린다고 해서 되는 것이 소통이 아닙니다. 아, 우리 사장님은 말버릇이 저렇구나. 우리 직원들은 폭탄주를 좋아하는구나. 이런 정도의 이해는 조금 높일 수 있을지 모르지만 그걸 소통이라 할 수 있나요?

🎙️ 가짜 멘토들은 오히려 청년들을 나약하게 만들고 있습니다. 너희들이 세상을 고민하도록 해서 정말 미안하다면서 눈물을 짜냅니다. 소위 멘토라는 사람들이 청춘을 위로하려고 드는 과정에서 시도 때도 없이 종교적, 주관적 생각을 하도록 만드는 겁니다. 그런 것들은 오히려 세상을 직시하고 거친 파도를 헤쳐 가도록 하는 데 방해가 될 뿐입니다. 우리 주변의 가짜 멘토들을 주의하시기 바랍니다.

규제의 탄생
그리고 생태계

규제완화 끝장토론에 다녀왔습니다. 사실 우리 주변 모든 것 중에 규제 아닌 것은 없습니다. 국수를 뽑는 기계의 구멍에 대한 규제에서부터 종이의 규격과 지질에 대한 규제까지 규제는 너무도 많습니다. 그 범위도 일반적이고 객관적인 규칙의 성격을 가진 규제, 추상적이며 포괄적인 개념에 대항하는 규제 등 다양합니다. 7시간 동안의 난상토론을 지켜본 저에게 이 토론을 계기로 규제완화가 잘 이루어질 것인지 묻는다면, 아니라고 말씀드리고 싶습니다.

대통령까지 나서서 규제완화를 위해 노력하던 그날도 교육부에서는 규제를 만들어 내고 있었습니다. 각 대학에 「**대학생 집단연수 시 안전 확보를 위한 매뉴얼**」이란 제목의 행정지침을 만들어 보낸 겁니다. 얼마 전에 대학생 집단연수 과정에서 적지 않은 사고가 터졌습니다. 그래서 단체로 연수를 갈 때는 학생 몇 명당 교수 몇 명을 붙여야 하며, 학생회가 주최하는 신입생 오리엔테이션을 금지하는 등의 매뉴얼을 만들어서 배포한 것입니다. 어떻게 생각하시나요? 어, 그것도 규제인가요? 그건 그냥 매뉴얼 아닌가요? 이렇게 말씀하시는 분들도 있을 겁니다. 네, 매뉴얼입니다. 법도 아니고, 시행령도 아니고, 규칙도 아니고 아무것도 아닙니다. 하지만 이제부터 학생들은 MT를 갈 때 대학에 신고를 해야 하고, 대학은 이 복잡한 매뉴얼을 지키지 않을 경우 누군가에게 책임을 물어야 할 겁니다. 도대체 대학생들의 자주와 대학의 자치는 무엇이란 말입니까? 대학 집단 연수에서 사고가 발생했다, 그럼 그 사고에 연관된 각자가 알아서 각자의 조치를 취하면 되는 겁니다. 학교 당국이, 학생 개개인이, 학부모가, 건물주 개개인이. 왜? 그 안에는 복잡한 손해배상의 문제와 도덕적 법률적 책임이 따라붙습니다. 근데 유치원 애들 다루듯이 정부가 나서서 이렇게 해야 돼, 저렇게 해야 돼 하면서 어버이가 되면, 이런 것들이 모여서 규제가 되는 겁니다.

어느 시절엔가는 건물 사고나 MT라는 개념이 없어지는 시대가 올 수도 있습니다. 예를 들어, 토론에서 불거진 규제 중 이런 것이 있었습니다. '뷔페식당의 빵은 5km 이내에서 사와야 한다.' 아마 이 같은 거리 규제를 정할 당시에는 자동차가 많지 않았을 겁니다. 냉장차라는 개념도 없었을 거예요. 여러 명이 먹는 뷔페식품은 음식물이 상할 위험이 낮아야 하므로 빵이 상하지 않도록 1시간 안에 배달되어야 하겠고, 그러려니 1시간 안에 배달할 수 있는 거리인 5km 이내에서 사와야 한다'는 규제가 생겼을 것입니다. 이것도 추측입니다. 지금은 이 규제가 왜 존재하는지 아는 사람도 거의 없습니다. 그런데 지금은 자동차도 많아지고 냉동차들이 보급돼서 필요 없는 규제가 되어버렸죠. 근데 그걸 없앴다가 추후 식중독 사건이라도 발생하면 튈 불똥 때문에 아무도 없애지 않고 있는 겁니다. 박물관 안에 좀비를 모시고 있는 것이나 마찬가지죠.

규제완화 끝장 토론 중에 푸드카Food Car에 대한 얘기도 나왔습니다. '차는 튜닝Tuning하면 여러 문제가 생긴다. 브레이크 시스템을 아무렇게나 만들면 안 된다. 브레이크는 잡기에 편해야 한다. 헤드라이트는 고쳐선 안 된다.' 등입니다. 물론 안전을 위한 최소한의 규제는 필요하다는 의견에는 동의할 수 있습니다. 그런데 이런 규정에는 어떤 의미가 포함될까요? 예를 들어, 몇 년 후에 전자통제시스템으로 가동되는 헤드라이트가 나왔다고 합시다. 맞은편에 차가 오거나 전방에 사람이 걸어오는 것을 인식하면 헤드라이트가 하방으로 내려가고 전방이 자유로울 때는 헤드라이트가 전방을 모두 밝히는 시스템을 만들었다고 해보자구요. 그런데 특허를 내봤자 팔 수가 없죠. 승인을 받아야 하는데, 기존의 규제가 그것을 가로막고 있거든요. 신기술 만들어봤자 소용없는 겁니다. 기존의 형식 승인이나 기술적 규제 기준에는 전자통제라는 것이 없는 겁니다. 말하자면, 이처럼 규제라는 게 신기술을 붙들어 맬 수도 있다는 겁니다.

튜닝카는 대통령의 호통이 있고 난 다음 바로 규제해체 목록에 올랐습니다. 다음날 언론에는 몇 년 걸린 규제가 두 시간 만에 풀렸다는 등의 기사가 나오기도 했지요. 그러나 이런 식으로 풀리는 것은 그다지 바람직하지 않습니다. 규제하거나 풀거나 모두가 제대로 된 검토와 이유가 있어야 합니다.

규제는 원래 매우 아름다운 명분으로 만들어집니다. 어떤 사건이 터진다고 합시다. 그럼 언론들이 한바탕 난리를 칩니다. 그럼 부랴부랴 법을 만들고, 국회는 관련 규정이 없다며 관련 부처를 닦달합니다. 그런 과정을 거쳐 사람들은 얼른 규제와 이를 위한 규정을 만듭니다. 시민단체도 마찬가지입니다. 환경에 관련된 규정을 한 번 볼까요? 최근 새로 생겨난 규제법은 화관법(화학물질관리법), 화평법(화학물질의 등록 및 평가 등에 관한 법률), 환통법(환경오염시설 통합허가제도) 등입니다. 법마다 수백 건의 새로운 규제와 서류와 서식이 들어갑니다. 머리가 아플 지경이죠. 그게 다 어떻게 만들어진 것인가요? 환경부 장관이 근엄한 얼굴로 앉아서 온갖 세상의 걱정을 다 지고 있는 듯한 얼굴로 말합니다. "이런 사건으로 여러 사람이 죽었고, 가스 폭발을 통해 위험성이 입증이 되었고…" 하면서 규정을 만들어내는 겁니다. 어떻게? 물론 다락같은 기준을 만들어 냅니다. 너무도 기준이 높고 까다로워서 업자들이 지킬 수 없는 그런 가장 안전한 기준을 만들어냅니다. 절대로 지킬 수 없는 완벽한 기준을 만들기 때문에 아무도 지키지 않습니다. 나중에 그 법을 지키려다 보면 이번에는 준법 투쟁이 됩니다. 지금 대한민국 의사나 기관사들이 모두 법을 지키겠다는 것을 내세워 소위 준법투쟁을 하고 있습니다. 법을 지키는 것이 투쟁이 되는 희한한 나라가 한국입니다.

　법을 만들 때 현실적인 법, 지킬 수 있는 법을 만들지 않고 가장 극단적인 경우를 상정해서 법을 만드는 겁니다. 아무도 지킬 수 없습니다. 결국 정부는 대부분의 일탈과 위법, 편법을 눈감아 주게 됩니다. 법을 지켜야 하는 사람이나 단속해야 하는 사람이나 제대로 법을 지키지 않습니다. 그래서 대한민국 경제가 이 정도나마 돌아가는 겁니다. 그런데 만약에 대한민국 공무원들이 모든 규정을 완전히 지키고, 모든 민원인이나 기업이 법을 완벽하게 지키도록 열심히 조사를 한다면 대한민국 경제는 돌아가지 않을 거라고 확신합니다. 바로 준법투쟁이 되고 말죠. 기관사들 법을 지키겠다는 것이 투쟁이 되었습니다. 의사들도 법 지키겠다니까 투쟁이 되어버립니다. '아유, 법은 그만 지키세요' 하면서 정부가 이들을 달래느라고 법석입니다. 이 법을 누가 만들었나요? 물론 국회가 만들지만 언론들, 시민단체 이런 데서 불을 때는 겁니다. 무슨 사건만 났다 하면 '왜 법이 없냐!'면서 최강의 법을 만들죠. 규제는 이렇게 나오는 겁니다.

　암수dark figure가 많은 경우도 규제는 높아집니다. 암수는 실제 발생수와 통계에 잡힌 발생수의 차이를 말합니다. 예를 들면, 대한민국에서 발생한 살인사건 수와 경찰서에 접수된 살인사건의 수는 차이가 있죠. 그 사이에 있는 수를 암수라고 하는 겁니다.

시체가 발견되지 않아 살인사건으로 접수가 되지 않은 사례가 얼마나 될지 알 수 없는 거니까요. 살인사건은 암수가 아주 적은 사례에요. 대부분 살인사건은 보고되거나 드러납니다. 암수가 거의 없습니다. 자살사건은 어떨까요? 은밀한 곳에 가서 자살한다? 글쎄요. 아마 그것도 적을 겁니다. 성희롱 사건은 암수가 아주 많겠죠. 간통? 말할 수 없이 많겠죠. 한 예로 섯다운 제도를 봅시다. 게임에는 중독성이 있어서 어린 아이에게는 게임을 규제해야 한다는 건데, 글쎄요. 그런데 그게 엄연한 오락 비즈니스라는 측면도 있거든요. 일방적인 규제나 금지의 대상은 아니죠. 어찌됐든 게임중독 또한 암수가 굉장히 많은 경우이기 때문에 규제 또한 다락같이 높이 올라갑니다. 피해자나 피해자의 가족이 그 처벌 수위를 굉장히 높게 정해버리기 때문입니다. 더군다나 도덕적 가치판단을 수반하는 문제일수록 법률은 더욱 강해집니다. 왜? 피해자들이 공통적으로 엄청난 처벌을 요구하거든요. 도덕적으로 부끄러운 일들에 대해서도 규제 기준이 높아집니다. 이렇듯 암수가 많을수록 과잉규제의 가능성이 높아집니다.

규제는 매뉴얼을 좋아하고 규정을 좋아하는 사람들이 만들어냅니다. 일본사회 같은 경우가 그런데요. 지난 번 후쿠시마 원전 사고에서 조속한 경보장치가 가동되지 않았던 것은 조속한 경보장치에 대한 매뉴얼이 없었기 때문이라는 분석이 나왔죠. 이렇듯 일본은 매뉴얼이 없으면 비상시에도 움직이지 않는 사회라는 겁니다. 매뉴얼과 규정을 좋아하는 사람들은 **설계주의적 속성을** 가지고 있어요. 인간의 모든 행동, 기업활동, 사회활동 등 각 분야에 걸쳐서 매뉴얼을 만들어냅니다. 그런데 그 매뉴얼이 점점 더 자세해지면 더 이상 꼼짝달싹할 수 없는 **관료주의에** 함몰되게 됩니다. 규정 만들기를 좋아하는 국가는 규정을 관리 감독하는 관료집단을 만들게 됩니다. 그래서 대개 규정을 좋아하는 국가, 설계주의적 국가는 관료사회가 발달하게 되어 있고, 관료사회가 일정 부문을 넘어서게 되면 사회가 점점 화석화되고 말죠.

　진화주의적이냐 설계주의적이냐에 따라 규제를 보는 관점도 달라집니다. 대개 국가주의적 성향을 갖는 사람들은 국가가 뭔가 대책을 내야 한다고 하면서 규제들을 만들어내죠. 반면에 웬만하면 시장에서 자율적으로 조정해나가야 한다고 주장하는 사람들이 많으면 규제의 숫자는 현격히 줄어듭니다. 국가주의적 성격을 갖는 사회냐 시장주의적 사회냐에 따라 규제의 건수나 질, 강도는 현저하게 달라지죠. 우리나라는 불행히도 진화적이라기보다는 설계적이고, 불문법적(不文法, ungeschriebenes Recht)이라기보다 성문법(成文法, geschriebenes Recht)적이고, 인간의 자유보다는 질서를 좋아하고, 시장보다는 국가를 선호하는 성향의 사람들이 매우 많습니다. 규정 친화적 국가죠. 그러다보니 규제가 폭발하는 상황이 되어 갑니다. 지금 정부 공식 규제 수는 1만 2,200개입니다. 그런데 법, 령, 규칙, 지도방침, 지침, 매뉴얼 등을 모두 계산해본다면 그 수는 열 배 백배까지 많아질 수도 있다고 봅니다.

이처럼 규제가 많아지면 일종의 규제 생태계가 형성이 됩니다. 제가 규제완화의 실패 가능성을 제기하는 이유가 여기에 있습니다. 푸드카의 경우를 예로 들어봅시다. 국토교통부에서 일정한 규정을 둬서 차량 튜닝을 허용하겠다고 하니까, 식품의약품안전처에서도 푸드카가 합법적인지 서류를 받아서 허가하겠다고 마치 규제를 푸는 것처럼 얘기했습니다. 하지만 차량이 합법적인지를 식약처가 신경 쓸 일은 아니죠. 차량에 관한 승인 권한은 국토부에 있으므로, 국토부에서 푸드카에 대한 규정을 정하고, 식약처에는 그 규정대로 고쳐졌는지 증명서를 제출해라. 그런데 나중에 푸드카를 합법화하려고 하면 식약청이 서류를 보내오겠죠. 너희는 식품에 대해 모르지 않냐, 우리가 푸드카에 대한 규격을 정하겠다. 그러면 또 푸드카 제작 형식 승인을 놓고, 다양한 음식에 관한 내부 구조에 대한 규정을 또 만들어내겠죠. 자, 어떠세요?

그 과정을 모두 거쳐서 푸드카 사업이 늘어난다고 생각해봅시다. 그러면 푸드카 협회가 생기겠죠. 그럼 누가 협회장이 될 것 같습니까? 푸드카 업자들 중에 리더십이 강한 사람이 세워질까요? 아마도 퇴직 공무원이 협회장으로 내려갈 겁니다. 그런데 그 사람이 식약처에서 내려가느냐, 국토부에서 내려가느냐를 두고 싸움질이 나겠죠. 결과적으로 규제 권력이 더 센 곳에서 내려가게 될 겁니다. 왜? 그래야 로비하기 좋으니까. 오히려 업자들이 더 센 규제 권력을 가진 곳에서 사람이 오길 요구할 겁니다.

바로 여기서 소위 규제의 먹이사슬, 규제의 생태계가 만들어지는 겁니다. 우리나라에서 규제가 제일 많은 데가 금융산업입니다. 생명보험협회장, 은행연합회 회장, 증권거래소 이사장… 다 공무원 출신입니다. 이렇게 규제의 생태계가 만들어지는 겁니다. 우리나라 인증제도가 380개나 된다고 합니다. 그 인증제도 아래 인증기관과 협회들이 다 있습니다. 수도 없는 먹이사슬들이 있는 거죠. 그러면 그 기관이나 협회에 누가 내려 가냐, 퇴직 공무원들이 다 내려가는 겁니다. 그래서 인증제도 같은 것이 엄격하면 엄격할수록 퇴직공무원들이 취직하기 좋아요. 공정거래위원회가 요즘 경제민주화 바람을 타고 세게 나오잖아요? 그래서 요즘 공정거래위원회 공무원들이 로펌이나 기업에 취직하기가 좋습니다. 왜? 규제가 엄청나기 때문에. 열심히 감사를 하고 공정거래를 따져서 과징금을 때리고 하면 기업들이 그 출신을 받으려고 난리가 나는 겁니다. 저는 지금 그 수준이 회복 불가능한 지점을 이미 넘어선 것 아닌가하는 느낌을 많이 받습니다. 박 대통령도 이거 잘못하면 관료국가가 되겠다는 위기감에 그런 토론을 열었을 겁니다.

지금 산업부 산하 단체로 내려가면 많은 단체들이 있습니다. 그거 다 규제로 먹고 사는 것이거든요. 기업에 준법 지원인이라는 것도 만들어졌잖아요. 이게 다 전직 변호사의 일자리를 만들고 있는 겁니다. 국가가 나서서. 전관예우를 제도화하려는 사실상 범죄를 저지르는 겁니다. 이렇게 해서 규제완화가 되겠습니까? 공무원들이 순순히 규제를 해제하겠냐는 겁니다. 자기들 문전옥답이 없

어지는데, 풀겠냐는 거죠. 무슨 사건 사고가 터지면 '거봐라'하면서 규제를 더 높은 수준으로 끌어올려 힘을 더 강화하고, 그 업계를 자신들의 문전옥답으로 만드는 겁니다. 이게 규제의 생태계입니다. 이걸 우리가 어떻게 무너뜨릴 수 있겠습니까. 근데 어리석은 입법부는 계속 그런 법을 만들어내요. 왜? 그래야 자기들 힘이 커지거든요. 그러나 관료의 영역, 규제의 영역이 커지면 결국 민간의 영역은 점점 줄어들어서 구소련처럼 망하게 될 것입니다. 이런 생태계를 쳐부수지 않으면, 규제는 극복되지 않을 겁니다. 진화를 버리고 설계를 택할 때, 자유의 가치를 버리고 국가를 택할 때 규제는 생겨나고, 그 규제는 시장을 화석화로 몰고 간다는 사실을 명심해야 할 것입니다.

최근 세월호 사건에서도 드러났듯이 해운업계에도 규제가 많고 그 규제 덕분에 해운업계 대부분의 협회장 등은 모두 해양부의 낙하산들입니다. 해운에 관한 안전 매뉴얼이 3,200개나 된다지 않습니까. 안전 매뉴얼이 있으면 뭐합니까. 아무도 지키지 않습니다. 어떤 사람은 세월호 사건 이후 규제를 강화하라고 또 목청을 높이지만 규제는 지금도 넘치게 많이 있습니다. 그러나 아무도 지키지 않습니다. 이게 진정한 문제입니다.

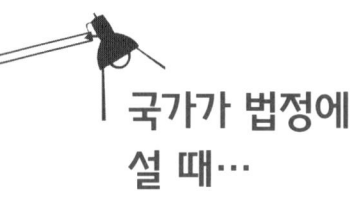

국가가 법정에 설 때…

　　국세청이 묘한 인사개선안을 발표했는데, 조세 불복 소송 등에서 패소율이 높은 직원에게 인사상 불이익을 주겠다는 발표였습니다. 납세자 불복이 급증하고 과세당국의 패소율도 높아지자 발동한 위기의식일 겁니다. 그럴 만도 하죠.

　　2011년에 875건, 2011년에는 1,050건, 2013년에는 1,376건으로 조세 불복 소송 수치가 껑충껑충 뛰고 있습니다. 국세청의 패소율 역시 2010년 12.8%(패소액 6,957억 원), 2011년 19.2%(패소액 1조 184억 원), 2012년 22.6%(패소액 6,474억 원), 2013년 33%로 계속 오르고 있습니다. 33%면 3분의 1이잖아요? 그럼 국세청에서 매긴 세금 중 상당부분이 잘못 매겨진 것이고 그중 소송에 들어간 불복건수 중 3분의 1이 잘못 매긴 것이라는 말 아닙니까? 2013년 상반기에만 그렇게 돌려준 금액이 8,121억 원입니다. 하반기까지 합치면 1조 5,000억 원은 넘어서지 않았을까 예상해봅니다. 그러니까 세금에 대한 불복 민원이 하늘을 찌르고 있는 겁니다. 때문에 세금을 무분별하게 매겨 소송이 걸리고 그중 패소율이 높은 직원에게는 인사상 불이익을 주겠다는 국세청 인사개선안이 발표된 겁니다.

　지금 정부가 피고로 소송이 걸려있는 사건의 소송액은 총 10조 1,384억 원입니다. 부처를 보면 법무부 소송가액이 33억 원, 국세청이 2조 868억 원, 공정거래위원회가 1조 8,500억 원 등입니다. 이 수치가 말하고 있는 게 뭔가요? 정부 공권력에 의해 무리하게 집행된 사건들이 이렇게 많다는 겁니다. 예를 들어, 공정거래위원회가 대기업의 부당거래나 담합을 이유로 몇천억씩의 과징금을 징수합니다. 그럼 우리는 그 기사만 보고 '대기업 이 나쁜 놈들!' 하면서 잊어버리죠. 하지만 실제로 그다음에 기업이 소송을 해서 과징금을 환급받는 경우가 적지 않습니다. 2008년 과징금 환급률이 50%였습니다. 2009년 42%, 2010년 58%, 2011년 55%, 그리고 2012년에는 80%로 껑충 뛰었습니다. 이게 대체 무슨 일이냐는 겁니다. 법무부의 경우를 볼까요? 법무부에 걸려있는 소송은 대개 억울하게 옥살이를 한 뒤 무죄판결을 받아 지급받는 보상금에 대한 것이거든요. 법무부에서 억울하게 옥살이 한 것이 돈으로 보상이 되겠습니까?

　정부에 소송이 걸려있는 것이 10조 1,384억 원이라고 했는데요. 정부에서 자체적 계산을 했는데, 소송을 통해 돌려줘야 할 것으로 예상되는 금액이 1조 279억 6천만 원이라고 합니다. 기가 차죠. 이 돈들이 다 무슨 돈들이란 말입니까. 억울하게 감옥에 가거나, 과도하게 걷어간 세금으로 생업을 포기하다시피 소송에 매달려서 몇 달 이상씩 고생한 대가인 겁니다. 일단 세금 내라는 청구서가 오면 무조건 돈을 내야하고, 판결이 나면 감옥에 가야 하거든요. 그래야 소송이고 뭐고가 있습니다. 공무원들이야 월급 다 받아가면서 법원 쫓아다니는 거지만, 일반 국민들의 피해는 이루 말할 수 없는 거죠.

'사회 정의' '식품 위생 안전' 등의 이름을 내세워서 말할 수 없는 횡포를 저질러온 방송사들은 또 어떻습니까? 쓰레기 만두, 포르말린 깡통 사건 모두 법원에서 무죄 판결을 받았습니다. 근데 방송사들은 아무 말이 없죠. 그때 망한 만두집들이 한두 개가 아닌데 말입니다. 광우병에 대한 보도로 말할 수 없는 국가적 손실을 입힌 MBC, 사과했나요? 자막 몇 줄, 사과 한 마디 정도는 했을지 몰라도 깊은 반성이 있었는지 모르겠습니다. 정부 소송 금액들을 보십시오.

 한 사람의 씻을 수 없는 명예의 손실, 인생의 절단, 재산상의 피해 등이 오늘날 국가, 그리고 공권력이라는 이름의 기관들이 직면하고 있는 문제입니다.

골목 상권
일자리 계산법

서울시가 51개 생필품목을 대형마트에서는 팔 수 없다는 요지의 조례를 통과시켰습니다. **대형마트 논란**이 다시 일어나고 있는데요. 자영업자들의 형편이 딱하다는 것은 부인할 수 없는 사실이지요. 우리나라에는 680만의 업주가 있습니다. 그중 100만 원 이하의 수입을 올리는 사람만 해도 200~300만, 즉 절반 가까이 됩니다. 실제로 자영업을 하시거나 실패하신 분들의 이야기를 들어보면 100만 원은커녕 손해를 보시는 분들이 너무 많죠. 자영업자들의 고충을 전혀 이해 못 하는 것은 아닙니다. 대규모 자본이 탱크처럼 골목길을 밀고 들어와 소규모 상인들을 초토화하는 것에 찬성하는 것도 아닙니다. 그런데 골목상권 보호에 반대한다고 말하는 순간 많은 사람들은 그렇게 오해하죠. 그래서 대형마트를 규제하지 말라고 주장하면, 대자본의 편이냐고 화를 내는 분들이 많습니다. 물론 그분들의 심정을 충분히 이해는 합니다. 이해할 수밖에 없는 것이기도 합니다. 자영업은 우리나라 전체

근로자 수의 28.8%를 차지하고 있습니다. OECD 평균인 15.8%의 두 배입니다. 공급과잉입니다. 그러니까 어마어마하게 생기고, 또 어마어마하게 죽어 나갑니다. 골목상인의 입장에선 말할 수 없이 괴로울 겁니다. 더구나 요즘 장사 되는 데가 어디 있겠습니까. 도소매, 숙박 같은 경우는 인구비례로 따져도 미국의 여섯 배나 됩니다. 그러니까 당연히 자영업 시장이 어려운 거죠. 이 많은 자영업자를 어떻게 다 먹여 살릴 수 있겠습니까? 그러니 비명소리가 터져 나오는 겁니다.

문제는 산업의 발전 방향입니다. 무엇이든지 단순한 것으로부터 복잡한 것으로 진화합니다. 골목 구멍가게가 대형마트로 대체되는 것은 퇴보나 퇴행이 아니라 진보입니다. 이 방향 자체를 거스르는 것은 곤란합니다.

대형마트에서 다루는 물건 가짓수는 몇 개나 될까요? 미국의 월마트는 10만 가지 정도의 물건을 팝니다. 이마트가 7만 가지 정도 되고, 롯데마트도 비슷한 수준입니다. 골목 구멍가게의 상품 가짓수는 얼마 정도 될까요? 아주 작은 구멍가게는 천 가지 정도밖에 되지 않습니다. 조금 많은 경우는 2천 가지에 육박하고, 편의점이 2천5백 가지 정도의 상품을 취급합니다. 파리바게트에서 만드는 과자와 빵의 숫자는 550가지 정도입니다. 동네 빵집은 그 절반인 200~250가지를 만듭니다.

한국의 직업은 몇 가지일까요? 고용노동부 기준으로 11,555개입니다. 그럼 미국의 직업은 몇 가지일까요? 30,493개입니다. 우리나라보다 근 세 배 가까이 많죠. 서울서 살 수 있는 물건의 품목 수는 뉴욕서 살 수 있는 물건의 품목 수보다 훨씬 적습니다. 뉴욕의 슈퍼에 가면 전 세계에서 실려 온 상품들이 널려 있습니다. 없는 물건이 없죠. 치즈만 하더라도 세계 각국에서 생산된 수백 가지 제품이 있죠. 그리고 그걸 다루는 직업이 다 다릅니다. 그래서 미국의 직업 수가 폭발하는 겁니다. 상품 수의 폭발이 곧 직업의 폭발입니다.

제가 무슨 말씀을 드리려는지 짐작하시겠지요? 그러니까 규모가 커진다는 것은 단순히 숫자가 많아진다는 뜻이 아닙니다. 질적으로 달라진다는 겁니다. 한 직업에 사람이 많아지는 것이 아니라, 직업 자체가 많아진다는 겁니다. 예를 들어, 한국이 미국의 수준으로 경제가 고도화되고 앉은 자리에서 직업 수가 3배 가까이 늘어난다면 거의 완전한 취업이 가능한 것 아니겠습니까? 구멍가게 열 군데를 합친다고 대형마트 한 개와 같아지느냐, 아닙니다. 구멍가게는 다른 구멍가게의 복제품이죠. 근데 대형마트는 다루는 품목 자체가 늘어나는 겁니다. 그렇게 질적으로 달라지면서 납품업자들의 숫자도 늘어나고 다양해집니다. 대단히 죄송한 표현이지만, 누가 소상인들을 많이 먹여 살릴 수 있느냐고 묻는다면 당연히 대형마트입니다. 대형마트의 뒤에는 입점업체, 납품 농가 등 어마어마한 사람들이 쫙 깔려 있는 겁니다. 물론 이들의 존재가 눈에는 보이지 않지요.

이마트의 거래업자가 계약 당사자만 2,500여 명입니다. 이 사

규모가 커진다는 것은
단순히 숫자가 많아진다는 뜻이 아닙니다.
직업 숫자와 공급업자가 많아지고
그에 따라 당연히 전체 경제가 좋아집니다.
바로 이 부분이
대규모화의 질적 비약이자 다양화입니다.

람들이 뒤에 2, 3차 밴더vender들을 데리고 있죠. 그러니까 최소한 몇만 명 이상의 업체가 있는 겁니다. 바로 이 부분이 **대규모화의 질적 비약**이자 **다양화**입니다. 직업 숫자도 늘어나고 공급업자도 많아지고, 그에 따라 당연히 전체 경제가 좋아지는 것인데, 대형업체를 다 없애버린다면 지금 당장 구멍가게는 더 잘되겠지만 경제 전체로 보면 나빠집니다. 한 가지 예를 들어볼까요? 지금은 버스 안내양이 없습니다. 버스카드와 기계로 대체됐잖아요. 그럼 우리 눈에는 버스 안내양이 없어진 것처럼 보입니다. 그 사람들이 다 실직된 것처럼 보이죠. 하지만 그렇지 않습니다. 카드 만드는 회사가 생겨나고, 소프트웨어 회사가 생기면서 오히려 더 많은 일자리가 생기게 돼요. 이게 **문명의 진보**라는 거거든요. 과거에는 직업이 몇 개 되지도 않았습니다. 문명이 진보하면 할수록 일자리는 더 다양하게 생기는 겁니다. 지금 대형마트가 들어오면 소규모 구멍가게들은 힘들죠, 물론. 어떤 사람은 사업에 실패해 폐업하는 경우도 있을 겁니다. 그런데 한 사업자가 망한 뒤에는 또 다른 업자가 두세 명씩 생기고 있는 겁니다. 소비도 늘고 국민의 생활도 달라지겠죠. 그래서 국민 경제 전체로 보면 오히려 그게 나은 겁니다. 바로 이 점이 성장이 만들어내는 미스터리입니다. 개별 자영업자가 어려운 걸 몰라서 하는 이야기가 아닙니다.

그럼 자영업이 언제부터 이렇게 어려워졌나. 92년, 98년 두 단계를 거치면서 어려워졌습니다. 92년의 제조업 근로자 비중은 약

23%였습니다. 이때를 정점으로 대한민국의 제조업 근로자의 비중이 꺾어지기 시작합니다. 지금은 17%까지 떨어졌죠. 두 가지 이유 때문입니다. 먼저는, 그 당시 엄청난 속도로 진행되던 **노동시장의 경직성** 때문입니다. 민노총이 만들어지고, 현장 노동자들이 사장의 목에 줄을 매달아 끌고 다니고, 파업하고 그랬습니다. 그런데 그때 마침 **중국**이 개혁개방을 단행한 것입니다. 이것이 두 번째 이유입니다. 결국 생산성이 상대적으로 낮은 국내 제조업이 다 중국으로 옮겨갔죠.

그러니까 상류에서 댐이 터진 겁니다. 상류, 즉 번듯한 일자리가 무너지니까 자영업 폭발이라는 홍수가 하류에서 터지는 겁니다. 지금 우리나라보다 자영업 비중이 높은 나라는 터키, 멕시코, 칠레 정도입니다. 후진국일수록 자영업자의 비율이 높습니다. 그러니까 이 자영업 문제를 해결하려면 상류의 댐을 막거나 덜 터지게 해야 하는 거죠. 안정된 일자리를 만들어내야 하는 겁니다.

이걸 해결하지 못한 채 아무리 대형마트를 규제해봐야, 상황은 더 악화될 뿐입니다. 대형마트가 들어서서 유통의 혁신을 꾀하고 있는데, 오히려 정부가 그걸 막는다면 물가는 물가대로 오르고 일자리는 더욱 줄어들게 되는 겁니다. 일자리가 어떻게 생기고, 경제가 어떻게 이루어지는지 모르는 사람들의 눈에는 대형마트라고 하면, 하나의 대기업밖에 보이지 않죠. 그 뒤에 엄청나게 생산되고 있는 일자리가 바보들의 눈에는 안 보이는 겁니다. 지금 대형마트의 입점을 막아보려는 것은, 혁명을 맨손으로 막아보려는 부질없는 노력입니다. 대형마트의 유통혁명이라는 것이 어떤 의미를 가지는지 한 번 생각해보시기 바랍니다. 골목상권을 살리라고 주장하는 사람들이 많지만 그중 대부분이 재래시장이나 골목길 상권은 거의 이용하지 않습니다. 재래시장을 살리자고 캠페인을 벌이는 사람들 중에 재래시장에 가서 물건을 사는 사람이 얼마나 될까요. 왜 안가냐구요? 수도 없는 각자의 이유가 있습니다. 우선 주차장이 없습니다. 정가표가 없고 카드 사용이 불편하고 반품이 안 되며 비가 오면 질척거립니다. 음악이 울리지도 않으며 불친절합니다. 야간에는 장사를 하지 않습니다. 누가 가겠습니까. 바로 그것을 충족해주는 것이 새로운 문화요 삶의 진보입니다.

대형마트와 재래시장 혹은 동네슈퍼가 같은 상품을 판다고 주장하시겠습니까. 같은 상표의 우유를 팔아도 실은 다른 상품입니다. 대형마트에 가서 우유를 마시다 배탈이 나면 사람들은 오히려 상당한 배상을 받을 수 있겠구나 하고 기대할 겁니다. 그러나 동네슈퍼에 그런 것을 기대할 수 있을까요? 거의 못할 겁니다. 그렇다면 그 둘은 같은 공장에서 나왔다고 하더라도 전혀 다른 상품인 겁니다.

돈 크라이 포 아르헨티나

요즘 세계 경제가 휘청거리면서 개도국들이 굉장한 충격을 받고 있습니다. 지난 몇 년 동안 중국, 브라질, 아르헨티나, 베트남 등 소위 신흥국으로 쏠렸던 세계 경제의 흐름이 서서히 미국으로 다시 복권復權되는 추세에 있죠. 그중 아르헨티나는 올 들어서만 20~30% 가까이 페소화가 절하되었고, 작년 10월 CCC+로 떨어진 국가신용등급의 추가 하락도 예상되어 디폴트default를 피하기 어려울 것으로 보입니다. 2001년 이후 다시 경제위기를 맞게 된 겁니다. 사실 아르헨티나는 우리나라 국민소득이 500달러이던 시기에 5천 달러에 육박할 정도로 매우 잘 사는 나라였습니다. 그런데 이제는 상황이 역전되었죠. 현재 국민 소득이 만 달러 이상이긴 하지만 국가경쟁력, 국가신용등급 등 여러 기준에서 세계 100위권 밖으로 쳐지고 있습니다. 거의 구제불능의 국가로까지 여겨지고 있죠. 아르헨티나의 이런 주기적인 경제 위기를 우리는 어떻게 분석할 수 있을까.

아르헨티나에는 말도 안 되는 규정들이 많습니다. 외화를 쓰려면 사전 신고 후 허가를 받아야 하고, 해외 인터넷 쇼핑도 금지되어 있습니다. 아마 해외 직구족이라고 불리는 소비자들은 아르헨티나 같은 나라에서 살아가기가 어렵겠습니다. 해외에서 물건을 수입할 때, 자국 내에서 생산되는, 경쟁하는 물건이 있다면 수입을 할 수 없습니다. 또 민간 기업은 어떤 통계든지 발표를 해서는 안 되죠. 통계는 국가에서 틀어쥐고 있습니다. 작년 아르헨티나 인플레율에 대해 정부 공식 발표는 10%였지만, 민간에서는 30% 남짓 될 것으로 추정하고 있거든요. 이 정도로 아르헨티나는 덜 떨어진 나라가 되어가고 있습니다. 이탈리아, 스위스, 스페인보다 부유했던, 독일과 북구 3국에 육박하는 수준을 유지했던 나라가 어떻게 해서 여기까지 추락했는지는 세계적인 연구과제입니다.

아르헨티나는 20세기 초반만 해도 농업 경쟁력이 있는 강국이었습니다. 유럽에서 미주대륙으로의 이민 물결은 아르헨티나, 미국, 캐나다 등으로 연결되었는데요. 이탈리아, 스페인, 프랑스 등의 가난한 농민들은 아르헨티나로 많이 갔습니다. 유럽 중부와 북부에서는 미국으로 많이 흘러갔습니다. 아르헨티나는 19세기 후반에 특히 미국 이민을 많이 받아들였습니다. 이들 이민은 아르헨티나의 농민으로 뻗어나갔고 국가경제발전에 크게 기여하게 됩니다. 당시 아르헨티나 인구에서 차지하는 이주민 비율은 미국보다 높은 거의 30%에 육박하게 됩니다. 이들이 아르헨티나의 성공에 견인차 역할을 하게 된 것이죠.

아르헨티나는 **페로니즘**Peronism이라는 독특한 정치 시스템을 가진 나라입니다. 이 시스템은 후안 도밍고 페론이라는 군사 및 정치 지도자의 이름에서 비롯된 것인데, 현재 아르헨티나의 집권당이나 야당이나 모두 페로니즘의 자식들입니다. 페론이라는 이름을 내세우지 않으면 누구라도 정치인으로 성공하기 어렵습니다. 그만큼 아르헨티나에서 페론의 지도력은 확고하지요.

구체적 경제-정치 정책은 약간 차이가 있지만, 적어도 페로니즘이라는 측면에서 아르헨티나 정당은 거의 대동소이합니다. 그런데 이 페로니즘을 포퓰리즘으로 볼 수 있느냐, 없느냐는 논란이 있습니다. 당연히 **포퓰리즘**입니다. 물론 포퓰리즘이 페로니즘의 전부는 아닙니다. 포퓰리즘은 페로니즘 안의 부분집합입니다. 즉, 페로니즘은 포퓰리즘을 안고 있습니다. 페로니즘을 우리말로 바꾸자면 국가사회주의라고 할 수 있는데, 기본적 속성이나 정치 행태가 나치즘이나 파시즘과 유사성을 갖습니다. 물론 사회구조가 달랐기 때문에 정확하게 일치하지는 않습니다. 하지만 한때 농업 선진국이었던 아르헨티나를 지금의 3류 국가로 추락시킨 것이 포퓰리즘이라고 말하는 것은 정확한 분석입니다. 간혹 어떤 사람들은 아르헨티나가 위기에 처한 것은 우파적 정책을 취했을 시기다. 그러므로 신자유주의 때문에 이렇게 된 것이다. 이렇게 비논리적, 비약적 설명을 하기도 합니다. 그런 설명은 참 재미있습니다. 개혁을 하려면 약간의 혼란은 불가피 합니다. 혼란이 두렵다면 개혁은 못하고 마는 것입니다. 그것을 닭과 달걀의 관계라고 주장한다면 그것은 말장난에 불과합니다.

그럼 공산주의와 페로니즘의 차이는 무엇일까. 공산주의는 자본주의적 생산양식 자체를 완전히 부정하고 생산 자체를 국가 생산 방식의 사회주의 시스템으로 바꾸는 제도적 전환을 주장합니다. 근데 페로니즘은 기득권의 사적 소유와 생산관계를 그대로 유지합니다. 자본가, 지주가 존재하죠. 근데 내부적으로 자본가와 지주들을 끊임없는 적대 세력으로 몰면서, 민중을 끌어들이는 정치전술을 전개합니다. 국가에서 사적소유를 모두 철폐하고 공산주의로 가자니 겁이 나고 적당한 적대적 전술로 너희는 장사를 해라 그러면 우리가 돈을 좀 가져다 쓰겠다는 일종의 대중독재 현상, 민중주의적 현상으로 볼 수 있습니다. 페로니즘은 제도화된 민주주의도 아닙니다. 선거를 통해 정치지도자를 뽑지만, 국가에 대한 경영철학을 밝히고 n분의 1의 동질성을 가진 국민들이 표결권을 행사해서 정부를 조직하는, 제도로 돌아가는 정부가 아니죠. 소수의 지주와 자본가의 지지를 받는 정치그룹과 다수 민중의 지지를 받는 정치그룹으로 양분되면서 쿠데타$_{revolution}$와 민중 쿠데타$_{counter\ revolution}$를 급진적으로 되풀이하는 겁니다. 그래서 어떤 정당이 정권을 잡아도 기본적으로 페로니즘적 포퓰리스트 정치를 하게 되는 거죠. 기본적으로 정치구조 자체가 페로니즘적 정치질서로 구조화되어 있는 겁니다. 민중의 힘으로 구성되는 정부이기 때문에 국회 같은 것은 의미가 없습니다. 민중의 의지를 온몸에 흡수한 집권자가 있을 뿐이죠. 그러니까 법치가 부정되고 제도로서의 민주주의가 아닌 광장에서의 민주주의로 돌아간 것입니다. 그렇게 본다면 이것은 파시즘이나 나치즘과 굉장히 유사한 형태의 구조를 취하는 것입니다. 독일 민중들이 히틀러에 대해 자기일치를 느꼈던 것과 마찬가지죠. 그래서 대중독재라는 매우 역설적인paradoxical 학술용어가 있습니다. 대중은 지배를 받는 사람들인데, 그 대중의 집단적인 의사결집이 한 사람에게 나타나면서 그 사람을 통해 대중이 직접 지배하는 현상이 나타나는 거죠. 그래서 아르헨티나는 좌 편향적이긴 하지만 오리지널 공산주의적 혁명과는 거리가 먼 형태를 유지하고 있습니다. 그 정치체제가 페로니즘이죠.

경제정책을 보면, 아르헨티나는 지금도 농업국가입니다. 농업국가들은 대부분 빈부격차가 극심합니다. 왜냐하면 농업은 기본적으로 다른 어떤 산업자본보다 집중도가 높아야 하기 때문입니다. 그래서 아놀드 토인비Arnold Joseph Toynbee 같은 경우, 농업사회는 전체주의적 사회이고 전제주의적 사회라고 갈파했을 정도죠. 때문에 농업 그 자체로 선진국이 되기는 굉장히 어렵습니다. 중산층이 많은 국가로 가기도 어렵죠. 물론 네덜란드 같은 나라도 있지만, 네덜란드는 농업 이외에도 강력한 제조업을 가지고 있죠. 농업을 하는 사회는 강력한 기득권 세력이 형성됩니다. 이 세력이 제도화된 민주주의의 상층부를 장악할 경우, 정상적인 산업화가 이루어질 수 없죠.

우리나라의 발전을 설명할 때 소위 에릭 홉스봄Eric Hobsbawm이 이야기했던 민주혁명과 산업혁명, 이 이중의 혁명을 모두 달성한 흔치 않은 국가라고 이야기합니다. 그런데 아르헨티나에서는 산업혁명이 일어나지 않았습니다. 게다가 후안 페론의 쿠데타를 민주혁명으로 지칭하지만, 우리가 봤을 때는 그것도 아니죠. 어쨌든 산업혁명은 이루어지지 않았습니다. 농업사회의 기득권이 해체되지 않았기 때문에 경제성장에서 멀어질 수밖에 없는 겁니다. 그 대표적인 나라가 필리핀이죠. 흔히 사람들은 필리핀이 우리나라보다 훨씬 잘 살았는데 지금은 왜 이렇게 못 살게 되었을까 궁금해합니다. 그것은 제조업 혁명은 물론이고 농업개혁조차 이루어지지 않았기 때문입니다. 필리핀은 제조업이 없습니다. 있던 제조업까지 차례로 고사하고, 지금은 병뚜껑 만드는 회사조차 제대로 없을 정도죠. 필리핀이 바나나 농업으로는 세계 최강입니다. 그런데 농업은 토지를 잘게 분할할수록 생산성이 낮아지기 때문에 소수의 지주가 넓은 토지를 장악하는 구조로 점차 바뀌어가는 것이 자연스럽습니다. 필연적으로 소수 대 다수가 대립하는 봉건사회로 돌아갑니다. 양극화 이전 단계라고도 할 수 있습니다.

이처럼 아르헨티나도 농업사회가 가지고 있는 특성을 해체하고, 산업화 사회로 전환하는 데 실패했습니다. 후안 페론의 절대적인 실패 정책은 이렇습니다. 1946년에 소규모 자영농가의 농가부채를 전부 탕감해주었습니다. 최저임금제를 도입하고, 임금을

50%를 올렸으며, 그 후 매년 20%씩 더 올렸죠. 휴가는 무조건 4주를 주도록 했고, 해고를 금지했으며, 크리스마스 전 한 달간 휴가도 의무화했습니다. 철도, 전화, 전력 등 주요 기간산업은 전부 국유화했으며, 외국 자본이 들어와서 착취한다는 주장에 따라 외채를 갚아버리고 외국 자본을 모두 내보냈습니다. 아르헨티나는 1, 2차 세계대전에 휘말리지 않았기 때문에 전쟁 중에도 어마어마한 식량을 팔 수 있었고, 전후 유럽에 1차 산물을 수출해서 무역수지가 엄청났습니다. 만약 그 돈을 제조업에 투자했다면 지금쯤 아르헨티나는 세계 최강국이 되었을 겁니다. 중산층도 적절하게 늘어났을 겁니다. 그런데 거꾸로 제조업을 국유화하고 외국 자본을 모두 내보낸 겁니다. 그런데 임금은 계속 올리니까 후안 페론의 10년 집권 사이 일정기간 동안은 중산층이 급격히 늘어났습니다. 월급을 100만 원 받던 사람이 불과 몇 년 만에 몇 백만 원의 월급을 받게 된 거에요. 그러니까 경제가 갑자기 좋아진 것처럼 보이는 겁니다. 황금을 낳는 거위를 잡아서 잔치를 벌이는 줄도 모르고 말이죠. 몇 년이 지나 보수당이 집권하자 경제가 확 나빠집니다. 그러니까 추억 속 착시에 빠진 좌익들은 자유주의 때문에 망했다고 착각하는 겁니다. 그게 아니라 페로니즘이 만들어 놓은 경제 체제, 아니 그냥 퍼주기죠, 이게 결국은 제조업과 중공업을 망쳐버리고 국가 경제를 무너지게 한 겁니다. 결국, 경공업으로 전환하다 보니 자본재의 수입이 늘어나서 오히려 외채가 늘어났죠. 이제는 생산력이 계속 떨어져서 더는 감당할 수 없는 처지까지 간

겁니다. 투자를 해봐야 그만큼의 투자이익이 나오지 않기 때문에 투자는 자연히 줄겠죠. 그런데 그걸 가지고 가진 자들의 음모다, 왜 투자를 안 하느냐 하고 데모가 나고 소동이 나는 겁니다. 그야말로 감성의 정치, 민중 레벨의 정치죠.

국가를 경영하는 데는 고도의 경영적 지식이 필요합니다. 민중 레벨에서 요구하는 것과 국가가 그 요구를 달성하는 방법론은 전혀 다르죠. 예를 들어, '청년실업이 심각하다. 실업률을 줄여 달라!'는 요구가 있다고 칩시다. 그러면 국가가 대기업 열 군데를 불러서 10만 명씩 취직시키라고 강요하는 겁니다. 첫해는 취직이 다 되겠죠. 근데 그다음에는 어떻게 되나요? 몇 년이 지나면 아무렇게나 뽑은 인력과 남아도는 잉여인력을 안고 기업은 망하는 겁니다. 설사 망하지 않더라도 몇 년간 새로운 사람을 뽑을 수가 없습니다. 결국 실업자가 넘치게 되는 겁니다. 박정희 집권 당시 상당수의 사람이 이런 정책을 주장했어요. 경공업을 해라, 농업을 해라, 외채를 지지 마라, 고속도로를 만들지 마라⋯. 우리나라는 다행히 그 반대의 현명한 길로 갔죠.

아르헨티나는 대중 독재적 정치질서에 이미 갇혀 버렸습니다. 여야를 막론하고 누구라도 페론주의를 정면으로 비판하거나 극복하는 대안을 내는 것이 불가능해 보입니다. 아르헨티나에는 정직한 의미의 정책정당은 사라지고 없습니다. 누가 대중에 더 영합하느냐에 여야가 엎치락뒤치락하는 민중주의적 권력구조로 이미 고정화 되었고, 그 핵심core 중에 하나로 포퓰리즘이 있는 겁니다. 또

는 페로니즘을 견인하는 몹시 나쁜 의미의 인센티브 구조가 포퓰리즘화 되어 있는 것이죠.

아르헨티나의 페로니즘은 민주주의의 실패입니다. 엄청난 인구를 가진 대규모 국가에서는 제도화된 민주주의를 해야지, 그렇지 않으면 아르헨티나 꼴이 나는 겁니다. 그런데 두려운 것은, 우리나라 국회의원의 상당수가 민중주의를 민주정치라고 착각한다는 겁니다. 끊임없는 정치소동을 만들어내고, 모든 것을 정치가 위주로 생각하는 겁니다. 김대중 전 대통령의 좌편향이, 노무현 전 대통령의 참여정부라는 슬로건 속에서 심화된 페로니즘 같은 성격을 띠기도 했죠. 이 페로니즘 같은 민주주의 일탈은 언제라도 쉽게 정치 전면에 나타나는 현상이기에 더 큰 걱정을 불러일으킵니다.

🎙️ 박근혜 대통령의 법치질서 하나 만큼은 지키겠다는 다짐은 다행입니다. 하지만 우리 경제는 여야 할 것 없이 다 경제민주화를 찬성하는 쪽으로 가고 있죠. 경제민주화는 인기영합주의나 페로니즘의 인센티브라고 할 수 있는 포퓰리즘의 성격을 갖는 것이거든요. 우리나라가 아르헨티나의 실패를 쫓아가는 것은 아닌지 심히 걱정됩니다.

메르켈의
승리를 보고…

🔊 　앙겔라 메르켈Angela Merkel 총리가 이끄는 기독민주당-기독사회당 연합이 독일 총선에서 압승을 거뒀습니다. 여성, 동독 출신, 최연소 후보라는 여러 가지 핸디캡을 극복하고 3연임에 성공한 메르켈 총리는 -별 다른 일이 없다면- 2017년까지 12년을 집권하게 될 겁니다. 영국 마거릿 대처Margaret Hilda Thatcher보다 1년을 더 집권하는 셈입니다.

　2000년도 초반에 사민당(社民黨, Social Democratic Party)의 슈뢰더Gerhard Schröder 총리가 「아젠다 2010」이라는 개혁안을 들고 나왔습니다. 그 내용은 사회적 시장경제에 대한 시장주의적 개혁이었습니다. 사회주의적, 좌파적 색채가 강한 슈뢰더 총리가 오히려 우파적 개혁을 주장했던 것입니다. 메르켈 총리는 그 「아젠다 2010」을 그대로 받고, 더 발전시켜서 시장주의적 개혁을 해냈다는 평가를 받고 있습니다. 2005년의 경기 부진, 2008년도 전 세계 금융위기, 꾸준한 유럽의 재정위기에도 불구하고 2010년부터 독일경제를 매우 강력하게 만드는 데 성공한 것이 메르켈의 개혁이었고, 개혁의 토대가 바로 「아젠다 2010」이었던 것입니다. 68문화혁명 당시에 붉은 띠를 두르고 막시즘을 외치던 슈뢰더가 훗날 야권주자가 되어 우파 개혁의 토대를 마련한 것입니다. 그리고 메르켈의 개혁에 대한 독일 국민들의 찬성이 이번 선거의 압승으로 증명되었습니다. 물론 독일도 양 진영 간의 치열한 선거전이 있습니다. 심지어 메르켈 지지세력 내부에서도 복지 백화점이라는 비판이 있을 정도로 소소한 복지 공약들을 많이 내걸었죠. 그러나 메르켈의 기본 전략은 기존의 개혁안을 계속해서 밀고 나가겠다는 것이었습니다.

독일경제에 대해 긴 설명이 필요 없이, 지금 EU체제를 지탱하고 있는 것이 바로 독일경제력입니다. 경제 규모로 보면 미국, 중국, 일본, 독일 순이죠. 독일의 경제가 강한 데에는 유로화 통합도 적잖이 기여했습니다. 유럽이 단일 화폐, 화폐 동맹을 체결하면서 이탈리아, 그리스, 스페인 같은 나라는 자기 실력보다 강세 통화를 쓰고, 독일은 자기 실력보다 약세 통화를 썼습니다. 독일이 유로권 내에서 그리스, 이탈리아, 스페인을 착취해가는 구조라고 말하는데, 물론 그런 측면도 있죠. 그러나 독일의 내부 개혁도 치열했습니다. 예를 들어서 독일의 제조업 비중은 지금도 26.4%입니다. EU 평균이 20%, 영국이 16.7%, 프랑스가 14%인데 반해 매우 높은 수치입니다. 물론 제조업 비중은 국가마다 통계 기준이 조금씩 다릅니다만, 같은 기준으로 측정해봐도 우리나라는 20%가 안 됩니다. 거기다 독일은 무역 비중이 굉장히 높고 세계를 상대로 거래하는 히든챔피언이 매우 많습니다. 유럽 전체에서도 경제 퍼포먼스가 매우 좋은 나라라고 할 수 있습니다.

그런데 한때는 독일이 '유럽의 병자'로 불릴 정도로 경제사정이 매우 좋지 않았습니다. 막대한 통일비용, 경직된 노동시장, 과도한 사회보장, 떨어지는 성장률, 높아지는 실업률… 최근 우리나라에서 독일경제를 배우자면서 사회적 시장경제라고 불리는 70년대 독일경제를 떠드는 사람들이 있는데, 그 사람들이 말하는 경제가 바로 이때의 독일 경제입니다. 마치 지금 우리 사회가 얘기하는 경제민주화가 정상적인 과정인 것처럼 떠들고, 아예 경제구조 자체를 사회적 시장경제로 재편해야한다고 주장하죠. 그런데 이 피폐해진 독일의 경제를 일으킨 개혁은 무엇이었나요? 슈뢰더는 「아젠다 2010」을 통해 실업급여 지급기간을 32개월에서 12개월 또는 18개월로 낮췄습니다. 또한 고용보험을 완화하고 직원의 해고 가능기간을 6개월에서 2년으로 늘렸습니다. 비정규직을 왕창 늘리고 사회보장비율을 왕창 줄였습니다. 연금수령액을 줄이고 연금수령 연령을 60세에서 63세로 높였습니다. 노동시장의 경직성을 과감히 뜯어고치는 데 성공한 겁니다.

이것을 이어받은 메르켈은 전임 슈뢰더 정권이 강도 높게 실시한 노동 개혁 등 각종 정책을 정권 교체와 관계없이 수용해 정책의 일관성을 유지했습니다. 이어 세금 개혁을 해나갔는데, 2000년 40%에 달하던 법인세를 2008년 15%까지 낮췄습니다. 부가가치세를 16%에서 19%로, 개인 소득세 최고세율을 40%에서

경제를 살리고 활력을 불어넣는 것이

정치가의 역할이라는 것을

독일 국민들은 보여주고 있는 것입니다.

42%로 올렸습니다. 바이오 기술 등 신규사업에 투자하고 교통 인프라를 대대적으로 확충했습니다. 자연스레 기업의 투자는 늘어나고 실업은 줄었죠. 현재 독일 실업률은 5.4%로 1990년 독일 통일 후 최저 수준입니다. 메르켈의 집권 이후 독일의 GDP는 만 달러 이상 늘었습니다. 우리처럼 환율의 등락에 따라 늘어난 것이 아닙니다. 신규 업종인 바이오산업은 매년 10% 이상 인력이 늘고 있고, 고용이 개선되면서 재정도 튼실해져 소득세수는 늘어나고 실업급여는 줄어들었죠.

반면 독일 야당은 새로운 공약이 없다고 메르켈을 비난하면서 가짓수도 요란한, 거창한 천국행 복지공약을 내세웠지만 유권자들의 반응은 냉담했습니다. 경제를 살리고 활력을 불어넣는 것이 정치가의 역할이라는 것을 독일 국민들은 보여주고 있는 것입니다.

박근혜 정부는 노동시장의 개혁에 대해 일언반구도 말이 없습니다. 국회 환경노동위원회(이하 환노위)를 좌익들이 장악하고 있으니, 여당은 아무도 환노위에 가려고조차 않습니다. 그러니 환노위는 야당의 핵심적인 급진파 fundamental radical 들만 들어차있고, 여당은 초선들만 어쩔 수 없이 밀려들어가고 있는 실정이죠. 세제 개혁은 또 어떻습니까? 박근혜 정부의 중간층에 해당하는 사람들이 만 원씩만 더 내자는 세제 개혁안에 국민들은 깨끗하게 거부를 하지 않았습니까? 세율을 높이자는 것도 아니고, 세금감면 제도를 조금 조정하자는 것인데도 전면 거부를 당했죠. 그다음 수정안은

지금 오리무중이 되어 버렸습니다. 그런 우리와는 달리 부가가치세를 16%에서 19%로 올리고, 법인세 대폭 내리고, 소득세를 올리는 세재개혁에 대해 독일 국민들은 찬성표를 던졌습니다. 임시 일용직을 늘리는 부분근로제, 소위 고용시장의 경직성을 완화하는 개혁안에 찬성표를 던졌죠.

 메르켈의 압승은 독일 국민들의 선택을 돋보이게 하는 동시에, 근거도 없는 온갖 종류의 정쟁거리로 허구한 날 싸움판을 벌이는 한국 정치의 아픔을 더욱 뼈저리게 합니다.

꾼빠이 386
with **남정욱**_ 숭실대 교수

정 오늘은 남정욱 교수를 모셨습니다. 남 교수께서 요즘 글에 물이 올랐어요. 아주 맛깔나고 재미있게 써요. 저도 평생을 글 쓰는 직업을 갖고 있지만, 남 교수님 글을 읽으면서 즐겁고 유익했습니다. 오늘 가지고 나오신 『꾼빠이 386』이란 책은 『꾼빠이 전교조』에 이어서 꾼빠이 시리즈입니다. '은밀하고 발칙한 남한 좌익운동의 절정이 386이었다.'는 부제가 붙어 있는데, 그럼 지금 386세대가 얼마나 기울고 있다는 말입니까?

남 내리막이라고 볼 수 있죠. 386세대에 대해서 여러 가지 연구가 많긴 한데, 솔직하게 자기 자신을 커밍아웃한 사람은 많지가 않습니다. 기업으로 가거나 공직에 간 사람들이 내가 예전에 '김일성 만세'라고 외친 적이 있다는 사실을 전혀 밝히고 있지 않고 있거든요.

점 386 안에도 여러 스펙트럼이 있는데요. 386이란 어떤 세대를 얘기하는 것입니까?

남 사전적 의미로는 1960년대에 출생하여 1980년대에 대학생활을 했고 1990년대에 30대였던 사람들을 가리키는 말입니다. 요새 486이라는 표현을 쓰시는 분들이 있더라고요. 근데 저는 그것은 잘못된 표현이라고 생각합니다. 반미, 친북, 민족주의, 반 대한민국 정서를 가지고 있다면, 그러니까 대학교에서 반미 대자보를 써 붙이는 학생이 지금도 있다면 이 아이는 아직도 386이라고 봐야 합니다.

점 그러니까 386이라는 특정 세대가 그대로 나이를 먹어가는 것이 아니고, 지금도 별꼬리처럼 남아 있는 거군요. 사전적 의미로서의 386세대라면 지금은 40대 중반이거나 50대 초반에 걸치는 그 세대를 말하는 건데요. 지금도 사상적 의미의 386세대가 있다면, 사전적 의미의 386세대 이전에도 사상적 의미의 386이 계속 존재하고, 그것이 386으로 이어져왔던 거라고 말할 수 있겠군요.

그래서 남한 좌익운동이 과거부터 쭉 지속되었는데 386세대가 그 운동의 절정을 이루는 거다. 이런 얘기가 되겠네요.

남 그렇습니다. 1부에는 386세대에 대한 이야기들, 386세대 전 단계의 남한 좌익운동을 다뤘구요. 386세대를 형성한 여러 외부적 요인들을 다뤘습니다.

정 근데 386세대도 87년 항쟁까지 이어지는 집중적인 열정의 시기를 주도적으로 활동했던 사람도 있지만 그렇지 않은 사람들도 있거든요. 지금 우리 사회 전반에 흩어져 있는, 예를 들어 지금 대부분 언론사의 데스크급이 다 386세대이고, 법원에 부장판사급 되는 사람들도 대부분 386세대들인데, 이런 사람들은 어떻게 봐야 하죠? 운동도 별로 안 하던 사람들인데.

남 저는 책에서 이렇게 나누었는데요. 전선에서 뛰었던 사람은 전기 386, 그 당시 동조자로서 심정적인 미안함을 가지고 있었던 사람들은 후기 386. 지금 후기 386이 더 큰 문제죠. 공부를 더 하지 않은 상태에서 옛날에 배웠던 것만 가지고 역사와 현실을 재단하는 사람들이 그런 사람들인데….

정 책에 이런 내용이 있는데, 그러니까 '친구들이 데모할 때 최루탄이 뽀얀 정문을 피해서 뒷문으로 가방을 들고 조용히 사라

지던' 사람들이 후기 386이라는 거죠? 그때는 비겁했다. 그래서 지금 그 시절에 대한 부채의식과 보상심리가 작용하는 것인가요?

남 이제라도 뭔가를 해야 한다는 일종의 강박증이 있는 거죠.

점 80년대를 대표하는 다섯 권의 책이라는 게 있어요. 이건 어떤 내용인가요?

남 여러 책이 있는데, 가장 기준이 되는 책들만 소개한 겁니다. 나머지는 이 책들의 변형이라고 할 수 있거든요. 첫 번째 책은 『해방 전후사의 인식』입니다. 이것을 통해서 대한민국 역사를 조금씩 부정하는 법을 배웁니다. 그다음 『8억 인과의 대화』. 리영희 씨가 쓴 책인데, 전 세계적인 측면에서의 좌익에 대한 우호적인 그림들을 만들어내는 책이었던 것 같고요.

점 그 다음 이게 무슨 책인가요? 『자본주의 경제의 구조와 발전』?

남 아마 다섯 권 중에 가장 많이 읽힌 책일 겁니다. 마르크스의 『자본론』을 쉽게 풀어쓴 책인데, 이걸 보게 되면 세상이 굉장히 명료하게 보입니다. 자본주의 사회는 이렇게 구성이 되어 있고, 노동자들은 이렇게 착취당하고 있으며…. 세상에 대해, 자본주의에 대해 무언가 공부를 한다는 느낌을 받으면서 읽게 되는 책이죠.

정 뭐랄까요. 비밀의 교의(敎義, dogma) 같은, 공식적으로 잘 가르치지 않으니까 더 비밀스럽게 느껴지고 그것이 마치 세상의 진실인 것 같이 느껴지는 책이라는 의미죠. 음모론에 의해 쓰인 경제학 서적이 꽤 있어요. 『다스 캐피탈』도 마찬가지죠. 그다음 책은 뭡니까?

남 자본주의 경제가 사회주의 체제로 바뀌는 것은 당연한데, 그것을 좀 더 촉발시킬 수 있는 방법을 제시하는 책으로, 『어떻게 할 것인가?What is to be done?』입니다. 레닌의 책입니다. '무엇을 할 것인가'라는 제목으로 요즘은 나오고 있는데, 처음 나온 책 이름이 '어떻게 할 것인가'였기 때문에 일부러 이렇게 실었습니다. 전위정당을 건설해서 혁명을 앞당겨야 한다는 내용의 책이죠.

정 그다음이 『주체사상에 대하여』네요.

남 네, 마지막 방점을 찍는 거죠. 얇은 책자인데, 굉장히 난해한 책입니다. 실은.

정 그래요?

남 네, 이 책은 외우는 것 말고는 습득이 불가능한 책입니다. 『어떻게 할 것인가』까지는 그래도 학습이라는 것이 이루어졌는데,

주체사상에 들어와서는 학생운동이 교리문답화 되거든요. 이럴 땐 이렇게 말하고, 저럴 땐 저렇게 말하는 식으로 암송하게 되어 있습니다. 김일성이 만들었다고 주장하는 책이죠. 황장엽 씨가 정리한 것을 김정일이 풀어서 쓴 것이라고 설명은 되어 있습니다. 여기에 대해서 하태경 씨가 한 말이 제일 기억에 남아요. "주체사상을 아무리 읽어도 이해가 안 되는데, 해석학에 발달한 사람들이 주사파를 하나보다"는 말을 했었죠.

(웃음)

정 황장엽 씨는 귀순을 하고--. 일평생을 어떻게 보면 자기 사상 속에 갇혀 있었던 분이고, 주체사상을 끝까지 놓지 않았죠. 그 주체사상이 김일성 독재를 미화하게 되고 사상화하는 데에 반대한 것이지, 인간을 역사의 주체로 놓는 도식을 끝까지 버리지 않았다고 봅니다. 사실은 그 주체사상이라는 것 자체가 인민독재의 정의적 논리구조로 차용되는 것이 필연적이라는 것을 황장엽 씨도 깨닫지 못했어요. 머리 좋은 사람들 중에 사상의 체계를 도식으로 만들어서 끝까지 해석을 시도하는 버릇이 있는 사람이 종종 있는데, 그런 함정에서 황장엽도 못 벗어났다고 봅니다. 사실 김일성, 김정일이 주체사상 같은 걸 알 턱이 없고. 주체사상을 아주 도식화 화석화된 교리문답서로 공부하게 되는 거죠. 결국 인민독재의 정수인 지도자론으로 가는 말도 안 되는 것인데 말이죠.

남 그래서 주체사상의 마지막에 수령론이 등장합니다.

정 수령론이 당연히 등장하게 되어 있죠.

남 수령이 사회적 생명을 주지 않는 한 너희는 살아있는 좀비나 다름없다는 내용입니다. 마치 종교와 같죠.

정 원래 막시즘이라는 것이 뒤집어 놓은 유물론 아닙니까. '실낙원에서 복낙원으로 가는 긴 시간적 흐름 속에 구세주인 전위정당이나 혁명대오가 필요하다'는, 진화와 계획은 전혀 다른데 이 둘을 엉망으로 뒤섞어놓는 거죠. 2편은 후기 386의 이야기인가보네요?

남 네, 386의 역사입니다. 일심회 사건, 실천연대, 간첩단, 왕재산 사건 RO 등. RO는 제가 석기시대의 종말이라고 써놨는데, 종말이 아니고 또 있을 것 같습니다. 이석기는 구석기에 해당할 것 같구요, 신석기의 시대가 또 열릴 것이라 생각됩니다. 북한이 망하더라도 NL은 안 없어질 겁니다. 북한은 자신들이 잘못된 경로로 넘어간 것이고, 대한민국이 가야할 길은 민족해방이라고 주장하는, 혹은 이제는 더 늦어서 그 주장을 철회하기 곤란해진 비주사 NL이 뒤를 잇지 않을까 생각됩니다.

점 그래요? 음. 그런데 일본의 좌익들은 그 종말을 지금 북한에서 잘 보내고 있나요?

남 아랍혁명을 위해 아랍으로 간 사람들, 북한으로 간 사람들, 그리고 일본에서 자폭한 친구들이 있죠. 거기서 이런 말을 많이 합니다. 혹시, 한국의 학생운동이 끝까지 안 간 것이 아니냐, 일본은 끝까지 갔는데….

점 아, 테러 이런 걸로? 그 정도까지 가야 끝까지 간 것이다?

남 네. 일부 수긍하면서도 반대하신 분은 총을 들었냐 안 들었냐의 측면에서는 일본이 끝까지 간 것이 맞지만, 총을 든 것은 패배의 몸짓이다. 승리를 확신하고 몸에 불을 지르는 남한 학생운동의 예를 들면서 그런 부분에서는 한국의 학생운동이 끝까지 간 것이라는 주장도 있습니다. 일본에는 분신하는 케이스가 없거든요. 분신이라는 게 참 끔찍하죠.
저는 영화 '변호인'보면서 이런 생각을 했습니다. 왜, 영화사에서는 '돈만 알던 변호사가 인권변호사로 거듭나는 과정' 뭐 이런 식으로 영화를 설명하지 않았습니까? 제가 본 변호인은 순진한 변호사가 학생들에게 의식화되는 과정을 그린 영화라고 생각하거든요. 그런 측면에서 학생운동 했던 선배, 동료들이 솔직하게 터놓지 않고 있는 부분들이 꽤 많이 있습니다. 죽음에 관한 기록들이 특히 서로 비밀로 하고 있는 부분들이 많은데, 언젠가는 그것에 대해 이야기가 나오지 않을까 생각됩니다.

정 그게 무슨 얘기죠?

남 제가 이 책을 쓰면서 구할 수 있는 책은 다 구해서 봤는데요. 보고 나서도 한 글자도 옮기지 않은 책 중에 하나가 『아름다운 청년』이라는 책입니다. 반미 용병에 반대하며 분신한 두 사람의 이야기인데, 너무 끔찍하고 가족에게 상처가 될 것 같아서 쓰진 않았습니다. 근데, 그 친구들을 죽음으로 몰고 간, 혹은 죽음으로 달려갈 때 방치한 사람들이 있다는 겁니다. 이를 테면 전태일 같은 경우, 현장에 전태일을 가르쳤던 대학생 멘토들이 있지 않았습니까? 그들이 죽음을 방치한 거죠.

정 희생자를 만든 거죠. 당사자들은 아직도 고백을 안 하고 있고.

남 네, 안 하고 있다고 봅니다.

정 전태일을 의식화시켰던 분자들이 있다는 것이죠? 그런 사건이 지금도 계속되잖아요. 얼마 전에 서울역 앞 고가에서의 분신자살 논란도 사진을 찍은 사람에 대한 논쟁이 일었죠. 누가 그 자

살을 방치했냐는 겁니다. 인간의 목숨을 똥파리처럼 생각하는 자들이 아직도 있는 겁니다.

그런데 남 교수는 이 책을 왜 쓴 겁니까?

남 한국사를 정리하는 과정인데요. 80년대를 학생들의 입장을 중심으로 정리해본 겁니다. 사실 전에 썼던 전교조와 같은 맥락인데, 한국 현대사에서 미시적인 시각으로 접근해서 그 시대를 읽었다고 생각합니다.

정 그런 작업들을 쭉 진행하고 있는 거네요. 지난번에 썼던 『꼰빠이 전교조』의 내용은 후기 386의 내용이죠?

남 네, 그렇죠.

정 오히려 후기 386이 더 문제죠. 그 당시에 군사독재에 의분에 차서 항거하고 민주화라는 대의에 자신의 몸을 던졌던 전기 386은 오히려 시간이 가면서 전향을 하고 우리 사회 보수 우파의 지도자적 위치에 있는 경우가 많습니다. 좌익에 있던, 그렇게 운동을 활발히 펼쳤던 분들의 전향이 그 내용의 오류를 증언하는데도 여전히 우리사회의 상당부분에는 그저 그 당시에 대한 부채의식이라는 기억 속에서 현재를 살아가는 시대착오적 과거세대가 있는 거죠.

남 그런 세대가 더 심각하죠. 서울대 모 교수의 경우 자기는 인물이 눈에 띄게 잘 생겨서 선배들이 운동하지 말라고 했다, 이런 말을 했는데 아까 분신을 했던 김세진 같은 경우는 정말 조각처럼 잘생긴 사람이었거든요. 정말 말 같지도 않죠. 자신이 용감하게 나서지 못했던 과거를 이런 저런 변명으로 대신하는 겁니다. 당시에는 내가 못했는데 이제는 한다. 겁이 많아서 못 한거죠. 당시 현장에서 뛰었던 전기 386은 자기가 할 수 있는 걸 다 했습니다. 그러니까 전향을 하더라도 마음이 편한데, 그때 하지도 않은 사람들은 그 시절이 기억에 남고 친구는 죽었고 여전히 대한민국은 엉망이고 그러므로 내가 할 일은 시민운동이다, 이렇게 되는 겁니다. 이제는 안 잡혀 가니까, 거리낄 것이 없는 거죠. 현재 우리 사회에 그 세력이 제일 많고 또 제일 무섭습니다.

정 20~30대는 조금씩 치유되는 중이죠?

남 그렇습니다. 하지만 그 영향력 아래 있는 것이 사실입니다.

정 전교조가 끊임없이 길러내고 있으니까.

남 네. 예전에는 학습좌익들이 많았는데, 요즘에는 감성좌익들이 많죠. 마지막으로 책의 한 부분을 읽어드리고 싶습니다. 서울대 사회학과 83학번 이건범이란 사람이 쓴 『내 청춘의 감옥』이라는 책인데요. 제목을 보고 내 청춘은 마치 감옥에 갇힌 것 같았다 뭐 이런 내용인줄 알았는데, 진짜 감옥에 갇힌 얘기더라구요. 이 사람은 운동권 노래를 부르다가도 화음을 집어넣어서 선배에게 꾸지람을 듣기도 하고 그런 사람이었대요. 감옥생활을 할 때 철학책 대신 소설책을 많이 읽고, 인간에 대한 성찰을 반복했답니다. 그는 책에서 이렇게 말했습니다.

세상이 달라지는데 자율적이고 충만한 개인이 얼마나 중요한 전제조건인가를 고민하면서부터 나는 철의 규율로 단련된 혁명조직, 그리고 그 조직이 주도하는 폭력혁명과 헤어져야 했다. 아니, 그렇게 혁명이 되어서는 곤란하다는 입장으로 변했다. 개인의 내면세계를 일구고 더디더라도 민주주의 거쳐 최대한의 공통분모를 만드는 게 앞으로 내가 우리 사회를 좋은 세상으로 만들기 위해 해야 할 일이라고 생각했다. 그럼으로써 나는 이념의 포승줄에서 벗어나 나에게로 돌아왔다.

이런 전향의 과정이, 사실 성장의 자연스러운 한 경로인데요. 경로를 다 밟지 않은, 레이스가 다 끝나지 않은 상태에서 여전히 정신 못 차리고 발언을 하는 후기 386들이 문제라는 얘기를 드리고 싶습니다.

정 네, 『꼰빠이 386』, 여기까지 하겠습니다.

오류가 낳은 치명적 결과

"이런 엉터리 분석이 횡행하는 이유는 명백합니다.
통계를 잘 몰라서이기도 하지만 경제력 집중을
과장하려는 숨겨진 의도가 있기 때문입니다.
경제민주화라는 이름의 온갖 규제 논리는 알고 보면
이런 사이비 통계와 무지를 근거로 번창해온 겁니다.
더욱 심각한 것은 이런 무지에 근거한 착각이
사회통념이 된다는 점입니다."

OECD? GDP?
알량한 억지통계

공무원 숫자에 대해서 이야기 좀 하겠습니다. 최근 안전행정부에서는 우리나라 공무원 숫자가 100만 명을 좀 넘겼지만 OECD국가 중에서는 가장 적다고 발표했습니다. "우리나라는 공무원 숫자가 전체 노동력의 6%밖에 안 된다. 공무원 1인당 배정되는 국민 숫자가 너무 많아서 공무원의 일이 많다. 그래서 공무원의 숫자가 부족하다."고 이야기할 때 국가에서 자주 인용하는 것이 이 OECD 통계입니다. 자료를 보면서 한 번 이야기해보겠습니다. 이게 바로 그 통계 자료입니다.

각주

5.1: Data for 2001 for Korea and Turkey are not available and these countries are not included in the OECD average. Data for Norway are for 2010 rather than 2011. Data for South Africa are for 2006 rather than 2011.

5.2: Data on public corporations for Austria, Belgium, Hungary, Israel, Italy, Japan, Korea, Portugal, and the United States are missing and thus these countries are not presented. Data for the Czech Republic are for 2010 rather than 2011. Data for Finland are for 2008 rather than 2011. Data for Norway are for 2007 rather than 2011. Data for the Netherlands are for 2005 rather than 2011.

Information on data for Israel: http://dx.doi.org/10.1787/888932315602.

각주를 보시면, 5-1번에 한국과 터키의 데이터는 OECD 평균에 포함되지 않는다 라고 되어 있습니다. 지금 정부가 내놓는 데이터가 바로 이것인데요. 이게 무슨 말입니까? 한마디로 쓸모없는 통계라는 이야깁니다. 그런 숫자를 평균과 비교하는 게 무슨 의미가 있을까요? 아래의 표가 바로 정부에서 내놓은 「전체 노동력에서 차지하는 정부부문의 고용」이라는 통계입니다. 같이 한 번 보시죠.

표 5-1

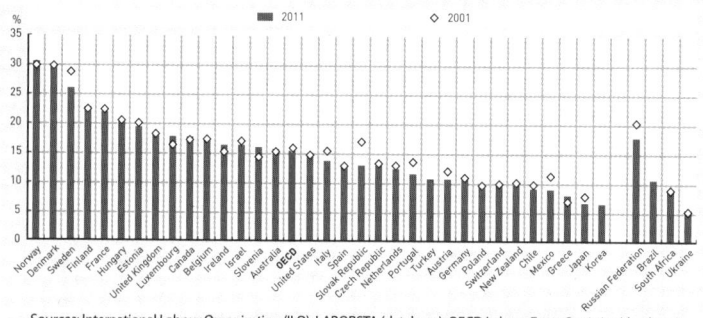

마름모 점이 2001년도 수치이고, 막대가 2011년도 수치입니다. 공무원 비율이 가장 높은 나라가 노르웨이와 덴마크로 30%입니다. 스웨덴이 2001년에는 29%였는데 10년 간 공무원 숫자를 줄여서 26% 가까이 되죠. 우리나라는 2001년도 자료를 제출하지 않았습니다. 그런데 밑에 주를 한 번 보시죠. 한국은 정부가 제공한 수치이다 라는 말이 '굳이' 들어있습니다. 그럼 다른 나라는? 다른 나라도 정부가 줬죠. 근데 왜 우리나라에 대해서만 '정부에서 준 통계다'라는 표기를 해놨을까. 한마디로 "못 믿겠다" 이겁니다. OECD가 한국 공무원 통계를 무시하는 이유는 간단합니다. 전혀 국제기준에 맞지 않기 때문입니다.

이 밑에도 한 번 보시죠. 공기업을 포함한 공무원 비율이 어떤지를 나타낸 표입니다.

표 5-2

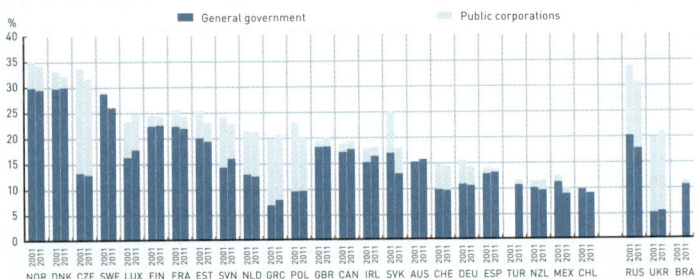

5.2. Employment in general government and public corporations as a percentage of the labour force (2001 and 2011)

공기업 비중이 일반 정부 부처보다 높은 나라들이 굉장히 많죠. 우리나라는 어디 있나요? 없습니다. 제출하지 않았어요. 우리나라 공무원 비율이 OECD 평균인 15%의 절반도 안 된다? 정말 그럴까요? 그렇지 않습니다. 지금 우리 정부가 제시한 숫자는 말 그대로 공무원법상 공무원만 포함하고 있는 것입니다. 근데 OECD가 공무원이라고 하는 것은 모든 범위의 정부가 -중앙정부, 지방정부 등이- 자금을 제공하는, 또는 정부의 자금이 50% 이상을 차지하는 공기업과 그 기업의 비정규직까지 포함하는 것입니다. 만약 국제기준에 맞게 통계를 낸다면, 우리나라 공무원 비율은 얼마나 될까요?

충북대 행정학과 최영출 교수가 지난 2008년 10월에 「국제기준으로 본 한국의 공무원 수」라는 논문을 썼습니다. 이를 기준으로 공무원 수를 한번 계산해봤습니다. 일단 일반 공무원 100만 6,074명입니다. 정부가 발표한 바로 그 수치로, OECD에 제출된 통계입니다. 자, 이제부터는 국제기준으로 계산하기 위해서 공무원에 포함시켜야 하는 인력입니다.

먼저 비정규직 36만 225명. 그리고 비영리 공공기관 종사자 15만 6,600명이 있습니다. 395개 지방공사 및 공단 직원들이 6만 7,662명입니다. 중등 사립학교 교원이라도 정부 지원을 받으면 공무원이죠. 7만 4,000명입니다. 여기에 빠뜨리면 안 되는 것이 군인입니다. 북한과 대치하는 특수성이 있다지만 선진국은 징병제라고 해도 전원 공무원으로 분류합니다. 그래도 OECD국가의 평균 비율 정도만 군인 수로 포함시켜보죠. 그렇게 계산하면 22~23만 명 정도 됩니다. 여기에 사회복무요원이 5만 명, 의경이 2만 명입니다. 줄잡아 2백만 명이죠. 공기업이 빠져 있는데도 수치가 이렇습니다. 게다가 추산조차 불가능한 임시직이나 파트타이머, 제3섹터 종사자는 아예 계산에 넣지도 않았죠.

작긴 뭐가 작습니까? 이런 통계를 가져와서 작은 정부인 것처럼 떠들어서는 안 되죠. 오히려 우리나라는 공무원 숫자가 많은 국가에 포함될 여지가 있습니다. **중요한 것은 팩트**$_{Fact}$**입니다.** 서로 이념과 사상이 다른 상황에서 정확한 판단을 하기 위해서는 팩트 자체가 말하도록 하고, 팩트를 보다 정확하게 다듬어가는 것이 매우 중요합니다.

기사를 몇 개 살펴볼까요? 「삼성·현대차 '경제 쏠림 현상' 더 심해졌다」라는 기사제목이 보입니다. 안쪽 페이지에는 이렇게 되어 있습니다. 「갈수록 커지는 '빅2'…한국 경제 혁신 동력은 약해진다」 빅2가 갈수록 커지고 있어서 한국경제 혁신 동력이 약해진다는 것처럼 편집을 하고 있습니다. 야, 이거 삼성과 현대가 문제구나, 이렇게 생각되죠. '빅2'가 갈수록 커지고 있어서 한국 경제 혁신 동력은 약해진다. 정말 그런가요? 그렇다면 우리 경제의 큰 문제 중의 하나는 삼성과 현대차이겠군요. 이 두 회사를 규제하면 한국경제의 문제가 해결되겠군요. 그럴까요?

언론의 보도가 종종 불신을 사고 있는 이유가 이런 식의 편집 때문입니다. 1면 기사 제목의 '쏠렸다'는 표현은 전체의 비중이 한쪽으로 쏠려서 나머지는 약해졌다는 의미인데요. 이건 오류입니다. 우리는 이런 기사를 흔히 접합니다. 「삼성 전체 매출이 한국 GDP에서 차지하는 비중이 23%이다. 여기에 현대차를 합치면 35%다. 10대 그룹 매출은 GDP의 무려 77%를 차지한다. 소수 기업이 앞서가는 바람에 경제력 집중은 물론 사회 양극화로까지 이어지고 있다.」

그러면 국민들은 이렇게 생각합니다. 우리나라 전체 GDP가 약 1,300조 정도 되거든요. 그 1,300조 원 중에서 삼성전자를 제외한 77%가 나머지 기업이거나 나머지 국민이구나. 현대차까지 합치면 65%구나. 야, 근데 이 23%는 계속 늘어나고 있다더라. 대한민국 GDP라는 목욕탕에서 삼성이라는 큰 고래가 자리 잡고 있어서, 우리의 자리가 좁아지고 있구나. 이렇게 생각하지요.

하지만 이는 오류에 기반하고 있는 한심한 억측일 뿐입니다. 알면서도 그렇게 말한다면 그것은 새빨간 거짓말이요, 선동입니다. 삼성과 현대차를 뺀 나머지 66%를 가지고 나머지 기업과 국민이 다 먹고 살 수 있나? 10대 그룹 매출까지 다 빼면 23%밖에 안 남는 거냐? 그럴 리가 있나요. 턱도 없습니다.

이게 GDP와 삼성전자 매출을 오해해서 생기는 오류인데, GDP라는 것은 부가가치의 합입니다. 예를 들어 1,000원짜리 빵을 판매한다고 하면, 빵을 만드는 재료부터 판매까지 생산 단계

전체에서 생성된 부가가치만 남긴 것을 말하는 겁니다. 그러니까 작년에 빵을 800원어치 팔았는데, 올해 1,000원어치 팔았다면 작년에 비해 높아진 금액 200원을 가리켜서 부가가치라고 하는 거죠. 판매액 전체인 1,000원을 말하는 것이 아닙니다.

실제로 작년 우리나라 전체 GDP는 1,300조 원이었습니다. 여기서 1,300조 원은 이전에 비해 더 늘어난 가치value added입니다. 기업매출하고는 다릅니다. 그럼 기업의 올해 매출액에 전년도 매출액을 뺐을 때 매출액의 증가분이 부가가치 증가분이냐? 그것도 아니에요. 기업체의 회계에서 부가가치하고 가장 근접한 개념을 고르라고 한다면 영업이익이라고 말할 수 있습니다. 영업이익 더하기 감가상각비減價償却費 정도가 부가가치이죠. 영업이익으로 따지면 삼성전자가 GDP에서 차지하는 비중이 2.7%정도밖에 되지 않아요. 이것도 사실 엄밀한 수치는 아닙니다. 부가가치의 합인 GDP와 총 판매액인 매출액은 직접 비교가 불가능하다는 거죠.

만약 GDP와 매출액을 비교한다면, 중소기업 매출액은 GDP의 120%정도 됩니다. 전체 산업매출액을 다 합치면? 그건 뭐, 엄청나게 늘어나는 거죠. GDP의 몇 배 되는 겁니다. 사실 10대그룹 매출 비중이 전체 산업의 매출에서 차지하는 비중은 30%가 안됩니다. 중소기업의 매출도 계속 늘어나고 있는 추세거든요. 중소기업의 GDP에 대한 배수도 늘어나고 있고, 전체 산업매출로 따지면 훨씬 빠른 속도로 늘어나고 있어서, 오히려 전체 산업매출에서 10대 그룹의 비중은 줄어들고 있습니다.

표. 연도별 10대 그룹 매출액이 전 산업에서 차지하는 비중 (단위%)

구분	2001	2002	2003	2004	2005	2006	2007	2008	2009	2010
10대 그룹	33.9	30.8	26.3	28.0	27.5	27.3	27.1	25.3	24.9	27.4

그러니까 전 산업매출이 있고, GDP는 그중에서 아주 일부분입니다. 무슨 말인지 아셨죠? GDP는 100%고 삼성이 마치 그것의 23%를 독점하는 것처럼, 삼성은 계속 커지고 중소기업은 찌그러지고 있다는 식으로 표현하면 안 되죠. 비교를 위해 통계자료를 사용할 때는 모든 숫자를 함께 봐야 정확한 경제 상황을 보는 것이지, 이렇게 엉터리로 통계를 들이대서는 안 됩니다.

우리 경제의 삼성에 대한 의존도가 너무 높다. 국가 법인세의 20%를 한 개의 기업이 다 낸다는 건 너무 미안한 일이지 않은가! 그러므로 다른 기업들도 많이 클 수 있도록 해줘서 삼성이 떠안고 있는 총 법인세의 20%를 좀 줄여주자! 오히려 이렇게 되어야 정상적인 논리죠.

근데 대부분 이런 통계를 가지고 장난치는 인간들은 삼성과 현대차가 이상 비대해졌다. 저놈들이 경제력 집중의 원인이니까 저놈들을 규제하라는 주장에 이런 엉터리 통계를 사용합니다. 그 말대로라면 우리는 점점 더 가난해집니다. 공부를 잘하는 학생이 나머지 학생들과 심한 격차가 난다면, 잘하는 학생을 공부 못하게 해야 하나요? 참, 기가 막히는 논리죠. 우리 반의 평균 성적을 올리려면 공부 잘하는 학생들이 많아져야죠. 이런 거짓말 통계를 갖다 대면서 대기업을 규제하라는 게 바로 경제 민주화거든요. 그러니까 비중이 높아지고 있다는 말이 불러오는 착각 때문에 어처구니없는 결론을 내고 정책을 쏟아내고 기업을 죽이려고 달려드는 겁니다. 1,2등을 쳐내면 나머지 3,4등의 성적이 좋아질 것처럼. 그럴까요? 물론 1,2등을 쳐내면 나머지 3,4등이 1,2등이 되겠죠. 그런데 성적이 더 높아지나요? 그런 바보 같은 짓을 우리 정부와 대학교수들이 하고 있습니다. 물론 정치인들도 그렇습니다.

얼마 전에 유시민 전 장관이 철도노조 월급을 1인당 GDP로 따지면 철도노조가 부자가 아니다 이런 이야기를 했는데요. 월급봉투에 찍히는 금액하고 1인당 GDP랑은 전혀 다른 개념입니다. 1인당 GDP는 기업, 정부 등을 다 포함한 것이거든요. 예를 들어 철도노조라고 하면 철도청, 코레일, 거기에 정부 예산 들어간 것, 다 합쳐져 있다는 이야기입니다. 정말 말도 안 되는 비교치를 언급하고 있습니다.

얼마 전에 어떤 국회의원이 기업체 유보금에다 세금을 내게 하자는 법안을 내놓기도 했죠. 참, 웃기는 이야기였습니다. 유보금이란 것은 현금시재와 전혀 다른 겁니다. 삼성전자 유보금이라는 것은 삼성전자라는 회사가 생기고 나서 지금까지 번 돈의 합계입니다. 그 돈들이 지금 삼성전자 반도체 공장이고 빌딩이고 다 그런 겁니다. 투자한 거, 그게 다 유보금이에요. 그럼 거기에다 또 벌금을 매겨요? 은행에 저축되어 있는 돈, 즉 현금시재와 유보금을 착각하고 있는 겁니다. 어떤 라디오 프로그램의 사회자는 이것에 대해 마치 농구할 때 농구선수 한 명이 공을 오래 잡고 있으면 벌칙을 주는 것처럼, 돈을 너무 오래 갖고 있는 기업에 벌금을 매기는 건 좋은 아이디어인 것 같다, 이렇게 이야기 하는 겁니다. 이 같은 제멋대로 주장이 어떻게 횡행하는지 모르겠습니다. 한때 의제배당擬制配當 과세가 있었지만 이런저런 합리적 반론이 제기되면서 모두 사라지고 말았습니다.

이런 엉터리 분석이 횡행하는 이유는 명백합니다. 통계를 잘 몰라서이기도 하지만 경제력 집중을 과장하려는 숨겨진 의도가 있기 때문입니다. 경제민주화라는 이름의 온갖 규제는 알고 보면 이런 사이비 통계와 무지를 근거로 번창해온 겁니다. 더욱 심각한 것은 이런 무지에 근거한 착각이 사회통념이 된다는 점입니다. 통계를 오역하거나 알면서도 일부러 국민을 선동하기 위해 잘못된 통계를 사용해 엄청난 결과를 몰고 오는 경우가 없어야 하겠습니다.

대기업 일자리에 관한
잘못된 주장들

대기업이 일자리를 늘리지 못한다는 주장이 되풀이되고 있습니다. 대기업은 일자리를 늘리지 못하기 때문에 중소기업을 지원하고 또 그런 논리로 제조업보다는 서비스업을 어떻게 해야 한다, 그런 주장을 하죠. 심지어 이런 주장도 있습니다. "지난 10년간 대기업 종업원 수는 49만 명이 줄었는데, 중소기업 고용은 347만 명이 늘었다. 그러므로 대기업은 고용을 안 한다." 이런 주장 때문에 중소기업을 장려하는 고용정책을 세워야 한다는 논리도 나오는 것입니다.

전국경제인연합회가 발표하고 공정거래위원회 정보공개시스템에 공개되어 있는 「30대 그룹의 종업원 통계」를 보겠습니다. 여기에 해외 근로자는 포함되지 않습니다. 2000년에 69만 8,900명이었습니다. 2012년에 몇 명이나 되었을 것 같아요? 123만 2,238명입니다. 거의 두 배로 늘어났습니다. 30대 그룹 종업원이 국내 전체 임금근로자에서 차지하는 비중도 같은 기간 5.2%에서 7.0%로 높아졌습니다. 4대 그룹은 어떨까요? 2000년에 32만 6,228명으로 절반 가까이 되는군요. 2012년에는 역시 절반에 가까운 62만 5,120명입니다. 국내 대기업의 고용창출 능력은 지난 10년간 전혀 떨어지지 않았습니다. 그러니까 삼성전자, 현대차 채용공고가 나면 10만 명이 넘게 몰려드는 거죠. 여기에는 물론 임시직, 비정규직도 다 포함됩니다. 이 기간 동안에 전체 고용증가율이 연평균 2.4%였어요. 근데 30대 그룹은 4.8%, 정확하게 두 배입니다. 근데도 대기업이 고용하지 않는다? 심지어 지난 10년간 대기업 종업원 수는 49만 명 줄었다는 얘기는 어디에서 나왔을까. 제 얘기 한번 들어보시겠어요?

중소기업 기본법상 고용인원이 300명 이상이면 대기업이 됩니다. 그래서 고용인원이 300명을 넘으려고 하면, 기업을 분할해서 중소기업으로 만듭니다. 대기업이 되는 순간 중소기업일 때 받던 혜택 50여 가지가 사라지거든요. 그 혜택을 계속 받기 위해서 기업을 찢어서 중소기업으로 남는 억지 중소기업들도 굉장히 많습니다. 중소기업 고용은 347만 명이 늘어나고 대기업은 49만 명 줄었다는 통계가 나온 첫 번째 요인이 바로 이것입니다. 기업이 계속 분할해 나가면서 마치 중소기업 고용은 늘어난 것처럼 보이는 거죠.

둘째는 이런 요인을 들 수 있습니다. 30대 그룹 안에는 여러 개의 자회사가 있습니다. 이 자회사 중의 상당 부분이 중소기업이에요. 예를 들어 대기업에 속해있더라도, 중소기업 기본법에 의해 고용인원이 300인 이하인 기업은 모두 중소기업에 속합니다. 이렇게 대기업에 속해있는 중소기업의 비율이 대기업 계열사 수의 절반 정도 됩니다. 예를 들어 삼성그룹 같은 경우 67개 계열사 중에서 24개가 중소기업이에요. 36%정도 되죠. 현대차는 42개 중 19개로 45%, LG전자는 59개 중 30개로 57%, 롯데그룹은 60개 중 34개로 57%가 중소기업입니다. 실제로 30대 그룹 연평균 고용증가율이 작년에 좀 떨어졌어요. 그런데 전체 증가율보다는 훨씬 높죠. 게다가 30대 그룹의 상당수는 명목상 중소기업이다보니 마치 대기업은 고용을 늘리지 않는데 중소기업은 늘린 듯한 통계가 나오는 겁니다. 때문에 착한 중소기업 이미지가 형성되는 거지요.

그런데 만약 이런 내용을 모르고, 잘못된 통계를 가지고 정책을 세운다면 어떻게 되겠습니까. 중소기업들이 고용을 많이 하니까 고용장려금을 주자는 정책이 나오겠죠. 가짜 통계를 만들어내는 데는 우리나라 좌익들이 이골이 났죠. 중소기업을 극단적으로 묘사하는 데는 프로들입니다. 끊임없는 가짜 통계를 만들어내서, 오히려 사회적 자본을 낭비시키고 있습니다. 심지어 이런 이야기도 있습니다. "첨단산업은 (컴퓨터나 로봇, 기계 등이 사람의 자리를 대체하기 때문에) 일자리를 안 늘린다. 그래서 일자리를 늘리려면 첨단산업의 지원 자금을 전부 저부가가치 산업으로 돌리면 된다." 아주 우스꽝스러운 이야기죠. 물론 시간제 일자리처럼 "이것은 보조수단에 불과합니다." 하고 나오는 정책도 많지만, 고용확대 정책을 보면 이런 주장들이 정책으로 나와 있는 경우가 많습니다. 그 정책들은 전부 "일자리를 만들려면 공업은 다 포기하고 전부

농사를 짓게 해야 된다, 우리나라 평균 소득이 1천~2천 달러 정도면 된다."는 말과 같죠. 고용유발계수를 보면 첨단산업이 아주 낮거든요. 반면 고용유발계수가 높은 것이 농업, 도소매, 숙박, 서비스업이죠. 그렇다고 도소매 숙박 이런 곳에 일자리를 늘리도록 정책을 펴야한다고 주장할 겁니까. 그런 일자리는 대부분 좋지 않은 일자리이고 불완전한 일자리입니다. 우리는 좋은 일자리를 늘려야 합니다.

기계가 사람의 일자리를 파괴한다는 주장은 종종 되풀이됩니다. 지금도 그런 주장을 펴는 사람들이 많습니다. 역사적으로는 러다이트 Luddite 운동이라는 게 있었습니다. 기계가 사람의 일자리를 파괴하므로 기계를 파괴하자는 주장이었습니다. 그러나 그런 주장은 문명의 발전 원리를 알지 못하는 잘못된 주장입니다. 아마 정규재TV의 다른 부분에서 자세히 다룰지 모르겠지만, 기계가 투입되면 눈앞에서는 일자리가 사라지는 것 같지만 눈에 안 보이는 곳에서 일자리가 만들어집니다. 기계를 만드는 사람의 일자리가 우선 생기겠고 기계로 일하는 사람은 생산성과 임금이 높으니까 그 사람들의 소비를 위한 새로운 일거리들이 또 생겨납니다. 문명은 그렇게 진행되는 것입니다. 러다이트 운동을 했던 사람의 주장대로라면 거의 대부분 일자리는 이미 사라졌어야 맞습니다. 그러나 많은, 또 좋은 일자리들이 생겨났습니다. 지금도 마찬가지입니다.

양극화?
과장과 착시와 위선

아침에 동아일보를 보다가 깜짝 놀랐습니다. 「중산층 사다리' 아버지 세대서 끊기다. 2030 유학 다녀와도 실업자… 부모 도움 없인 하층민」 이런 기사가 실렸더군요. 20대와 30대는 당연히 가난합니다. 현재 상태로는 하층민이어야 맞습니다. 인생의 출발선에 있는데 가난한 것은 당연하죠. 그리고 준비세대인 20~30대 자녀들은 부모의 계층 안에 포함되는 거죠. 이런 제목의 기사도 있습니다. 「노력하면 중산층 되던 '50년 공식' 장기 불황에 무너져」 사실 과장 보도입니다. 2030 세대가 지금 얼마나 노력해봤나요? 지금의 중산층인 5060세대들은 평생을 노력해서 그 자리까지 온 경우가 많습니다. 「아무리 노력해도 아버지보다 잘 살기 힘들어」 이것도 아닙니다. 누가 그런 노력을 해봤나요? 취직은 누가 공짜로 시켜주나요? 부모들은 학교 졸업하여 쉽게 쉽게 취직하고 애들 낳고 집장만하고, 모두 거저 이루었나요? 참 우스꽝스런 논리입니다.

어떤 지표로 보나 2030의 아버지 세대보다 2030세대가 더 유리합니다. 내 집 장만을 예로 들어봅시다. 집값과 소득의 배율 PIR 이라는 지표가 있습니다. 소득을 몇 년 모으면 집을 살 수 있는가 하는 지표지요. 집을 소유하는 데 걸리는 기간이 예전에는 평균 20년이었습니다. 지금은 14년입니다. 14년이라는 것도 월급을 차곡차곡 모으는 것만 이야기하는 겁니다. 요즘처럼 금융이자가 낮고, 더구나 맞벌이를 하면 14년도 안 돼서 집을 살 수 있습니다. 강남에 있는 집을 살 수 없다? 그거야 당연하죠. 어떤 대학교수가 이런 이야기를 하더군요. "강남의 집값이 너무 비싸다. 나는 강남으로 이사를 해야 하는데 집값이 너무 높아서 이사 갈 수가 없다." 그래서 제가 그랬습니다. "김 교수님, 대단히 미안한데. 당신 같은 사람들까지 강남으로 이사하려고 줄 서있기 때문에 강남 집값이 안 떨어지는 겁니다." 별 소득이 없는 국립대학교 교수까지도 강남에 이사하려고 긴 줄을 서 있잖아요. 근데 어떻게 집값이 떨어지겠어요? 이 국립대 교수는 강남 집값이 더 싸지기를 기다리고 있다지요. 자기도 이사하려고. 그게 맞는 이야기일까요?

동아일보 기사의 소제목은 더 웃깁니다. 「아버지 세대는 대학 나오면 취직 걱정 안 해. 저축해 분양받은 아파트 값 뛰어 재산 저절로 불어」 누가 그래요? 아니 동아일보에는 5060세대 없나요? 어떻게 이 따위 기사가 나올 수 있는지 이해가 되질 않습니다. 취업 걱정이 없었다는 것은 소위 386세대에 국한되는 이야기입니다. 그들이 그토록 비난해 마지않는 80년은 대한민국 경제가 가장 좋았던 시기입니다. 빈부격차도 가장 적었고 취직 걱정 없었고 기업들은 잘 나갔고 일자리는 꾸준히 늘어났던 그런 시기입니다. 80년대 후반까지는 우리 경제가 너무 좋았기 때문에 그랬습니다. 그리고 예전에는 대졸자 비중이 20% 정도밖에 안 됐습니다. 아니, 세대 편차라는 걸 모르나요? 그리고 취직 잘되던 그때도 서울에서 좀 처진 대학이나 지방대학 나오면 취직이 안 됐어요. 안철수나 김난도 이런 분들이 돌아다니면서 청춘들을 위로한답시고 말도 안 되는 이야기를 하는데, 취직 걱정 안했다, 취직 잘 되었다 그런 얘기는 그분들처럼 서울대 나온 사람들이나 하는 얘기죠. 옛날에 지방대학 나온 아버지들에게 물어보세요. 취직이 잘 됐는지. 도대체 이런 거짓말들을 누가 어떻게 하는지 모르겠어요.「치솟는 전세금에 허덕」전세금이 치솟으면 집값은 싸질 겁니다. 경제에 대해 몰라도 이렇게 모르는 기자들이 명색이 동아일보라는 메이저 신문에 이런 어처구니없는 기사를… 그리고 2030세대가 얼마나 노력했기에 아버지보다 못 산다고 벌써 체념하나요? 오히려 문제라면 바로 그 점일 겁니다.「빚을 내 집을 사도 집값이 내려가!」어쩌란 말이에요? 그럼 부동산 투기까지 보장하라는 겁니까? 집값이 내려가면 좋잖아요. 집값이 다락같이 올라 가난한 사람은 집도 못 산다고 선동하던 때는 언제입니까? 그런데 집값 떨어지는 것을 동아일보는 왜 걱정합니까.

이날 동아일보 보도는 전체적으로 무지하고 무식한 보도에 불과했습니다. 근거도 없이 사실과 다른 수치를 놓고 제멋대로 비판한다고 의식 있는 언론이 되는 것은 아닙니다. 과거에는 좋았는데 지금은 나빠졌다고 하는 것은 아주 오래된 사고의 도식이요 습관에 불과합니다. 사람은 언제나 과거에는 좋았던 시절이라고 회고하는 버릇이 있지요. 명색 언론이 그런 버릇으로 보도를 해서야 되겠습니까. 안철수 등의 소위 멘토라는 자들도 대체로 전에는 좋았는데 점점 세상이 나빠져서 미안하다는 식의 터무니없는 장광설을 펴고 다닙니다. 청춘을 위로하는 척하면서 인기를 얻어 보려는 얄팍한 전술이요 기만책입니다. 아니라면 스스로도 착각하고 있거나. 스스로의 착각이라면 객관적으로 상황 인식을 할 수 없는 지력 부재를 드러내는 것에 지나지 않습니다. 그런 엉터리 보도와 엉터리 가짜 멘토들이 청춘을 병들게 하고 있습니다.

인생은 열심히 노력해야 하는 것이고 공짜는 없다는 사실이야말로 우리가 직면해야 할 진실입니다. 어느 세대든 그렇게 열심히 살아가면서 삶을 꾸려가는 것이기도 합니다.

그 밑에 이런 기사도 있습니다. 「중산층 정부 통계론 68%, 체감 비율은 46%. OECD기준으로 월 소득 175~525만 원. 국민들 판단기준과 달라」 요즘 우리 사회가 양극화되고 있다, 빈곤계층으로 떨어지고 있다는 말이 많이 나오고 있죠. 근데 이런 양극화 통계를 왜곡시키는 것 중 하나가 **1인 가구의 문제입니다.**

소득분석을 할 때 가장 낮게는 1분위부터 10분위까지 측정합니다. 국세청 통계를 보면, 2003년 이후로 9년간 1분위 근로자 가구는 40.49%의 소득 증가가 있었고 10분위 근로자 가구는

45.6%의 소득 증가가 있었습니다. 그러니까 못 사는 계층의 상황이 더 나아지긴 했지만, 잘 사는 계층은 그보다 더 나아졌다는 이야기입니다. 2003년에는 10분위 구간의 근로자가 1분위 구간의 근로자에 비해 6.5배의 소득을 실현했는데, 9년 후에는 6.8배로 약간 더 벌어졌어요. 그래서 결과적으로는 양극화 현상이 심해졌다고 할 수 있겠죠. 근로자 소득으로 따지지 않고 전체로 따지면 이 간격은 더 크게 벌어집니다. 1분위의 소득증가율이 30%인 반면, 10분위의 소득증가율은 49%였습니다. 그러니까 농어민과 자영업자를 다 합친 전체로 따졌을 때입니다. 빈부격차를 측정하는 다른 지표는 어떨까요? 우리나라의 엥겔계수는 14.86%입니다. 이 수치는 낮을수록 좋은데, 우리나라가 20%가 넘는 수치에서 출발해서 계속 떨어지다가 최근에는 오히려 약간 올라가고 있습니다. 최근 들어 약간 더 가난해지고 있다는 뜻이죠.

어떤 통계를 보더라도 우리나라 중산층이 줄고, 빈곤의 확대와 양극화라는 이중의 문제가 있다는 것을 알 수 있습니다. 그런데, 그 정도가 얼마나 심각한가 하는 문제로 들어가면 약간 다릅니다. 우리나라는 OECD의 어느 나라보다도 인구의 변동, 가구의 변동이 극심합니다. 엥겔계수나 중산층을 판가름하는 기준 등은 모두 가구소득을 기준으로 통계 조사가 이루어집니다. 가구당 소득이 얼마냐를 따지는 거지요. 그런데 문제는 최근 10년 동안 우리나라 1인가구가 엄청나게 늘었다는 겁니다. 2010년 11월 인구총

조사에 의하면 우리나라 1인가구는 414만 2천 명입니다. 우리나라 전체 가구가 1,500만이거든요. 세 가구 건너 한 가구가 1인가구라는 겁니다. 이 1인가구라는 개념에는, 취직 후 독립한 자녀나 집을 떠나 유학하는 자녀, 고향에 홀로 남겨진 어머니 등이 모두 포함됩니다. 그래서 남자는 28세, 여자는 26세와 79세의 1인 가구 비중이 매우 높습니다. 게다가 인구총조사는 구두로 하는 조사죠. "소득이 얼마나 됩니까?" "소득 없는데요. 직장 없어요." "부모님이 용돈 주시지 않나요?" "그냥 뭐… 하숙비 정도에요." 그렇게 이루어지는 겁니다. 그럼 이 유학생의 부모가 아무리 잘 살고 있어도 빈곤층으로 분류되는 거예요. 이런 가구가 대부분 통계상 가난한 가구로 포함되는 겁니다.

물론 통계에 있어서 그런 종류의 문제는 언제나 존재합니다. 그런데 1인가구가 220만이었다가 200만 가구 이상, 그러니까 두 배 가까이 불어나면서 생긴 왜곡은 간단한 문제가 아닌 거죠. 우리가 말하는 1인가구는 세대주 이런 차원이 아닙니다. 그냥 혼자 살면 독립 가구로 치거든요. 그런데 이런 통계를 가지고 우리가 전체적으로 아주 가난해지고 있다고 말할 수 있을까요?

정말 어느 정도로 우리 사회가 빈곤해지고 있고, 양극화되고 있는가? 물론 우리 주변의 극단적인 사례는 얼마든지 이야기할 수 있습니다. 하지만 전체적인 상황을 볼 때는 수치로 이야기할 수밖에 없죠. 근데 이 수치를 왜곡시키는 것이 바로 1인가구라는 변수입니다. 서울에 유학하는 학생들, 조사하면 모두 빈곤가구로 포함되죠. 그러나 사회적으로 봤을 때 우리는 그 가구를 빈곤하다고 말하지 않습니다. 오히려 부모의 경제권 안에 존재하는 준비세대로 여기죠. 누군가는 이런 걸 가지고 제가 말꼬리를 잡는다고 하는데, 통계 잘못 읽는 것을 지적하는 게 말꼬리를 잡는 건가요? 이런 통계를 빼면 주장 자체가 성립이 안 되는데, 그건 말꼬리가 아닌 본질에 해당되는 거죠.

우리나라가 내일 당장이라도 망할 것처럼 생각하게 만드는 세 가지 원인이 있습니다. **첫째로, 통계의 문제입니다.** 다른 나라와는 다르게 우리나라만 1인 가구 수가 폭발적으로 늘어난 거거든요. 그런데 1인 가구 문제를 배제하고 나면 통계의 진면목을 알 수 없는 겁니다. 1인 가구의 독립, 분가(그건 진짜 빈곤이 아니므로) 등을 빼고 나면, 빈부격차가 그다지 급격하다고 볼 수는 없습니다.

둘째, 복지정책이 빈곤계층을 늘리고 있다는 면도 감안되어야 합니다. 다른 이유는 아니고, 사람들이 복지혜택을 받기 위해 자기가 빈곤하다고 주장하기 시작한다는 겁니다. 노인복지가 많아질수록, 노인이 가난해지기 시작합니다. 이건 어느 나라에나 관찰되는 현상입니다. 왜? 가난하다고 해야 국가에서 돈이 나오잖아요? 진짜 가난해지는 것이 아니라, 나는 가난하다고 국가에 이야기하는 겁니다.

셋째, 이타심, 도덕심, 자비심이 풍부해질수록 사람들은 사회를 더 지옥인 것처럼 묘사합니다. 지식인일수록 주변의 가난한 이웃에 대해서 아주 과장된 동정, 공감하는 모습을 보여주려고 하죠. 왜? 그게 자신이 꽤 인간답다는 증표거든요. 그래서 어떤 모임에 가서든 자신의 선의를 과장되게 표현하고, 이웃의 불행에 대해 자기가 자상하게 알고 있다는 것을 과시하려듭니다. 소위 강남좌파들이 많이 하고 있는 거죠. 그런 방법은 자신과 거래하거나 이웃하는 사람들의 신뢰를 얻을 수 있는 좋은 전략이거든요. 이타심은 이기심의 진화된 전략이라는 겁니다. 그래서 지식인들일수록 이웃의 어려움을 과장되게 이야기하죠. 강남좌파의 전형적인 레토릭이 그래서 나오는 겁니다. 고급 포도주를 마시면서 가난한 이웃을 동정한다는 식의 레토릭을 구사합니다. 정작 이웃에 대한 배려나 기부는 거의 없는 사람들입니다. 그런데 그토록 이타심을 강조하는 강남좌파들에게 세금을 조금 더 내라고 하면 절대 안 내죠. "에이, 그건 (나보다 더) 부자들에게~" 극소수의 부자들이 세금을 더 낼 것을 촉구하면서 미꾸라지처럼 빠져나가죠. 그래서 중산층 증세, 보편적 증세, 이러면 아주 기절을 하는 겁니다. 인간의 이기심이 이타적 전략을 만들어내고, 그런 전략이 다른 전술과 맞아 떨어지면서 이웃의 빈곤을 과장되게 이야기하고. 우리 사회가 마치 지옥으로 달려가고 있다고 과장하죠. 그러니까, 통계의 착각, 거짓말 또는 위선이 우리 복지 문제를 매우 곤란하고 복잡하게 만들어가고 있는 것입니다.

🎙 우리 주위를 떠돌아다니는, 마치 내일 아침에 폭동이 안 나는 게 이상할 정도의 허다한 통계들을 한번쯤은 의심해볼 필요가 있습니다. 우리가 살아가는 이 세계의 진상$_{\text{true picture}}$을 알아야 제대로 된 대책이 세워질 수 있으니까요.

또 괴담이 먹히는
대한민국의 낮은 지력

광우병 소동 당시의 어처구니없는 괴담들이 **민영화 괴담**이라는 이름으로 다시 떠돌고 있습니다. 누군가가 열심히 생산하고, 누군가가 열심히 퍼나르고 있는 바보들의 행진이 또 시작되고 있는 겁니다. 광우병 당시 싸구려 지식을 팔았던 연세대학교, 서울대학교 모 교수를 비롯한 일부 싸구려 지식인들은 아예 입을 닫고 있습니다.

코레일 노조 간부들은 종로에 있는 조계사에 뛰어 들어 대웅전 앞에서 기자회견을 하며 종교단체에 '호소'라는 표현을 썼습니다. 누가 누구에게 호소하나요? 우리 사회의 법과 원칙이 무엇인지, 어떤 경우에 긴급 피난이 성립되는지에 대한 이해도 없이 마치 정치적 약자인 것처럼 구는 것은 매우 비열한 짓이죠. 제멋대로 불법 파업을 벌이고, 경찰이 체포하려고 하면 도망가고. 떳떳하면 왜 도망갑니까? 한국은 법치국가입니다. 법정에서 싸워야죠. 그러고는 대웅전으로 온통 카메라와 기자들이 몰리니 무대증후군

환자처럼 좋아하고 있는 겁니다. 그 안에서 작전을 짜고, 홍보전략을 세우고 정치를 하고 있죠. 철도노조가 왜 대웅전에서 기자회견을 합니까? 이 사안이 정치적 피난이 성립되는 사안입니까?

정부의 계획은 민영화가 아닌, 수서발 KTX만 떼어내 자회사에게 운영하게 해보겠다는 것입니다. 그래서 기존 코레일의 경영성과도 점검해보고, 아주 미세한 부분이지만 경쟁을 통해 기존 운영방식을 점검해보겠다는 겁니다. 근데 노조가 파업에 들어가버린 이유는 뭘까요? 수서발 KTX를 자회사로 운영할 경우, 기존의 코레일이 얼마나 엉터리로 운영해왔는지 백일하에 드러날 가능성이 있기 때문이라는 생각마저 갖게 됩니다.

지금 코레일이 어느 정도의 효율성을 갖고 운영되고 있는지 아무도 모릅니다. 자료를 요구하면 별의별 이유를 대며 분석에 필요한 자료조차 내놓고 있지 않아서 심지어 국토교통부조차도 어느 철도 라인이 적자인지, 어떤 문제가 있는지 모를 정도입니다. 그런 상태를 지금 개혁하겠다고 팔을 걷어붙인 겁니다. '어느 정도 수치적인 평가가 나와야 코레일도 수술이 가능하다, 민영화는 나중 문제'라는 겁니다. 어느 라인이 어느 정도의 생산성을 내고 있는지, 우리가 철도시설을 얼마나 효율적으로 쓰고 있는지, 역별로 어느 정도의 인원이 필요한지에 대해 그 누구도 모른다는 사실은 말도 안 되죠! 그러면 왜 정부조차도 코레일의 효율성이나 운영에 대해 자세히 알지 못하는가? 코레일은 아주 미스터리한 조직입니다. 철도고등학교, 철도대학교 중심으로 호형호제呼兄呼弟 하는 선후배들이 똘똘 뭉쳐 마치 고교와 대학 동창회처럼 운영되고 있다는 겁니다. 때문에 분석 자료를 내놓지 않고도 적당히 버틸 수 있는 겁니다.

현재 코레일의 직원은 2만 8,168명이고, 그 중 조합원이 2만 400명입니다. 평균 인건비가 6,880만 원으로 매출액 대비 인건비 비율이 46.3%에 달합니다. 엄청난 시설사업인 철도에 인건비 비중이 거의 절반에 육박한다는 것은 말이 안 되는 일이죠. 부채는 또 어떻습니까? 자산 21조 6,593만 원에 부채가 17조 628억 원입니다. 머지않아 자본 잠식입니다. 일반 회사 같으면 망하는 거죠. 이 빚이 다가 아닙니다. 철도 부채는 코레일 부채 말고 철도 시설공단의 부채 17조억 원 정도가 더 있습니다. 합치면 35조억 원이에요. 그걸 뭘로 메우고 있는 겁니까? 바로 국민 세금입니다.

어떤 바보들은 민영화하면 철도 가격이 오른다며 반대하고 있습니다. 그건 마치 조삼모사의 꾀에 넘어가는 것이나 다름없는 실수죠. 철도 요금 5만 원, 세금 5만 원으로 총 10만 원 내던 것을 요금 7만 원, 세금 0원으로 개혁하자는데 항의를 하고 있는 꼴입니다. 이게 맞는 계산법입니까? 지금 빚이 35조에요. 갚아야할 이자가 하루에 13억 5천만 원입니다. 1년에 5천억 원의 적자만 해도 대학생 14만 명의 한 학기 등록금입니다. 그걸 지금 국민의 세금으로 다 메우고 있는 겁니다!

다른 나라는 어떨까요? 세계 최초로 철도를 깔았던 영국은 1994년에 일부를 민영화하는 개혁을 했습니다. 그 후 1995년에서 2012년까지의 통계를 보면 런던~맨체스터 편도 가격이 50파운드에서 154파운드로 208% 올랐습니다. 누군가가 이 통계를 가지고 계산을 해서 '서울~부산 28만원'이라는 괴담이 나온 것 같아요. 하지만 1995년부터 2012년까지 18년 간 물가 상승률이 66%였다는 것과, 같은 구간의 정기권은 65%밖에 오르지 않았다는 사실은 계산에 포함하지 않은 것 같습니다. 영국의 경우, 민영화 이후 상한제를 적용하는 좌석과 상한제가 없는 좌석, 이 두 가지 좌석으로 철도가 운영됐습니다. 근데 요금제를 받는 좌석의 경우 실질 요금인상은 거의 없었고, 특실요금이 올랐던 겁니다. 또 같은 기간 런던~버밍엄의 왕복권 같은 경우는 요금이 58% 인상에 그쳤습니다. 물가 상승률과 대비한다면 실제 체감 요금은 오히려 내려간 겁니다.

민영화를 하면 사고가 많이 터진다는 괴담도 참 웃기는 거짓말입니다. 영국은 90년도에 철도사고가 빈번했습니다. 하부 선로 운영회사를 민영화했을 때였습니다. 그런데 지금 코레일 같은 경우는 상부입니다. 수서발 KTX는 상부 중에서도 일부를 말하는 겁니다. 지금 우리는 시설관리공단, 그러니까 공공기관에서 하부를 관리하고 그 위에 다니는 코레일 중 일부만 떼서 민영화를 한다는 겁니다.

정지

5
4

대학가에는 무식한 학생들이
너도나도 괴담을 퍼다 나르고 있고,
민주당은 자신들이 추진했었던 민영화를
못하게 만드는 법을 만들겠다고
난리를 피우고 있습니다.
이런 바보들이 SNS를 점령해 떠들고 있습니다.
문제는
이런 게 먹히고 있다는 겁니다.

ⓒ한국경제신문

그리고 사고 자체만 하더라도 국가별로 다 다릅니다. 우리나라가 지금 하려는 방식대로, 독일 같은 경우 철도 지주회사인 독일철도 주식회사 내에 자회사를 만들어 일부를 운영하게 했습니다. 일본도 1987년 철도구조 개혁을 통해 일곱 개의 회사로 분할, 민영화했습니다. 오스트리아는 국영기업이 독점하던 고속철도 노선 중에 한국의 경부선에 해당하는 빈~잘츠부르크 구간을 민간 철도 회사에 매각했습니다. 스웨덴의 경우, 상하부를 분리해서 상부를 6개의 회사로 분할 민영화했죠. 결과는 물론, 더 좋아졌습니다. 오스트리아의 경우 철도요금이 절반으로 낮아졌고, 무선 인터넷을 무료로 제공하고 있습니다. 스웨덴의 경우 여객이 65% 늘고 화물도 24% 늘었습니다. 독일은 여객이 57%나 늘어났습니다. 서비스가 개선되니까 수요가 폭발하는 겁니다. 프랑스도 시설과 운영을 분리해 경쟁하는 체제를 도입했는데, 1996년 560건이던 사고 건수가 2009년에 171건으로 3분의 1로 줄었습니다. 적자를 보던 회사가 모두 흑자로 바뀌었고, 요금도 내려가고, 사고도 줄었습니다. 철도 민영화를 통해 손해를 본 나라가 거의 없습니다. 때문에 지금 정부가 "민영화가 아니더라도, 어느 정도로 운영되고 있는지 파악이라도 해보자!"고 호소하는 겁니다.

중국의 루쉰魯迅은 『아큐정전阿Q正傳』을 써서 망해가는 중국인들에게 '아큐'라는 씻을 수 없는 모욕적인 이름을 붙였습니다. 아큐는 이런 인물입니다. 누군가가 자신의 얼굴을 때리면, 내 얼굴이 그의 주먹을 때렸다고 거꾸로 말할 정도의 비굴한 인간이었습니다. 뽐방대고 쏠려다니고 구경거리는 달려가 흥분해 고함지르고, 사람들이 데모를 하면 뜻도 모른 채 구호를 따라 외치고, 별의별 루머에 코를 벌름거리면서 흥분해대는 그런 사람입니다. 노신은 이 아큐라는 인물을 통해 중국인들을 각성시키려 했습니다. 물론, 그의 바람대로 되지는 않았죠.

지금 우리 사회를 이런 '아큐'들이 점령하고 있습니다. 대학가에는 무식한 학생들이 너도나도 괴담을 퍼다 나르고 있고, 민주당은 정권이 바뀌었다고 자신들이 추진했었던 민영화를 못하게 만드는 법을 만들겠다고 난리를 피우고 있습니다. 광우병 소동 때, 반미투쟁 한다고 아이들에게 거짓말을 해 조직적으로 플래카드를 들고 거리로 뛰어들게 했던 전교조 선생들이나, 자기 자식들은 전부 미국에서 스테이크를 먹고 있으면서 미국산 소고기를 먹으면 뇌에 구멍이 송송 뚫린다고 국민을 호도했던 국회의원들이 떠오르는 시국입니다. 이런 바보들이 또 SNS를 점령해 떠들고 있습니다. 문제는 이런 비논리적 행동이 일부에서나마 먹히고 있다는 겁니다. 대한민국의 지력이 이 수준밖에 안 되는 것인지. 어느 사회나 지력의 수준에 따라 긴 줄이 있습니다. 문제는 무식이 지식을 능멸하고 숙고가 맹종에 짓밟히는 일이 일어나느냐 아니냐는 것입니다. 루머가 진실을 압도하고 대중의 궁금증을 채우는 지력수준이라면 대한민국은 후진적 나락으로 되돌아가게 될 것입니다.

옛날에 용산 재개발현장에서 폭력사건이 터졌을 당시의 일이 기억납니다. 저는 정규재 칼럼에서 이명박 대통령이 김석기 당시 경찰총장을 절대 해임해선 안 된다고 썼습니다. 그런데 결국 해임하고 말았죠. 나중에는 달리는 버스를 향해 화염병을 던졌던 폭력가해자들을 찾아다니면서 배상까지 했습니다. 그것도 기업들을 윽박질러서 돈을 토해내게 한 다음, 그 돈으로 몇 억씩 배상했죠. 이번에 전교조 위원장이 경향신문에 세 들어 있던 민노총 빌딩에서 경찰을 향해 유리창 파편을 던져 경찰의 귀가 찢어지는 사건이 있었습니다. 구속적부를 심사하는데, 전교조 위원장이 "크리스마스이기도 한데, 나를 꼭 구속까지 시킬 필요가 있겠습니까?"라고 말했답니다. 참 가증스럽기 짝이 없는 장면이죠. 얼마 전 대통령이 국회에 갔을 때, 민주당의 모 의원이 청와대 경호원을 뒷머리로 박아서 코뼈를 부러뜨리고 코피를 쏟게 만들었습니다. 미국 같으면 현장에서 바로 결박한 다음 유치장으로 집어넣어야 하는 사건입니다. 근데 거기에 대해서 어느 얼빠진 의원이 왜 경찰이 국회의원을 성가시게 했냐고 두둔하고 나섰죠. 정말 이 나라에 법이 있는 것인지 없는 것인지 모르겠습니다. 민주화 운동이라는 이름만 내걸면 경찰을 두들겨패도 되고, 집에 불을 질러도 되고, 가해자는 오히려 피해자가 되는 프레임을 만들고 있는 겁니다. 지금 철도노조원이라는 사람들도 그렇죠. 마치 자신들이 정권의 핍박과 압제를 피해 도망 온 것처럼, 종교 시설에 뛰어들어서. 그렇지만 실제로는 자기들의 철밥통을 위해 온 산업과 물류를 마비시키고 있는 가해자일 수도 있습니다.

박근혜 대통령은 다행히도 국민을 위해 원칙을 지키겠다고 말했습니다. 국민을 위한 것도 있지만, 파업에도 불구하고 직장에 나와 열심히 일하는 다른 근로자들을 위한 일이기도 합니다. 철도노조의 압력에도 불구하고 묵묵히 자신의 일을 해나가는 근로자들에게 국민들의 격려가 이어져야 합니다. 이명박 대통령 때와는 달리 박근혜 대통령이 법치의 원칙을 지키려고 애쓰는 모습은 다행이라고 생각합니다. 만약 지금 이것을 지켜내지 못한다면, 기어이 조국을 망하게 만드는 아큐들의 국가가 될 수밖에 없음을 명심해야 할 것입니다.

춤추는
토지 불평등론

재밌는 얘기 하나 해드리겠습니다. 어느 학술대회에서의 일입니다. 어딜 가나 경제적 정의正義 문제에 대해서 많은 얘기를 하던 그런 시절입니다. 제가 시장경제 시스템이 가장 공평fare한 시스템이라는 요지로 설명을 했습니다. 그러니까 철학과 교수이신 Y모라는 분이 더는 참을 수 없다는 표정으로 제게 "우리나라 상위 10% 인구가 전 토지의 80%를 점유하고 있는 엄청난 토지소유의 불균형이 옳다는 거냐?"며 규탄하시는 겁니다. 여러분들은 어떻게 보십니까? 아마 대학 강단이나 사적인 모임에서 많이 들어본 이야기이실 겁니다. 여기 기사들을 좀 보시죠.

「땅 한 평이라도 가진 사람, 국민 10명 중 3명」「0.1% 땅부자 5만 명, 국토 10% 소유」「상위 50만 명이 전국 토지 55% 소유」「개인 땅 소유자 상위 3%가 전체 민유지 55% 차지」「강원도 땅 주인, 절반 이상이 외지인」

살벌하죠. 야, 이런 엉터리 같은 사회가 있나! 어떻게 읽더라도 대한민국 전국토를 극소수의 부자들이 장악하고 있다는 느낌을 받으셨을 겁니다. 이런 기사들은 국토부에서 발표한 보도자료의 통계에서 비롯된 것입니다. 「전국 토지소유 현황을 "한눈에"…통계작성 공표」라는 제목의 보도자료인데, 이렇게 요약되어 있습니다.

❶ 소유 구분별로 민유지 52.6%, 국공유지 32.2%, 법인 등 기타 15.2% 순으로 차지
❷ 우리나라 인구 5천 만 명 중 30.1%가 전국의 개인 토지를 소유
❸ 50~60대가 개인 토지 중 과반수인 52.2% 소유

이걸 보면 어떤 생각이 드시나요? 물론 국토부가 거짓말을 하는 것은 아닙니다. 하지만 오해를 불러일으키도록 교묘하게 정리를 해놓았죠. 개인 토지소유 현황을 볼까요? 총 1,532만 명 즉, 30.1%가 자신의 땅을 갖고 있습니다. 이 중에 50~60대가 이 땅의 절반 이상을 갖고 있습니다. 이 자료를 읽으면서 아, 전 국민의 70%는 땅도 없는 가난한 계층이라는 생각을 하셨나요?

저는 세 아이를 두고 있고, 땅이 있습니다. 그리고 저 빼고는 가족 중에 땅을 가진 사람이 없습니다. 그러면 저희 집은 상위 20%가 전국토를 갖고 있는 셈이 되는 겁니까? 이런 상황을 가지고 빈부격차가 엄청나다고 말할 수 있겠습니까? 국토부가 땅을 소유하고 있다고 밝힌 30.1% 의 거의 대부분은 당연히 가장들입니다. 우리 아버지, 우리 어머니죠. 4인 가족 기준으로 보면 25%가 땅을 소유하는 게 정상입니다. 그게 진면목입니다.

이 기사 한 번 보세요. 「'0.1% 땅부자' 5만 명, 국토 10% 소유」 여

기 0.1% 땅부자가 누구일 것 같습니까? 재벌가를 비롯한 극소수의 부자들? 아닙니다. 이건희 회장? 소유하고 있는 집값은 물론 비싸겠죠. 하지만 그 땅이 몇 평이나 될까요? 0.1%의 땅부자를 꼽으라고 한다면 전라도 충청도 평야지대에 가보십시오. 그렇게 땅을 소유하고 있는 극상위 땅부자들은 농사를 짓는 농민들입니다. 대농들은 몇 평이 아닌, 몇 헥타르씩의 농지를 갖고 있습니다. 그게 땅부자 5만 명입니다. 근데 멍청이 같은 인간들이 이런 식으로 기사를 쓰고 떠드는 겁니다. 이 기사는 어떤가요? 「강원도 땅 주인, 절반 이상이 '외지인'」 이 외지인은 과연 누구일까요? 이 기사를 보면 많은 사람들이 이렇게 생각합니다. 서울 부자들이 전국 방방곡곡에 땅 투기를 하는구나! 물론 그런 경우도 많죠. 그러나 그것이 전부는 아닙니다. 주로 서울로 유학을 와서 서울에 정착하였거나 직장을 위해 고향을 떠나 도시로 이사를 나온 자녀가 시골 부모님이 돌아가신 뒤에 물려받는 땅들입니다. 조상 대대로 내려오는 선산이나 농지, 그런 것들이죠. 근데 마치 투기꾼 악마들이 강원도까지 내려가 땅을 야금야금 차지한 것처럼, 그런 투기 땅부자들이 판을 치는 세상처럼 기사를 쓰고 있는 겁니다.

 토지 소유자의 숫자도 2006년 대비 10% 이상이 늘었습니다. 땅 가진 사람의 숫자가 오히려 늘어난 겁니다. 그리고 「개인 땅 소유자 상위 3%가 전체 민유지 55% 차지」라는 통계도 2006년의 56.7%보다 줄어든 겁니다. 소유 집중도가 오히려 완화된 거죠. 정상적인 기사를 쓴다면 그렇게 써야 하는데, 마치 극소수의 투기꾼들이 전국의 땅을 매점하는 듯한 이미지를 만들어내는 기사를 쓰고 있는 겁니다. 아니 국토부의 발표부터가 분위기를 풍깁니다.

토지 통계를 좀 더 자세히 볼까요? 용도-지역별 통계를 보면, 민간 땅 52.6%, 국공유지 32.2%, 법인소유지 6.5%, 비법인 등 기타 8.6%, 농민지역이 48.9%, 관리지역 22.8%, 녹지 12.6%, 주거지역 2.2%, 공업지역 0.9%, 상업지역 0.3%입니다. 주거지역, 공업지역, 상업지역을 합치면 3.3%인데, 이게 도시입니다. 우리 눈에는 전부 도시만 보이기 때문에 도시가 어마어마한 땅을 잠식한 것 같지만 그렇지 않죠.

학술대회에서 Y교수의 규탄에 가까운 질문에 이런 답변을 했습니다. "교수님 가족 몇 명이세요? 가족 중 몇 명이 토지를 소유하고 있죠? 그러면 교수님 댁은 상위 20%가 전체 땅을 소유하고 있는 겁니다. 아들도 땅 한 평 없고 따님도 땅 한 평 없고 부인께서도 땅 한 평 없는 그런 엄청난 빈부격차를 겪고 있는 가정이군요."

그러니까 우리가 쉽게 이야기하는 토지만 하더라도 그렇게 간단하게 말할 수 있는 문제가 아니라는 겁니다. 부디 바보처럼 선동적 통계에 휘둘리지 않기를 바랄 뿐입니다. 전 국민이 골고루 땅을 가지고 있지 않은 게 정상적인 국가입니다.

얼간이들의 자살론

우리나라는 OECD회원국 중에서 자살률이 1위입니다. 전 세계로 따져도 2,3위정도 됩니다. 그런데 우리나라가 자살률이 1위라는 것을 놓고 통상 좌익들은 이렇게 떠듭니다. "우리나라가 2000년대 신자유주의를 하면서 도저히 인간이 살 수 없는 지경이 됐다. 그래서 자살률이 높은 것이다." 과연 그럴까요? 통계자료를 한번 보시죠.

한때는 헝가리가 인구 10만 명당 자살자수 46명으로 1위였습니다. 1984년까지는 계속 자살률이 오르다가 1984년을 정점으로 20년째 수직으로 떨어지고 있죠. 근데 우리나라 좌익들은 헝가리의 자살률 높다는 이야기를 어디서 주워듣고는 이렇게 이야기 합니다. 경북대 로스쿨 신모 교수가 쓴 글을 보면 기가 막힙니다. 헝가리에서 공산주의가 무너지고 자본주의 시장경제로 들어오자 자살률이 엄청나게 높아졌다고 쓰고 있는 겁니다. 그런데 사실은 그렇지 않습니다. 1984년 이전에 계속 올랐죠. 오히려 공산주의가 망하기 전에 계속 오르다가 공산주의가 무너지고 자살률이 완화되고 있는 겁니다.

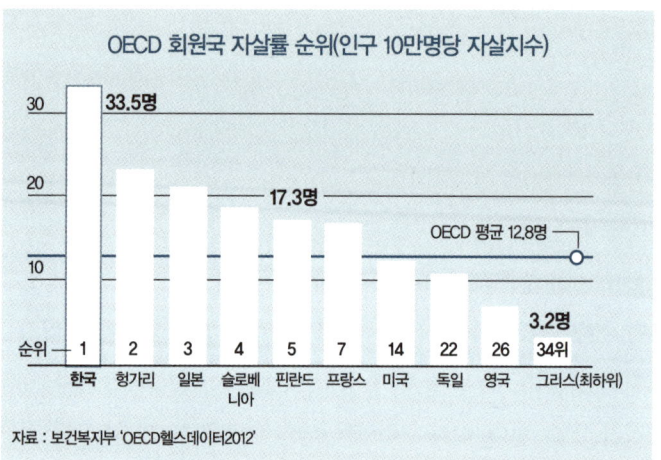

이런 좌익들의 허위 주장들로 우리는 흔히 **살기 어려워지면 자살률도 높아진다는 착각**을 하게 됩니다. 경제 사정이 나빠져서 자살한다? 그럴까요? 그럼 지니계수와 자살률 통계에 상관관계가 있겠군요. 지니계수는 0으로 내려갈수록 빈부격차가 적은 좋은 사회라고 할 수 있죠. 멕시코, 터키, 포르투갈, 미국, 폴란드, 이탈리아, 영국, 뉴질랜드, 아일랜드, 그리스, 일본, 스페인, 캐나다 그 다음이 대한민국으로 우리나라 지니계수는 OECD의 평균 정도에 와 있습니다. 우리나라 좌익들의 주장대로라면 빈부격차가 많아지면 자살률이 높아져야 하죠. 근데 전혀 그렇지 않습니다. 멕시코의 지니계수 0.47입니다. 그런데 인구 10만 명당 자살자 수는 4.0 명입니다. 터키의 지니계수는 0.43이고, 인구 10만 명당 자살자 수는 3.94명입니다. 한국의 지니계수는 0.312 정도로 멕시코와 터키보다 훨씬 살기 좋은 사회입니다. 그런데 우리나라는 인구 10만 명당 자살자 수가 30명이 넘죠. 상관관계가 있어 보이나요?

제가 깜짝 놀란 게, 이런 주장도 있습니다. "보수파 교육감이 등장하면 자살률이 높아진다." 왜? 공부를 너무 많이 시키니까. 또 어떤 얼간이는 이렇게 말합니다. "피사PISA;Program for International Student Assessment 성적이 좋은 나라가 자살률이 높다." 참 기가 막힌 주장들입니다. 연령별 자살률을 한 번 볼까요? 뉴질랜드, 노르웨이 같은 나라에서 20명씩 죽을 때 한국에서는 5명 이하로 죽습니다. 우리나라 청춘들이 아프다고 난리지만 뉴질랜드나 노르웨이에 비해 덜 아픈 거죠. 한국 아이들이 공부 때문에 죽는다구요? 우리나라 아이들 자살률은 오히려 OECD평균보다 낮습니다. 그런데, 40세부터 높아지기 시작합니다. 60~80세에 오면 급격히 높아지죠. 80대의 인구 10만 명당 자살자 수는 123.3명입니다. 우리나라 평균이 32.2명이에요. 10대 자살이 5명, 20대가 24명, 근데 80대에 오면 123명까지 올라가는 겁니다. 성별에 의한 자살률을 보면 남성의 자살률이 여성보다 훨씬 높습니다. 그러니까 우리나라에서 자살을 많이 하는 집단은 남성 노인이라는 겁니다. 피사나 보수 교육감하고 무슨 관계가 있나요? 그런데 숫자를 제멋대로 왜곡해 악의적인 주장을 퍼뜨립니다.

그럼 자살이 왜 이렇게 늘어나는가? 몇 가지 가정을 해본다면 -이것도 가정입니다- 첫째, 노인 빈곤문제, 둘째, 노인 우울증 문제입니다. 둘 다일수도 있겠죠. 말하자면 노령화의 문제인 겁니다. 아마도 우리나라에서 고령화 증가 추세와 노인 자살 증가 추세는 거의 일치할 겁니다. 물론 자살률의 원인에 대해 정확한 답을 내릴 수는 없습니다. 자살은 일종의 정신질병입니다. 헝가리가 어떻게 해서 그 높던 자살률을 떨어뜨릴 수 있었는지를 알아보는 것도 좋겠지요. 1984년 헝가리는 국가재난을 선언합니다. 국가적인 자살예방센터를 만들고 어마어마한 노력을 기울였습니다. 빈부격차, 사회복지 같은 노력이 아닙니다. 자살상담, 우울증 치료 같은 노력이 주였습니다. 핀란드도 비슷한 시기에 자살률이 높았는데, 핀란드는 모든 자살자에 대해 전수조사를 했습니다. 자살의 원인에 대해 유전적 요인, 가정환경, 가난, 우울증 등 철저히 조사한 겁니다. 그래서 자살상담을 실시하고 대대적인 노력을 기울였습니다. 그래서 점점 수치가 떨어졌죠. 우리나라 좌익들이 자살의 이유를 사회경제적 삶의 조건이 열악해졌기 때문이라고 떠드는 것은 정말 터무니없는 소리인 겁니다.

도시공학자들이 가장 잘 만들어진 좋은 도시 1위로 꼽는 곳이 바로 호주의 캔버라입니다. 이 도시는 숲과 조화를 이루고 있고, 도시민들의 소득수준도 높고, 생활의 질은 두말할 나위 없이

높은 것으로 정평이 나 있습니다. 실업자도 거의 없습니다. 주민의 절반이 공무원이기 때문에 경제적 수준도 높고 생활도 안정적이죠. 경쟁이 치열하지도 않습니다. 나무그늘이 우거진 깨끗한 거리에 뉘엿뉘엿 떨어지는 석양을 바라보며 고급차를 몰아서 퇴근을 하는 겁니다. 부인은 앞치마를 매고 저녁을 준비하고, 그 사이 이웃과 테니스 치고, 아이들은 농구를 하죠. 그런데 밤이 너무 긴 겁니다. 조용히 서재에 앉아서 책을 보고 철학자가 됩니다. 그야말로 가장 아름답고 잘 정돈된 정적인 사회 아닌가요? 그러나 이 도시가 호주에서 자살률이 가장 높습니다. 별다른 이유가 없습니다. 도시인들에게 만연한 우울증이 원인이라면 원인일 겁니다. 조용하고 정적이어서 모두가 철학자가 된 다음, 삶에 대한 회의에 빠져 결국은 적당한 우울증에 들어서는 것일까요?

좌편향적 생각을 가진 사람들은 대부분 자살의 사회적 원인에 주목합니다. 한국의 좌익들도 마찬가지입니다. 자본주의의 과도한 경쟁 체제를 견디지 못하는 사람들이 자살을 한다, 경제 여건의 악화가 자살을 만들어 낸다, 등의 주장

Photo_ 뉴욕타임스 세계판에 실린 한국 노인자살률 증가에 대한 기사화면

을 펴는 것입니다. 그런데 왜 좌편향적 사고를 가진 사람들은 이런 위험한 주장을 일삼는가? 그들은 대부분 모든 문제를 사회의 탓으로 돌리는 데 익숙하기 때문입니다. 개인적 요인이 아닌 사회적 요인들이 나를 규정할 것이라는 일종의 물질주의적 결정론을 갖고 있는 겁니다. 자살과 관련해서 최초로 사회학적 연구를 한 사람이 에밀 뒤르켕Emile Durkheim이잖아요. 그가 쓴 『자살론』은 사회 방법론을 처음으로 사용한 사회학의 바이블과 같은 책입니다. 뒤르켕은 유럽 각국의 자살에 대한 연구 끝에 개신교를 믿고 개인주의 국가일수록 자살률이 높고, 천주교를 믿고 공동체주의 국가일수록 자살률이 낮다는 결과를 발표했습니다. 사회적 응축 정도, 사회적 연대감에 따라 자살률의 높낮이가 달라진다는 겁니다. 그 이후로 사회주의적 주장을 일삼는 얼간이들은 모든 불행의 이유를 사회에다 갖다 붙이기 시작한 겁니다. 물론 뒤르켕의 주장은 이미 다른 연구들에 의해 상당부분이 뒤집어지기도 했습니다.

시대에 따른 시각의 차이도 있습니다. 영국에서는 1961년에 자살법이라는 것이 만들어집니다. 그전에는 자살을 범죄로 여기고, 자살 미수자도 형법으로 처벌을 했죠. 1961년 이후 비로소 자살은 범죄가 아니게 된 겁니다. 물론 자살을 돕는 것은 범죄로 처벌받죠. 우리나라도 옛날에는 자살을 처벌했습니다. 일본은 에도 말기에 자유연애사상이 들어오면서 동반자살이 급격히 늘었습니다. 신분계급 때문에 사랑을 이룰 수 없는 남녀가 같이 온몸을 밧줄로 감고 강물 속에 뛰어드는 겁니다. 오죽했으면 결혼하거나 자

살하거나 둘 중 하나라는 말이 나왔을까요. 보다 못한 에도 정부에서 자살하는 사람은 모조리 처벌하기로 합니다. 그래서 물에 떠오른 처참한 시체를 대중들 앞에 전시하고 매질을 가했습니다. 얼마나 혐오감이 들겠어요. 그렇게 해서 당시 치솟는 자살률을 잡았다는 얘기가 있습니다.

지금 우리 사회는 어떻습니까? 연예인이 자살했다 하면, TV가 생중계를 하고 연예인들이 병원을 찾아가서 곡을 합니다. 모든 국민들이 조문을 나서야 할 것처럼 온 사회가 난리죠. 마치 이 더러운 사회에서 죽음을 선택하는 것이 옳은 것처럼 분위기를 몰아가면서 오히려 자살을 부추깁니다. 이 썩어가는 자본주의 사회가 자살을 부추긴다고 주장하면서 자살을 정당화하는 겁니다. 안 죽고 사는 사람이 바보인 것처럼 모두가 우거지상을 하고 다니죠. 취업난이라든가 청년백수를 운운하면서 왜 자살 안하냐고 부채질하고 있는 것 같은 형세입니다. 그런데 지금 청년백수들이 자살하고 있는 것도 아니죠. 실상을 들여다보면 80대 자살률이 가장 높습니다.

자살과 같은 심각한 문제를 사회운동으로 끌어와 좌익을 선동하는 대한민국의 얼간이들이 한심할 뿐입니다. 우리 사회가 자살 문제에 대해 보다 진지하게 생각할 준비가 되었으면 좋겠습니다.

재미있는 엉터리

재미있는 엉터리들이 참 많습니다. 얼마 전 서울시의 싱크탱크인 **서울연구원**은 서울시민이 수돗물을 너무 많이 쓴다는 보도자료를 냈습니다. 서울시민의 수돗물 사용량이 286L로 뉴욕 등 미국 도시의 100~200L보다 훨씬 많다는 겁니다. 서울의 수돗물 사용량이 286L니까 뉴욕 등에 비해 두 배 이상이나 많다는 것이죠. 이 보도자료가 나온 뒤 각 언론사가 이 문제를 크게 다뤘습니다. 이 통계가 나왔을 때, 한국경제 논설위원실에서도 사설로 준엄한 경고를 해야 하지 않겠냐는 이야기가 나왔었습니다. 근데, 제가 반대했습니다. 미국의 웬만한 주택가에서는 잔디에 물을 주고, 욕조에 물을 받아서 목욕을 하는데, 통계가 좀 이상하지 않느냐는 반문들이 있었기 때문이지요. 아니나 다를까, 이틀 만에 서울연구원의 자진 고백으로 통계가 잘못되었다는 사실이 밝혀졌습니다. 서울시의 사용량은 리터로, 뉴욕의 사용량은 갤런으로 표시되는데, 이것을 단순 비교했던 것입니다. 갤런을 리터로 환원하면 50~250%에 달하는 편차가 납니다. 오히려 서울이 물을 적게 쓰고 있다는 통계가 나온 것입니다. 그렇다면 서울 연구원은 이런 엉터리 같은 실수를 왜 저지른 걸까요?

그전에도 이런 오류가 되풀이 되었을 거라고 봅니다만, 우리나라 사람들이 물을 많이 쓴다는 것은 너무도 많이 선전이 되어 왔어요. 때문에 숫자를 보고는 그냥 넘겨짚은 겁니다. 사실 정상적인 지력이라면 서울보다 뉴욕의 물 사용량이 절반에 불과하다는 사실에 여러 가지 의문을 가져야 마땅합니다. 도시일수록 물을 많이 씁니다. 선진국일수록 물을 많이 쓰는 일반적 경향이 있습니다. 물론 농업용수는 별도 문제이지요. 그렇게 본다면 뉴욕은 일반적으로 서울보다 물을 많이 쓰는 것으로 추정되어야 정상적입니다. 그런데 다른 통계가 나왔다면 곰곰이 들여다봐야 합니다. 혹시 수도관에 문제가 있는 것인지, 그 문제에 대한 통계가 있는지, 공장용수나 농업용수 통계는 정확하게 분리되었는지 등에 대해서도 검토가 있어야 합니다. 그런데 그런 과정들이 모두 생략된 것입니다.

문제는 이런 **엉터리 통계**들이 말도 못하게 많다는 것입니다. 이런 기사도 있었어요. 「대형마트 매출액이 9조 원 늘어나는 동안 재래시장 매출액은 9조 원 줄어들었다」 이런 기사를 보면 사람들은 생각할 겁니다. "대형마트가 재래시장의 몫을 다 빼앗아 가는구나." 그런데 아닙니다. 그건 완전히 무의미한 통계였어요. 대형마트 매출액이 9조 늘어나고, 재래시장의 매출액이 9조 줄어든 것은 맞습니다. 그런데 그 사이에는 수많은 요인들이 작용하고 있습니다. 재래시장에서 줄어든 매출액이 대형마트로 흘러갔는지, 홈쇼핑으로 흘러갔는지, 인터넷쇼핑이나 해외직구입으로 흘러갔는지 우리는 알 수 없죠. 전혀 연결이 안 되는 엉터리 숫자를 가지고 그런 사기를 만들어내는 겁니다. 9조 원이라는 숫자는 말 그대로 우연적 일치일 뿐이었습니다.

이런 황당한 논리도 있어요. **보건사회연구원**에서 사회정책에 대한 국민의식 조사를 했습니다. 5점을 척도로 '경제성장을 위한 감세'와 '복지확대를 위한 증세'의 지지 여부를 조사, 비교한 겁니다. "경제를 살리려면 세금을 줄여야 한다."가 3점, "사회복지를 위해서는 세금을 더 늘려야 한다."는 3.2점. 그러므로 강도가 더 높은 증세를 지지하는 것이다. 이런 식으로 해석해서 자료를 냈어요. 그런데 그것은 교묘한 말장난에 불과합니다. 둘 다 도덕적 구호를 그 속에 포함하고 있습니다. '경제를 살리려면' '사회복지를 위해서' 곰곰이 생각하지 않으면 둘 다 맞기도 하고 틀릴 수도 있습니다. 예를 들어, 저는 좋은 사회를 위해서는 경제가 살아서 적절한 성장 강도를 유지해야 한다고 보기 때문에 증세보다는 감세를 지지합니다. 적절한 일자리와 적절한 성장이 오히려 사회 복지 수준을 높이게 된다는 거지요. 그런데 만일 꼭 사회복지를 해야 한다면 국가가 빚을 내서 미래세대에 부담을 떠넘기는 것은 좋지 않기 때문에 세금을 올려야 한다고 생각합니다. 자, 그럼 저는 모순된 인간인가요? 아닙니다. 그러니까 마치 증세, 감세가 대립적인 관점으로 보이지만 사실 그 논리는 하나의 전제에 연결되어 있습니다. 이런 자료를 '감세보다 증세를 지지하는 사람이 많다'고 판독하여 통계를 낸다면 이는 잘못이지요. 통계를 고의적으로 혹은 무의식중에 잘못 읽게 되는 것입니다. 이런 식의 통계나 논리구조를 조심해야 합니다.

또 하나의 예를 들어보겠습니다. "온난화가 지금처럼 진행이 돼서 지구 온도가 4℃ 더 올라가면 태평양 연안의 해안 지대는 모두 물에 잠기고 말 것이다." 참 이상하죠. 온도가 4도 높아졌을 경우, 해수면이 높아진다는 근거는 어디서 왔을까요? 하늘의 구름양이 더 많아지지 않을까요? 혹시 증발량은 늘어나지 않을까요? 통계를 만드는 여러 방법이 있습니다. 예를 들어 '동해안의 강수량이 몇 m일 때 우리나라 동부 태백산맥 동쪽의 토사는 얼마 정도 씻겨 내려간다.'는 구체적 통계가 있다고 생각해보세요. 그러면 그 계산에 곱하기 전 국토를 하면 한국에서 쓸려나가는 토사량 수치가 될까요? 아니죠. 급경사인 곳도 있고 완만한 곳도 있고 기후와 환경이 다 다르니까. 근데 대개 통계자료로 공포심을 자극하려는 사람은 일부 지역을 조사한 뒤 곱하는 방법으로 전국으로 확대한 다음 겁을 주는 겁니다.

믿고 싶은 것을 주장하고, 억지 논리를 정당화하는 데 이런 엉터리 통계를 사용하는 경우가 많습니다. 때문에 우리는 여러 주장을 대할 때마다 그 내용을 꼼꼼히 살펴볼 필요가 있습니다.

춤추는 법인세

법인세를 올려라, 내려라, 말들이 많습니다. 여러분은 어떻게 생각하시나요? 택스 헤이븐Tax Haven을 제외하고는 세상에 법인세가 없는 나라는 없죠. 그런데 저는 사실 법인세를 원천적으로 반대합니다. 오히려 법인세가 빈부격차를 만들어내고, 기업하는 사람과 기업하지 않는 사람과의 차이를 만들어낸다고 생각합니다.

법인세의 역사는 그리 오래되지 않았습니다. 영국에서 상속세를 면하기 위해 주식회사를 만들어서 상속하는 편법이 생기자 법인에도 세금을 매기기 시작한 것이 기원입니다. 그런데 사람도 아닌 법인에게 세금을 매기는 것이 원천적으로 맞는 얘기인가요? 법인은 양심이나 도덕심이 있는 인격적 주체가 아닙니다. 인격적 주체가 될 수 있는 것은 오로지 인간뿐입니다. 그래서 국가나 법인이 자비심을 베푼다는 것은 말이 안 되는 거죠. 자비는 개인이 느끼는 양심의 무게만큼 베푸는 겁니다. 그러니까 복지도 국가가 아닌 개인이 하는 것이 맞습니다. 법인의 개념은 국가와 같습니다. 법인에 무슨 양심이 있겠습니까? 법인은 개개인들이 모여서 분업을 하자는 '한 묶음의 약속A Bundle of Contract'이죠. 기업이 걸어 다니나요? 잘못을 하면 감옥에 보낼 수 있나요? 못 보내죠. 그래서 법인에 과징금이라는 이름의 벌금을 물리는 것도 사실은 말이 안 됩니다. 그 법인에 속한 개인이 잘못한 것이고, 그렇기 때문에 어떤 비행이든 그 결정권자인 인간에게 벌금이나 세금을 물리는 것이 맞습니다.

법인이 이익을 낸다는 개념도 그렇습니다. 법인의 이익은 모두 인간에게 귀속됩니다. 어떤 회사가 돈이 많다는 것은 그 돈이 회사에 귀속된다는 의미가 아닙니다. 투자를 하고, 경영자들에게 보수를 주고, 종업원들의 임금을 주고, 주주에게 배당을 주고, 기업경영이 잘되고 치열한 경쟁을 해서 소비자 효용을 높이고, 투자자에게 이익을 돌려줍니다. 기업의 자산은 귀속되는 사람들이 반드시 있는 겁니다. 그 사람들이 세금을 내면되는 것이지, 또 무슨 법인세냐 이겁니다. 저는 반대입니다. 말도 안 된다고 생각합니다. 배당을 받은 주주가 세금을 내고 임금을 받은 경영자와 종업원이 세금을 내면 되는 겁니다. 세금은 개인에게 귀착될 때 내는 게 맞죠.

국가에서 세금을 많이 가져갈수록 기업 활동은 위축됩니다. 경제는 무조건 좋아듭니다. 우리나라엔 대기업에 대한 공격들이 많죠. "빵집까지 하냐?" "중소기업 너무 쥐어짠다." "돈은 많이 버는데 세금 적게 낸다." 등등. TV토론 같은 걸 보면, "우리나라 법인세율이 22%나 되는 것 같지만 삼성전자 실효세율을 보면 10% 남짓밖에 되지 않았다."는 주장을 듣게 되는데, 그러면 국민들은 기업들이 다 탈세한다고 생각하기 쉽습니다. 사실은 그렇지 않습니다. 우리나라 기업들이 세금을 적게 내고 있을까요?

세금이라는 것은 이렇게 매겨집니다. 단기순이익에서 각종 감면을 해주고 남은 과세소득에 세율을 곱하는 거죠. 소득의 몇 %에 과세한다고 할 때의 세율을 **명목세율**이라고 하고, 각종 감면이나 공제 등을 감안한 세율을 **실효세율**이라고 합니다. 사실 실효세율이건 명목세율이건 전 세계가 감세 추세에 있습니다. 캐나다의 경우 1981년 36%였던 세율이 18%까지 떨어졌습니다. 지난 30년 동안 절반으로 떨어진 겁니다. 프랑스는 50%에서 34%, 독일은 56%에서 15%, 일본은 42%에서 30%, 영국은 52%에서 28%로 떨어졌습니다. 미국은 법인세율이 굉장히 높은 나라인데요, 46%에서 35%로 떨어졌습니다. 앞으로 더 떨어질 예정이라고 하죠. 대만이 25%에서 17%, 중국은 2008년 33%에서 25%로 떨어졌습니다. 우리는 22%입니다. G7평균 법인세율이 26.8%입니다. 그럼 우리나라 법인세율이 중간 정도라고 말할 수 있겠죠. 그런데 정말 우리나라의 기업이 체감하는 법인세 부담이 중간 정도라고 할 수 있을까요?

세율과 실제로 기업이 내는 세금은 다른 얘기입니다. 각종 공제의 문제도 있고, 세금이라고 되어 있지 않은 가짜 세금들, 즉 **준조세**가 있기 때문입니다. 우리나라는 준조세가 어마어마합니다. 잘 모르는 사람들은 자기들이 쓰기 편리한대로 통계를 끌어다 붙이는데요. 정확한 세금 비교를 위해서 법인들이 낸 세금의 총액이 그 국가 전체 GDP 규모에서 얼마나 차지하는지를 보는 것도 좋은 방법입니다. GDP는 총매출이 아닌 작년보다 늘어난 부가가치 증액분입니다. 그러면 당기순이익에서 내는 법인세를 거기에 비교할 만하겠죠. 당기순이익이라는 것이 부가가치의 개념이기 때문에, 그 나라 전체의 GDP로 나누어본 숫자가 실제로 그 나라 기업들이 법인세를 얼마를 부담하는지의 가장 정확한 수치입니다. 이 수치를 한 번 볼까요?

한국은 3.7%입니다. 우리보다 법인세율이 높았던 일본의 경우 2.6%입니다. 미국은 1.7%입니다. 우리의 절반도 안 되죠. 영국은 2.8%, 독일은 1.3%, 프랑스는 1.5%입니다. OECD전체 평균은 2.8%입니다. 우리나라가 경제 사이즈에 비해서 훨씬 세금을 많이 내고 있는 겁니다. 이게 실상입니다. 단순 세율 비교로는 알 수 없죠. 다른 나라는 경제 사이즈에 비긴 법인세 크기의 변화폭도 비교적 안정적입니다. 30~40년 전에 독일이 1.5%였는데, 현재는 1.3%이고, 프랑스는 1.8%에서 1.5%, 미국은 2.9%에서 2.7% 등 조금 떨어지거나 비슷한 수준이죠. 근데 우리나라는 1.3%에서 3.7%로 뛰어오릅니다. 거의 3배가 된 겁니다.

우리나라 기업들은 지금도 세금을 엄청나게 내고 있습니다. 다른 나라보다 상대적으로 두세 배는 더 많이 내고 있는 겁니다. 그러니까 기업들이 죽겠다고 아우성치는 거죠. "대기업과 중소기업 동반성장…" 웃기는 공허한 소리입니다. 차라리 세금을 줄여주는 것이 좋겠습니다. 중소기업이 열심히 돈 벌면, 국세청에서 나와 박박 긁어가고, 조금만 잘못하면 징벌적인 과징금 때리고. 중소기업가들에게 물어보세요. 지금 제일 큰 고민이 세금 고민입니다.

제도 경쟁이라는 말이 있습니다. 각 국가가 어떤 제도를 운영하는지를 경쟁한다는 뜻입니다. 애플 같은 경우 해외에서 벌어들인 수익금을 미국으로 들여가지 않습니다. 봉제왕, 선박왕 하면서 이슈가 되었던 사람들 모두 천문학적으로 돈을 벌지만 전부 택스 헤이븐에 가서 세금을 안 내고 있죠. 왜? 세금이 비싸기 때문에 그렇습니다. 세금제도가 각 국가들의 제도 경쟁 중에 가장 치열한 부문입니다. 각국이 세금을 계속해서 낮추고 있다는 이야기는 경쟁하고 있다는 뜻이거든요. 세금이 높은 나라에서는 기업이 해외로 도망을 가기 때문입니다. 스웨덴의 경우 상속세, 증여세 자체를 아예 없앴습니다. 세금이 높으니 이케아IKEA 같은 기업부터, 가수 아바ABBA, 운동선수 비요른 보리Bjorn Borg 할 것 없이 다 조국을 떠나버리는 겁니다.

🎙️ 하물며 조폭들도 장기적 번영을 감안해서 자릿세를 매깁니다. 세금을 얼마나 걷는지가 기업의 번영과 지속성을 결정합니다. 황금알을 낳는 오리를 배를 갈라 한 번에 잡아먹어서야 되겠습니까? 국가가 조폭보다 시원찮아서야 되겠습니까?

로마클럽 보고서
40년의 적폐

『로마클럽 보고서』가 나온 지 40여년 됐습니다. 1972년에 출간되었고, 30개국에서 1,200만부가 팔린 책입니다. 우리나라에서는 『성장의 한계: 로마클럽 보고서』로 발표되었는데요. 로마클럽The Club of Rome은 1968년 당시 유럽 좌파 지식인들이 총망라된 일종의 학술 클럽입니다. 1970년대 초반에는 지식 분야의 큰 변화들이 많이 일어납니다. 좌편향도 하나의 큰 흐름이었습니다. 존 롤스John Rawls의 『정의론』이 나오고, 파리와 독일을 중심으로 일어난 신좌익 운동이 전 세계적으로 확산되었던 시기죠. 1973년까지 좌파적 사고가 전 세계의 지성계를 지배했었습니다. 그런 분위기 속에서 나온 책이 바로 『성장의 한계: 로마클럽 보고서』입니다. 당시 한국에는 문고판들이 많이 나왔는데, 대학생이라면 그 정도는 읽어야 한다는 분위기를 풍기며 옆구리에 끼고 다니곤 했죠.

책 내용은 우리가 다 잘 아는 내용입니다. "종말이 올 것이다. 인간은 너무 많은 것을 성취했고 자본주의적 생산 양식은 지구 자원을 급속하게 고갈시키고 있다. 인구는 기하급수적으로 늘어나는데 반해 식량은 서서히 증가하는데 그쳐 필연적으로 굶주리는 인구가 생길 것이다." 멜더스주의의 현대적 부활이었던 겁니다. 로마클럽은 생산, 경제성장 자체를 부정적으로 보고 재앙이라고까지 주장합니다. 당시 성장의 한계론이 나오면서 자원고갈론이 폭발했습니다. 뉴욕 타임즈는 이 책을 우리 시대의 가장 중요한 문서로 일컬으며, 성서에 비유하기까지 했습니다.

기독교의 원죄, 불교의 업 등 모든 종교는 인간을 부정적으로 설명합니다. 삶을 희열이요 축복이라고 주장하는 종교는 별로 없습니다. 삶 자체를 죄악으로 규정하고 인류의 운명이 기어이 종말을 향해 달려간다는 주장에서 본다면 『로마클럽 보고서』 또한 상당히 종교적이죠. 이 책은 당시 이런 주장을 하는 데에 과학의 힘을 빌린 거의 첫 보고서였습니다. 그래서 책 속에는 에너지 고갈의 공식과 복잡한 숫자들이 매우 많이 들어있습니다. 컴퓨터로 시산試算해본 수치들이 다양하게 제시되었습니다. 복잡한 수식이 과학적 신뢰를 더해주었고 전 세계에 열풍을 일으켰습니다. 그러나 사실은 과학주의의 외피를 입고 있던 일종의 종말론이었죠.

이 책은 다섯 가지 분야에서 위기가 온다고 말하고 있습니다. 인구, 공업생산, 식량, 자원, 환경오염. 그러면 분야별로 한 번 살펴볼까요? 우선 **인구** 분야입니다. 인구는 연 2.1%의 속도로 성장하고 있으므로 식량 산출량이 인구증가율을 절대 따라잡지 못한 한국의 좌파들은 아직도 시대착오적 『로마클럽 보고서』를 끼고 삽니다. 그렇게 사이비 종말론은 한국에 아직 살아 있는 겁니다. 그러나 그것이 현실은 아니라는 사실을 명심해야 합니다.

Photo_ The Club of Rome meeting in Salzburg in 1972(ANP)

다, 그러므로 필연적으로 기아가 만연할 것이라고 주장했습니다. 이 책이 나온 때가 70년대 초반이었는데 예측은 '다행히' 빗나갔습니다. 당시의 굶주리는 인구 비율은 전체 인구의 35%에 달했습니다. 그런데 이 비율이 2000년대엔 16%로 크게 줄었습니다. 식량 산출량도 40년 동안 두 배 이상 늘어났습니다.

지금 한국에는 가난한 흑인 기아아동이 축 늘어져 있는 사진들이 많이 전시되고 있습니다. 너무도 많은 어린 아이들이 굶주림에 고통 받고 있다는 사실을 전파하면서 도움의 손길을 간구하는 호소력 있는 게시물입니다. 그러면 많은 사람들이 아, 굶주리고 있는 사람들이 이렇게 늘어나고 있구나, 하고 생각하기 쉽습니다. 그러나 굶주리는 사람들은 줄어들고 있습니다. 이제는 아시아 대부분 지역에서 굶는 아동이 없습니다. 가난은 퇴치되는 중입니다. 지금도 굶주리는 아동들이 존재하는 곳은 지구상의 거의 한 지역, 즉 사하라 사막 이남의 일부 지역일 뿐입니다. 그것도 정치 때문에 굶주리는 지역입니다. 내전과 어리석은 정부 때문입니다.

자원 분야를 볼까요? 1972년에 크로뮴의 양은 7억 7,500만 톤이었는데, 매년 185만 톤씩 사용하므로 1995년에 고갈될 것이다. 금, 주석, 몰리브덴, 천연가스, 석유 등 19개 천연자원 품목 중 12개가 고갈될 것이다, 이렇게 주장했죠. 근데 그렇게 되었나요? 주석, 니켈, 크로뮴 등 자원 생산량은 오히려 증가했습니다. 석유 추정 매장량이 1950년에는 15조 배럴, 1995년엔 150조 배럴, 그리고 지금은 213조 배럴입니다. 20배나 늘어난 겁니다. 로마클럽 보고서가 고갈을 경고했던 19개 천연자원 중 어떤 것도 고갈되지 않았습니다. 오히려 셰일가스 등의 발굴로 또 다른 에너지원을 찾았죠. 에너지는 절대 고갈되는 중이 아닙니다. 에너지는 그 어느 때보다 풍부합니다. 석유도 고갈되지 않습니다. 석유 매장량은 10년마다 약 30%씩 증가하는 중입니다. 그러니 너무 걱정하지는 마십시오.

『회의적 환경주의자』라는 책이 있습니다. 이 책은 비외른 롬보르Bjorn Lomborg라는 사람이 쓴 책입니다. 본문만 800페이지 정도이고, 각주가 200페이지 이상 되는 책입니다. 이 책을 쓴 롬보르는 덴마크 태생의 통계학자입니다. 그린피스Greenpeace의 과격한 활동가이기도 했죠. 어느 날 이 사람이 미국에 출장을 가서 잡지를 보다가, 한 인터뷰 기사를 보고 격분하게 됩니다. 줄리언 사이먼Julian Simon이라는 경제학자가 '환경주의자들이 얼마나 말도 안 되는 이야기를 떠들어 대는지'를 인터뷰한 내용이었죠.

1973년에 1차 오일쇼크가 오고, 1980년 들어서 또 천연자원의 가격이 폭등합니다. 그러자 지구 자원고갈론이 다시 일대 유행을 탑니다. 그러자 줄리언 사이먼이 자원고갈을 주장하는 환경학자들에게 내기를 제안합니다. 만일 앞으로 수년 후에 (어떤 자원이든 상관없으니) 환경학자들이 지목한 자원의 가격이 지금보다 올라 있으면 (자원이 줄어들면 가격이 오를 것이므로) 그 실질 가치의 상승분만큼 돈을 지불하겠다는 제안이었습니다. 여기에 폴 얼릭Paul Ehrlich이라는 사람이 내기에 응합니다. 폴 얼릭은 월드워치연구소 Worldwatch Institute의 소장으로 우리나라의 환경운동연합 대표 정도로 생각할 수 있습니다. 이 사람은 지금도 매년 「지구환경보고서」라는 연례 리포트를 내는데요. 언론들이 그때마다 대서특필해줍니다. 아무튼, 그 내기 조건을 받아들여서 폴 얼릭이 다섯 개의 천연자원을 지목합니다. 그러나 약속했던 내기가 끝났을 때 승부는 줄리안 사이먼의 완승으로 기울었습니다. 폴 얼릭이 자원고갈을 예상했던 천연자원의 가격은 일제히 떨어졌습니다. 왜? 줄리언 사이먼은 "고갈되는 자연자원이라는 것은 존재하지 않는다."고 주장했던 사람입니다. 인간이 특정 물질을 지목해 자원이라고 명명하는 순간부터 그게 자원이 되는 거지, 자연 속에 자원이 처음부터 정해져 있는 게 아니라는 겁니다. 즉, 인간이 존재하는 한 우리가 모르는 뭔가가 앞으로도 유용한 자원이 될 것이므로 자원의 고갈 같은 일은 일어나지 않는다는 겁니다. 그럼 70년대 당시에 천연자원 가격이 폭등한 이유는 무엇일까요? 사이먼은 그것을 금융의 문제로 보았습니다. 화폐의 타락으로 물가 인상이 온 것이라고 분석한 겁니다.

바로 그 인터뷰 기사에 마침 뉴욕을 방문했던 비외른 롬보르가 분개한 겁니다. "나는 통계학자이면서 환경운동의 행동대원이야. 내가 널 손봐주겠다!" 그런 마음으로 수하의 똑똑한 학생 중 10명을 골라 줄리언 사이먼이 문제를 제기한 모든 자원에 대해 조목조목 연구하기 시작했습니다. 그렇게 수년 동안 연구한 결과, 롬 보르는 사이먼에게 무릎을 꿇게 됩니다. 대부분의 경우 사이먼의 주장이 옳았기 때문이죠. 지구가 망해가고, 산지는 줄어들고, 생물다양성이 줄어들며… 그리고 모든 해악의 원천은 인간이라고 주장하는 인간원죄론은 종교에 불과한 것이라는 겁니다. 환경 문제에 대해서는 의외로 틀린 사실들이 꾸준히 전해져 내려오는 경우가 많습니다. 대기권 오존층에 구멍이 났다거나, 산성비를 조심하라는 등의 환경 소동은 대부분 거짓 소동으로 판명이 났습니다. 완전히 헛소리라는 게 증명이 됐거든요. 우리나라 토종 개구리는 물론 뱀까지 잡아먹는다며 단체로 잡으러 다녔던 황소개구리, 다 어디 갔나요? 마치 자연의 질서가 뒤집힌 것처럼 난리를 쳤었잖아요. 지금은 다 우리 자연 속에 입양되고 말았습니다. 황소개구리 사건도 한낱 소동에 불과했습니다. 이제는 우리나라 자연 속에 자기 위치를 잡고 순조롭게 살고 있습니다. 그것이 자연의 힘입니다. 지금까지 우리나라에 존재해왔던 것만 앞으로도 존재해야 한다는 법이 어디 있나요? 그건 일종의 외국인 혐오증 같은 것이지요. 자연도 계속 변해가는 것이고 생물들도 바뀌어 갑니다. 그것을 이상하게 볼 이유는 없지요.

『로마클럽 보고서』가 나온 지 40년여 년이 되었습니다. 이들이 간과한 것은 인간의 지혜와 의지였습니다. 하나의 자원이 사라지기도 전에 더 좋은 자원을 만들어 내는 것이 인간입니다. 그런데

로마클럽 보고서와 같은 주장을 하는 사람들은 인간의 행동을 고치고 많은 사람들이 양심의 가책을 느끼기를 종용하죠.

🎙️ 생각의 오류가 얼마나 큰 구체적 피해를 초래하고 있는지 반성케 하는 『로마클럽 보고서』입니다. 한국의 좌파들은 아직도 시대착오적 『로마클럽 보고서』를 끼고 삽니다. 그렇게 사이비 종말론은 한국에 아직 살아 있는 겁니다. 그들이 가진 자연정령주의에 긍정적인 면이 있을 수도 있습니다. 그러나 그것이 현실은 아니라는 사실을 명심해야 합니다.

자유인의 서재

북학의

with 김재광_ 선문대학교 교수

정 오늘 김재광 교수님 모셨습니다. 책부터 소개를 좀 해드리죠. 『북학의』, 『박제가, 욕망을 거세한 조선을 비웃다』, 『박제가의 젊은 그늘』, 『박제가, 궁핍한 날의 벗』 여러 권의 책을 가지고 나오셨습니다. 박제가는 사실 그 날카로운 문장과 비판정신으로 따지면 요즘 같은 때에도 그런 기자들이 있을까 싶을 정도로 기자 중의 기자라는 생각이 드는 데요. 시대의 위선을 깨부수고 허위의식을 적나라하게 폭로했던 분입니다.

김 박제가는 조선학자로서는 드물게 상업과 유통을 중시했고, 성리학의 주류적인 사고에서 벗어나 이용후생의 학문을 체계화했고, 현실 개혁을 위해서 당시로서는 혁신적인 '청나라를 배우자'는 주장을 펼친 매우 독특한 사상체계를 구축한 사상가입니다. 18세기 후반을 대표하는 문장가이기도 합니다.

정 중국에까지 알려질 정도였다면서요?

김 네. 박제가의 벗 유덕공의 작은아버지 유금이라는 분이 중국의 사신단 일행으로 가게 되었을 때, 박제가, 이덕무, 유덕공, 이석우의 시를 모아 시집을 만들어 가져갔습니다. 그것을 청나라의 유명한 학자들이 보고 감탄을 하면서 서론과 서평을 쓰고 해서 시가 청나라에 알려지게 됩니다. 그게 반대로 우리나라에도 알려지게 되어서 상당히 유명해졌죠.

정 그렇군요. 박제가는 누구에게 학문을 배웠나요?

김 일차적으로 아버지 박평으로부터 가르침을 받은 것 같습니다. 박평은 당시 엘리트 코스를 밟았던 분으로 승지까지 지내신 분입니다. 지금으로 따지면 청와대 수석 비서관 정도 됩니다. 박제가는 서자였기 때문에, 사실상 부모 입장에서 신경을 쓰지 않아도 당연한 것이었는데요. 박제가 워낙에 어렸을 때부터 신동으로 학문에 소질을 보였다고 해요. 당시 종이가 매우 비싸서 양반들도 구하기가 힘들었는데, 아버지가 박제가에게 늘 일정량의 종이를 챙겨주기도 했다고 합니다. 나중에는 박지원 선생, 이덕무 같은 벗(벗이라고 하기에는 나이가 훨씬 많았지만)들이 친구겸, 스승겸 역할을 해주면서 그에게 많은 영향을 끼쳤습니다.

정 그 당시에 다산 정약용, 반계 유형원 등 실학이라 불리는 그룹이 있었잖아요. 박제가는 어디에 속합니까?

김 계보로 보자면, 실학은 주로 남인 계열해서 발전해 왔구요. 박제가, 박지원 등은 노론입니다. 박지원은 노론의 핵심적인 정통 집안이죠. 박지원 선생이 과거시험을 보지 않았는데, 그것을 과거제도의 문제로 분석하기도 하지만 이런 해석도 있습니다. 연암선생의 장인인 이보천도 노론의 핵심이었는데요. 노론과 소론간의 탕평을 조정하는 시기였기 때문에 이보천은 이를 반대하며 정계에 나가지 않습니다. 그리고 사위인 박지원도 과거를 보지 못하게 하죠. 후에 노론이 득세하면서 관직으로 다시 나갑니다.

정 당시 조선은 참 재미있는 시대였던 것 같아요. 송시열로부터 내려오는 노론의 강고한 주자학적 세계에서 젊은이들이 뭔가 새로운 논리와 주장을 펼치려는 시대적 변화의 움직임이 있었던 거네요. 사실 거기서 실패했기 때문에 조선이란 나라가 쇠락하게 되는데, 박제가는 그 기로에서 뭔가 활로를 주려고 했던 사상가였던 것 같습니다. 박제가가 쓴 『북학의』라는 책이 있는데, 여기서 '의'

는 논문이라는 뜻이죠? 북학은 당시 청국을 일컫는 거구요?

김 네, 맞습니다. 『북학의』는 쉽게 말하면 '청나라를 배우자'는 내용의 책입니다. 당시 우리나라의 사대부들은 청나라 하면 무조건 '오랑캐'라고 일축했습니다. 사절단, 통신사도 보내고 했건만 청나라나 일본에 대해 긍정적인 이야기를 하면 미친놈 취급을 하는 사회분위기가 있었죠. 북학은 당시 굉장히 위험한 학문으로 취급받았습니다. 마치 서학(천주교)이 처음 들어올 때의 분위기처럼요.

정 당시 우리 지배계급은 명나라가 중화中華였는데, 명나라가 망하는 바람에 이제 중화적 정신을 가지고 있는 것은 조선이라고 생각했죠. 청나라 오랑캐들을 오히려 북벌해야 한다고 주장했습니다.

김 네, 효종이 북벌을 주장했을 때, 외견상으로 노론들도 그것을 뒷받침했습니다. 근데 막상 효종이 북벌을 단행하려 하자, 그것을 막은 것이 노론의 수장 송시열입니다. 현실적으로 청나라를 물리칠 힘이 없었습니다. 그냥 관념, 이데올로기일 뿐이었죠. 이런 이데올로기가 지배하는 정치 상황에서 오랑캐인 청나라를 배우자는 주장을 하니까 그것이 받아들여질리 만무했죠. 『북학의』는 박제가가 29살 때 쓴 것입니다. 채제공과 심영조의 종사관으로 이덕무와 박제가가 청나라로 따라가게 되는데, 청나라에서 돌아온 뒤 3개월 만에 집필한 겁니다. 기행문이라는 것이 아주 구체적일 수는 없는데, 내용을 보면 아주 상세하게 설명되어 있습니다. 관찰력이 대단하죠. 박제가가 나중에 마흔이 넘어서 정조대왕에게 『진북학의』를 올리는데, 그것은 『북학의』에 더 발전된 의견들을 덧붙인 것입니다.

정 『북학의』의 내용과 여러 정책 아이디어를 모아서 일종의 정책 건의서를 낸 겁니다.

김 그렇습니다. 『북학의』는 내편과 외편, 진북학의로 구성되어 있는데. 과거제도, 화폐제도 등 60가지에 달하는 항목을 구체적으로 정리해서 제시합니다.

정 상업에 대해서는 어떤 얘기를 했습니까? 조선시대는 사농공상이라는 체제 속에서 이익을 추구하는 행위를 부정했잖습니까.

김 당시 조선 국정철학의 최우선이 농본주의였습니다. 때문에 농사가 가장 중요했습니다. 그리고 상업은 사대부가 할 일이 아니라는 이데올로기가 지배했죠. 하나의 이데올로기라는 것이 참 무서운 겁니다. 그런데 박제가는 농본주의를 바꿔야 하고, 양반도 상업에 종사하도록 길을 열어줘야 한다고 강력하게 주장합니다. 선비가 도태되어야 한다는 주장이었습니다. 무능력한 선비들을 국

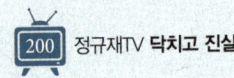

가가 보호해서는 안 되고, 상업, 유통업에 종사시켜야 한다고 생각했습니다.

점 생산 활동에 종사하지 않는 귀족계급을 부정한 거네요?

김 강력하게 부정하죠. 박지원의 『호질』, 『허생전』 등이 그런 사상의 기초 하에 있거든요. 박지원 선생의 집안은 노론의 정통이었기 때문에 누구도 건드릴 수 없었습니다. 당시 문장가로 사회적 명성도 대단했구요. 그런데도 나중에는 홍국영 같은 사람이 죽이려 들고, 그래서 연암골로 도망을 가있기도 했죠. 그러니까 박제가 입장에서 보면 말 그대로 목숨을 걸고 개혁정책을 얘기한 겁니다.

점 만일 박지원이나 박제가가 노론이라는 틀 속에서 보호를 받지 않았더라면 바로 죽었을 거라는 생각이 듭니다. 화폐제도에 대해서도 언급하는 부분이 있죠?

김 그것도 청나라와 비교를 합니다. 조선은 국가적으로 상업을 억누르기 때문에 시장이 없습니다. 그러니 화폐 유통 자체가 안 되는 겁니다. 지역도 고립화 되어 있어서 화폐제도의 기본적인 조건이 갖춰지지 않았다는 요지입니다.

점 무역도 하자는 주장이었죠?

김 네, 이게 외교통상론으로까지 발전이 되는데요. 청나라, 일본과 활발히 교역하자. 새로운 것들을 받아들이자는 얘기를 많이 하죠. 그런데 그런 것들을 하기 위해서 필요한 기본조건들이 우리나라는 갖춰지지 않았던 겁니다. 그래서 수레나 벽돌 같은 세밀한 부분부터 모두 다루고 있는 거죠. 우리나라 성벽은 기본적으로 화강암으로 만들었습니다. 이유가 우리나라에 화강암이 많이 난다는 거였는데요. 그런데 그 규모가 굉장히 크고 무겁습니다. 또 한 번 공격을 받으면 금방 무너지죠. 중국의 성벽은 조그만 벽돌로 촘촘히 구성되어 있기 때문에 튼튼하죠. 박제가는 그것을 이야기하면서 집도 이런 식으로 지어야 한다고 주장합니다. 그러면 방한, 방수도 잘됨은 물론이고 집들 자체가 모여 하나의 성벽이 될 수 있다는 거죠.

정 박제가나 박지원 같은 사람들이 그런 시시콜콜한 기술문제를 언급하면 안 될 정도로 사회적 기술 수준이 낮았다는 거네요. 참 딱한 일입니다.

김 당시 학문의 주류가 인간의 본성 즉, 인성론만 연구했으니까요. 당시 사대부들의 임무는 국민을 가난에서 건져주고 보호하는 것이 아니라 스스로가 성인군자가 되는 것이었습니다. 그러다 보니 수레나 배, 이런 백성의 실생활과 연관된 문제는 사대부 머릿속에는 없었죠.

점 당시 선비들이 박제가를 천박하게 여겼겠군요.

김 네, 그렇습니다. 박제가가 영향을 받았던 사람 중에 장인인 이관상이 있는데요. 이순신의 5대손입니다. 병마절도사를 5번 정도 역임했는데, 사위를 매우 예뻐했습니다. 결혼하고 3개월 후에 이관상이 영변도부사로 부임하는데 아들과 박제가를 데려가서 과거공부를 시킵니다. 왜 이관상이 부임하는 곳에 자식과 사위를 데려갔을까. 저도 주목을 했었는데요. 당시 수령이라는 것은 그 지역에서는 지배자 아닙니까. 결국, 이 세계가 어떻게 돌아가는지, 권력이란 어떤 것인지, 이런 것들을 보여주기 위해서가 아니었을까 생각합니다. 이 경험은 박제가의 삶에 결정적 전환점이 되죠.

점 아무래도 중앙에서 공리공론하는 것보다 지방 행정의 구체성을 경험하는 것이 도움이 되었겠네요. 거기다 중국에 가서 앞선 문물을 부지런히 봤으니 박제가가 느꼈을 답답증이 굉장했을 것 같습니다. 우리나라의 물산이 풍부해질 수 없는 이유를 사치와 함께 이야기하기도 했었죠. 양반들이 근검절약만 얘기하니 물산이 풍부해질 수 있겠냐는 겁니다. 당시가 1700년도 후반으로, 미국이 독립을 하고 프랑스혁명이 나고 아담스미스가 국부론을 쓰던 그런 시대였지 않습니까. 박제가 당시 유럽을 봤더라면 세계를 바꿀 수 있었을 테죠. 그것을 생각하면 박제가라는 분은 경제의 메커니즘을 알았던 분이라는 생각을 했습니다. 박제가의 사상이 좀 이어졌습니까?

김 연암 박지원의 손자가 박규수입니다. 유덕공의 손자가 유길준일 겁니다. 그렇게 다 연결이 되는 거죠. 이조 말의 개화파들이 이런 정신을 이어받은 사람들이겠죠.

정 그러니까 지금으로 따지면 개방파라고 할 수 있는, 시장을 존중하자는 주장을 원초적으로 폈던 분들인데, 그 사상이 구한말 개화파로 연결이 된 거군요.

김 올바른 시대인식에 기초한 이론적 체계, 정립은 영원한 것 같습니다. 당대에 죽지 않는 거죠.

정 박제가가 어떻게 하면 수요가 공급을 늘려 가는지, 또 어떻게 공급이 수요를 풍성하게 하고 국부를 살찌우고 인간의 삶의 풍요롭게 하는지 설명하는데도 주자학자들이 이해를 못했죠. 지금 경제민주화다 뭐다 해서 장사에 대해 모르는 사람들이 이익을 악으로 보고 상인들의 이익은 폭리로 규정하는 모습들이 조선 주자학의 부활이라는 생각이 들었습니다.

오늘은 박제가 얘기를 좀 해봤습니다.

촌철살인 경제논평

"모든 문제가 복잡하게 서로 얽혀 있습니다.
여러 면들에 대한 진지한 고민을 해야 한다는 겁니다.
무조건 슬로건화해서 내걸고는 고함을 질러대는 식의 사고를
가지고는 복잡한 경제문제가 조정되지 않습니다.
우리 삶 또한 조금도 개선되지 않을 겁니다."

한국 재벌,
출생의 비밀

우리나라에서 대기업들은 마치 피어나서는 안 될 악의 꽃처럼 취급받고 있습니다. 근데 재벌이 왜 만들어졌고 어떻게 만들어졌는지, 외국의 재벌은 어떤 수준과 단계에 있는지 아는 분들은 그다지 많지 않은 것 같아요. 외국에도 재벌이 많이 있습니다. 피라미드라고 불리는 순환출자도 많이 있구요. 순환출자란 이런 겁니다. 두 회사가 서로서로 자본을 주고받으면 금방 가공架空의 거대한 자본금을 만들 수 있습니다. 하지만 상호출자는 불법이기 때문에 a → b → c → d → e → f → g → a로 다시 돌아오는 환상형 구조circulation를 만드는 겁니다. 그러나 이건 결국 본질적으로 두 회사가 상호출자 하는 것과 다를 바 없이 가공의 자본을 만들어내는 것이 아니냐는 주장이 순환출자를 부정적으로 보는 이론적 근거죠. 근데 우리나라 재벌들의 순환출자는 가공의 자본을 만들어내기 위해 형성되었던 것은 아닙니다. 고리의 어떤 부분이 연결되어 있는 것은 맞지만 처음부터 가공의 자본을 만들어내기 위해 순환출자를 한 것이 아니라는 말입니다. 우선은 지배권을 안전하게 확보하기 위해 순환구조를 형성하는 경우가 있습니다. 예를 들면 삼성카드를 정리할 때, 그냥 시장에 팔아버리면 이건희 회장의 주식을 누군가가 사면서 이 회장의 경영권을 침탈하고 들어올 가능성이 있기 때문에 부득이 다른 계열사가 카드 주식을 보유하게 되면서 꼬리가 연결되는 겁니다. 그러니까 순환출자를 통해서 지배권을 유지한다고 보는 게 옳겠습니다.

미국계 재벌들은 대부분 지주회사 체제로 되어 있습니다. 할아버지 회사가 있고, 아들 회사가 있고, 손자 회사가 있고… 쭉 수직으로 연결이 되죠. 고구마 뿌리를 캐듯이 한 줄기를 당기면 쭉 연결이 되어 나옵니다. 물론 나누어질 수도 있고, 서로 얽히기도 하죠. 아시아계 기업들, 홍콩, 싱가포르 같은 나라의 대기업들은 우리나라 재벌보다 오히려 훨씬 복잡한 지배체제를 가지고 있어서 A4용지 한 장에 다 그려낼 수도 없습니다. 여러분이 잘 아시는 워런 버핏Warren Buffett도 우리 개념으로 따지면 재벌이죠. 제과, 보석, 가구, 운송 등 50개가 넘는 기업을 수시로 뗐다 붙였다 하는 굉장한 문어발 기업입니다. 모회사는 버크셔 해서웨이Berkshire Hathaway라는 금융-보험회사입니다. 우리의 경우 보험회사는 산업을 영위하는 자회사를 못 가지게 하겠다는 게 새누리당이나 민주당의 소위 재벌개혁논자들의 주장입니다. 그러나 미국은 보험회사가 수많은 산업 자회사를 거느리고 있죠. 대표적인 예가 바로 버핏이 소유한 버크셔 해서웨이입니다.

우리나라 재벌 기업들의 흐름을 잠깐 볼까요? 재벌은 박정희 대통령 시절, 그러니까 개발연대에 형성되었습니다. 30대 재벌이니 50대 재벌 등의 이름이 붙어있지요. 그러던 것이 대우그룹을 포함한 거의 절반은 IMF 이후 구조조정 과정에서 문을 닫았습니다. 나머지가 겨우 살아서 경영되고 있죠. 재벌은 개발연대 기간 동안에 형성되었습니다. 삼성그룹이건 현대차그룹이건 대개 70년도 초반에 그룹의 형체를 모두 갖추게 됩니다. 특히 1973년을 그 탄생연도로 봅니다. 그룹 모회사들이야 역사가 아주 오래됩니다만, 계열사가 만들어지고 그룹 내 수직계열화가 완성되는 그런 시기로 본다면 그룹의 형성은 거의가 1970년대 초반 혹은 1973년이었다고 말할 수 있습니다.

1973년이라는 해는 정말 재미있는 해입니다. 우리는 잃어버린 20년을 90년부터 매기지만, 실제로 2차 대전 이후부터 지금까지 길게 놓고 보면 거의 모든 선진국의 성장이 꺾어지는 시기가 1973년입니다. 오일쇼크가 터지고, 2차 대전 이후 욱일승천하던 자본주의에 급격한 브레이크가 걸렸던 시기가 바로 1973년이었습니다. 독일과 일본은 1973년 이전만 하더라도 놀라운 고도성장을 했습니다. 7% 성장률을 보이던 일본이 73년도에 갑작스런 브레이크가 걸리면서 4%대로 떨어지고, 90년대에 들어오면서 2%대로 떨어지게 됩니다. 미국도 마찬가지입니다. 90년도에 IT붐이 일어나면서 신경제라는 경제적 붐이 재연되었지만 실제로는 1973년도 이후에 중산층이 더 이상 늘어나지 않았어요. 경제가 잘된다는 것은 단순히 GDP가 성장하는 것만을 말하는 게 아니잖아요? 국민들이 살찌는 경제, 중산층이 커지는 둥근 항아리 형태의 분포가 나타날 때 경제가 잘 운영되고 있다고 보는 거죠. 또 하나 중요한 관찰 포인트로 남한과 북한을 비교할 때, 대개 73년도까지는 북한이 잘 살았다고 평가합니다. 일본이 식민지조선을 통치할 때 남쪽은 주로 식량창고로 쓰고 북쪽은 주로 공업지대로 육성했습니다. 북한이 훨씬 잘 개발되어 있었죠. 그걸 김정일이 그대로 물려받아 1973년까지 써먹고, 기계가 노후되는 시기가 되어 멈추어 서면서 저 지경이 된 겁니다. 김정일은 경제개발을 해본 적이 없어요. 일본이 남기고 간 것을 한동안 잘 쓰다가 70년대 들면서 망해버린 것입니다.

어쨌든 1973년은 이처럼 전 세계의 경제가 꺾어지는 해였습니다. 소위 케인즈 경제학이 완전히 망해버린 때입니다. 정부 재정지출을 통해 경기를 경영한다는 케인즈의 주장이 고도 인플레이션과 불황이라는 양쪽 펀치를 맞으면서 생명을 다하고 쓰러진 것이 70년대입니다. 케인즈 경제학에 따라 돈을 풀어대다 보니까 결국은 거대한 인플레이션이 터져버린 것이 바로 70년대 초반의 유가폭등 혹은 석유위기입니다. 인플레이션과 불황이 겹친 것을 스태그플레이션stagflation이라고 하는데, 1973년부터 본격적으로 스태그플레이션이 터졌습니다.

그런데 우리나라의 재벌의 출생연도도 묘하게 1973년입니다. 물론 1972년에도 기업은 생겨났고 1974년에도 그룹 계열사들이 생겨났지만, 주축 계열사들은 1973년도에 많이 생겼습니다. 다른 나라는 경기가 꺾여버리는 해였는데, 우리나라는 오히려 도약take-off을 한 겁니다. 미스터리죠. 대한민국 경제발전 과정을 이해하려면 1973년에 무슨 일이 일어났는지를 이해하지 않으면 어렵습니다. 그런데 1973년도 경제를 만들어낸 그 **변화의 모멘텀**momentum은 사실 1972년에 있었는데요. 1972년 8월 3일, 박정희 대통령이 8.3조치라는 것을 발표했습니다. 조치 자체만 보더라도 일종의 폭탄선언이었죠. 1960년도 초, 박정희 대통령이 쿠데타를 통해 정권을 잡고 불과 10년 동안의 경제성장만으로도 한국은 과잉성장으로 난리가 났습니다. 물가가 오르고 금리는 대폭등하고…. 그래서 여러분이 아실지 모르겠습니다만, 현대그룹의 정주영 회장이 운영하던 현대건설 같은 기업도 매일 저녁이면 피 말리는 부도와의 싸움을 했더랬습니다.

그 당시 우리나라에는 4대 큰 손이라는 사채업자들이 있었습니다. 국민들이 돈이 있어야 은행에 예금을 하고, 예금이 있어야 대출을 할 텐데 돈이 없었기 때문에 이런 사채를 이용할 수밖에 없었죠. 그래서 이 4대 큰손 사채업자들이 우리나라 전 기업을 상대로 돈놀이를 했습니다. 금리라는 게 말도 못 하게 높았죠. 우리나라 굴지의 기업들조차 그렇게 다락같은 고금리의 사채를 빌려쓴 겁니다. 그 시절에 8.3조치를 통해 박정희 대통령이 오늘 이 순간부터 기업과 전주들 간에 맺었던 사채거래들을 전부 무효로 한다는 **사채동결조치**를 발동했습니다. 난장판이 벌어진 거죠. 사채업자들이 반발하자, 돈을 받고 싶다면 일단 은행에 계좌를 트고 돈의 출처를 설명하라고 했습니다. 출처를 설명할 수 있으면 돈을 받도록 해주겠다는 겁니다. 사채라는 것이 대부분 부패로 형성된 자금인데, 공개될 수 있나요? 기업가들은 만세를 불렀습니다. 고리대금의 빚더미에서 헤어나게 된 겁니다.

당연한 일이지만 그 과정에서 주먹이 필요했죠. 사채업자에게 돈을 놀리고 있는 사람들이 다 누구였겠습니까? 사채업자가 순수하게 돈만 많았을까요? 아니죠, 대부분이 정계 실력자들의 돈이죠. 그러니까 정치권도 재계도 뒤집어진 겁니다. 그래서 박정희 대통령이 그해 10월 유신독재라는 철권을 쥐고 나온 겁니다. 우리가 상상할 수 없을 정도로 당시는 우리 사회를 규정했던 모든 환경이 격렬하게 소용돌이치던 그런 시기였습니다.

8.3조치에 또 하나의 내용이 있었는데, 소위 법인세법 개정이었습니다. 사채업자들이 빌려준 돈을 받을 수 없도록 만들었잖아요. 그러나 박정희 정부는 만약 사채업자들이 사채업을 그만두고 기업에 출자하고 투자하면 세금도 안 받고, 돈의 출처도 묻지 않겠다는 조건을 제시합니다. 기업을 만들고 고용을 하면 검은 돈 여부를 묻지 않겠다는 당근을 제시한 겁니다. 멀쩡한 기업은 자금 여력이 있으면 자회사를 더 만들어라, 그럼 그 회사가 잘 되어서 배당을 받더라도 세금을 받지 않겠다, 오히려 내야 하는 세금에서 그만큼의 세액공제를 해주겠다, 하고 박정희 정부가 모든 가능한 법률을 동원해서 '기업 만들기'를 적극적으로 지원하고 나온 겁니

다. 그렇게 해서 지하경제는 양성화하고 기업 활동과 고용을 장려한 것이 8.3조치의 핵심입니다. 그 당시 신문 기록을 찾아보면 고리사채를 동결한 것만 주로 나와 있는데, 당시 일선 기자들이 법인세라는 걸 잘 몰랐고 그것이 어떤 결과를 가져올지 잘 몰랐기 때문에 언론 보도 역시 사채 동결에만 초점을 맞추어 보도했던 겁니다. 결국 대한민국 모든 기업가들이 세금을 안 내기 위해서라도 열심히 기업을 만들고 생산 활동과 고용을 한 겁니다. 그렇게 해서 경제가 돌아가기 시작한 거죠. 정부는 장려해주고, 기업은 열심히 비즈니스를 만들어내고. 그러면서 재벌 시스템이라는 게 구축된 겁니다. 1973년도를 기점으로 전 세계 경제가 꺾였지만 오히려 한국은 도약의 디딤돌을 만들 수 있었던 것이 바로 그런 역사적 선택 때문이었습니다.

물론 지금 그런 특혜는 다 없어졌습니다. 그리고 말은 특혜라고 하지만 개별 기업에 특혜를 준 것도 아닙니다. 법과 제도를 통해서 보편적으로 적용되는 규칙이기 때문에, 특정 기업에게만 뇌물 등을 대가로 정치권이 베풀어주는 그런 특혜였다고 보기는 어렵습니다. 그렇게 일자리가 만들어지고, 소위 한강의 기적으로 불리는 성공 신화가 만들어진 거죠. 물론 그때의 재벌과 지금의 재벌은 아주 다릅니다. 삼성그룹만 해도 회사가 발표하는 재무제표를 의심하는 사람이 아무도 없습니다. 깨끗하고 투명해졌습니다. 그래서 국제적인 기업조사연구 기관에서도 삼성에 대해서는 거의 최고의 점수를 줍니다. 옛날의 재벌과 지금의 재벌은 기본

ⓒ한국경제신문

1973년은 전 세계의 경제가 꺾어지는 해였습니다.
그런데 우리나라의 재벌 출생연도는 1973년입니다.
오히려 도약을 한 겁니다.
우리나라 경제발전과정을 이해하려면
1973년에 무슨 일이 있었는지를 이해해야 합니다.

로직이 완전히 다르죠.

어떻든 박정희 대통령은 원하는 것을 이루었습니다. 성장을 이룩하고 자본을 동원하고 지하에 있는 거대 자본을 양지로 끌어냈죠. 그러기 위해서 엄청난 폭력이 필요했던 겁니다. 그래서 우리가 70년대, 특히 박정희 대통령 정권을 회고할 때면 떼려야 뗄 수 없는 모순에 직면하는 것도 어쩔 수 없습니다. "경제개발은 좋았는데, 독재는 나빴다."는 평가는 사실 모순입니다. 지나간 역사는 그 자체로 이해해야 합니다. 지금의 기준으로 과거를 재단하는 것은 썩 좋은 방법은 아닙니다. 그런데 일부 지식인들은 당시 경제개발의 시기 전부를 악이 지배하는, 정의가 실패하고 불의가 득세하는 그런 시기였다고 너무도 쉽게 결론을 내립니다. 그렇게 되면 오늘날의 한국 경제 자체가 설명이 안 됩니다. 인생은 원래 모순 덩어리입니다. 우리의 삶도 그렇습니다. 물론 기업들에 세제 혜택을 주고 사채를 동결시킨 것은 확실히 독재적이었습니다. 그렇다고 해서 그것을 우리 경제개발 역사로부터 강제로 떼어낼 수 있겠는가? 그것은 극복해야 되는 문제지, 지금에 와서 당시의 인물들과 투쟁하고 과거를 없던 일로 하자고 주장할 수는 없는 문제입니다.

2차 세계대전으로 일본은 숱한 가장을 잃고 맙니다. 어린 자식들이 딸려있는 젊은 엄마는 아이들을 키우기 위해 미군들을 상대로 술집 여인 노릇을 자처하며 생계를 이어갔죠. 자, 이제 미군은 다 떠나가고, 그 시절 아이들은 무럭무럭 커서 어른이 되었습

니다. 그런데 그렇게 어른이 된 아이들이 어느 날 자신의 어머니를 가리키며 부정한 여인이라고 돌팔매질을 할 수 있을까요? 1970년대 그 엄청난 광기의 시대에 우리에게는 그런 방법이라도 필요했고, 또 그나마 있었기 때문에 경제가 일어섰고 우리가 지금 존재하고 있습니다. 지나간 역사, 먹고사는 문제를 너무 쉽게 얘기하지 마십시오. 우리가 살아왔던 삶 전부를 그렇게 쉽게 재단해서는 안 된다는 겁니다. 더구나 1970년대는 2차 대전 이후 신생 독립국들에게는 너무도 힘든 시기였습니다. 북한은 70년대를 넘기지도 못한 채 완전히 주저앉았어요. 중국은 문화혁명이라는 일대 광기와 폭력의 소용돌이 속으로 말려든 시기였습니다. 그런 시기에 정면 승부를 걸어 성공한 나라는 대한민국이 유일합니다. 많은 아픔이 있었고 정치는 독재였지만 한국인들은 경제성장의 길로 매진하였던 겁니다.

그런 노력들을 과소평가해서는 안 됩니다. 민주주의가 유보되고 독재가 자행되었지만 결국 그 시기의 성장이야말로 나중에 민주화 시대를 여는 결정적인 계기를 만들어냈습니다. 중산층이 없는 민주주의는 없습니다. 인민민주주의는 민주주의가 아닙니다. 반드시 독재를 불러내거나 민중독재 혹은 대중독재의 상황을 초래하게 되지요. 아니 어쩌면 박정희 시대야말로 대중독재적 정권의 특성을 보여주었을 수도 있습니다. 민주화 시대가 아니었기 때문에 민중억압적이었다고만 볼 수는 없습니다. 당시 어떤 선거에서도 부분적인 부정선거 시비가 없었던 것은 아니지만, 박정희 정권이 패배한 적은 없습니다. 유신헌법조차 국민들의 결정적인 지지를 받았습니다. 참 역설적인 시대였고 아픔이 있었던 시대였지만 내면에서는 기적이 일어났던 그런 영웅들의 시대였기도 하지요. 그런 과정을 통해 대한민국은 해방 후 신생독립국 중 유일하게 잘 살게 된 그리고 민주주의도 이룩한 위대한 국민이 된 것입니다.

그런 역사를 우리사회 일부에서는 폄훼하고 비난합니다. 당시엔 사회주의자가 많았는데 박정희 때문에 사회주의로 가지 못했다는 것을 아쉬워하는 시대착오적 세계관을 가진 사람도 많습니다. 그러나 해방 후 사회주의자는 6.25전쟁기간을 거치면서 거의 소멸되었고 정리되었습니다. 6.25전쟁이 대한민국의 경제성장에 미친 영향에 대해서는 나중에 한번 상세하게 되짚어볼까 합니다.

지하경제 양성화
세금 얼마나 더 걷힐까

지하경제는 Underground Economy, Black Economy, Shadow Economy, Unrecorded Economy, Unofficial Economy 등으로 다양하게 표현됩니다. 우리가 지하경제를 이야기할 때 크게 두 가지 경우를 포함하는데, 하나는 **불법의 경우**이고, 또 하나는 **합법과 불법을 넘나드는 경우**입니다. 우리 사회에서 금지된 매춘, 마약, 불법 도박 등의 사업은 불법의 경우이고, 합법적인 사업이지만 무자료 거래를 하거나 탈세를 하는 등의 행위는 합법과 불법의 영역을 넘나드는 경우죠.

지하경제를 추정하는 방법에는 여러 가지가 있습니다. (지하경제는 보고되거나 기록되지 않기 때문에 정확한 수치를 알 수는 없고, 다만 추정할 뿐이죠.) 먼저 샘플 조사를 하는 방법이 있습니다. 예를 들어, 고소득 자영업자들이 세금을 잘 안 낸다는 주장이 있을 경우, 직접 고소득 자영업자를 찾아가서 입회조사를 하고, 평균 탈루율이 얼마인지 측정하는 겁니다. 거기다 경제 전체를 곱하는 거죠. 또는 평균 연소득과 소비패턴을 가지고 분석하는 방법이 있습니다. 탈루 가능성이 있는 소득자의 소비를 알아보고, 그 소비를 통해 소득을 역추정하는 겁니다. 그리고 화폐량 변화 추이로 추정하는 경우도 있습니다. 우리나라 지하경제 규모를 GDP의 30% 가까이로 보는 자료부터 17.2% 정도로 보는 자료까지 그 통계는 매우 다양합니다. 그렇다면 OECD 선진국들은 얼마나 될까? 2007년 기준으로 선진국 평균은 13%정도, 개도국 평균은 25%정도 됩니다. 어떤 조사에 의하면 우리 지하경제가 점점 확대되고 있다는 통계도 있습니다만, 통상 경제 사이즈가 커질수록 지하경제의 규모는 작아진다는 사실과 우리 사회 발전의 정도를 토대로 본다면, 오히려 지하경제가 점차 작아지고 있다고 보는 것이 맞습니다. 지하경제의 절대 규모는 늘고 있지만, GDP에서 차지하는 비중은 계속 감소하고 있거든요.

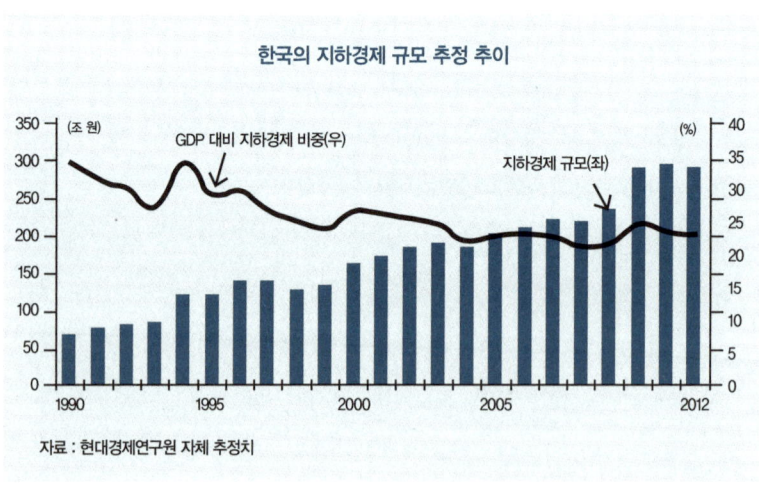

한국의 지하경제 규모 추정 추이

자료 : 현대경제연구원 자체 추정치

그렇다면 지하경제가 생기는 원인은 무엇일까? 먼저 **지하경제는 전통사회적인 속성을 가지고 있다**는 점을 들 수 있습니다. 소득과 매출을 파악할 수 있는 전산화가 제대로 되어 있지 않거나, 성실하게 납부하지 않는 국민의 의식수준 등을 원인으로 들 수가 있죠.

더욱 중요한 다른 이유는 **우리나라는 자영업 비율이 너무 높다**는 겁니다. 2010년 기준으로 28.8%입니다. 600만 명의 자영업자와 무급 가족 종사자 120만 명 정도를 합치면 굉장히 높은 수치입니다.

무급 가족 종사자의 예를 들면, 부모가 운영하는 편의점에 가서 무급으로 일을 해주는 경우죠. 물론 월급을 받는다면 근로소득자로 구분됩니다. 그런데 주요국의 자영업 비율을 비교해보면 알 수 있듯이 한국은 자영업자가 아주 많습니다. 게다가 자영업 내부에서도 굉장히 양극화되어 있습니다. 겨우 밥 먹고 산다고 할 정도의 수준인 자영업도 있고, 엄청난 소득을 올리는 자영업도 있죠.

사실 선진국으로 갈수록 조직화된 일자리, 말하자면 기업이 많아집니다. 급여소득자가 많아지는 것이죠. 그래야 좋은 일자리들이 생기고 안정된 사회로 갈 수 있습니다. 우리나라도 급여소득자 비율이 꾸준히 늘어나다가 90~93년을 피크로 제조업 근로자 비중이 줄어들면서 줄곧 하락하기 시작했습니다. 그때부터 늘어나기 시작한 자영업의 비율이 오늘날까지 이른 겁니다. 자영업자 비율이 높으면 탈세 가능성도 높습니다. 자영업은 소득을 자진 신고해야 하고 투명하지도 않습니다. 결과적으로 대부분이 세금을 적게 신고하는 경향이 생겨납니다.

여기 **국민부담률**에 대한 통계를 한번 볼까요? 최근 들어 한국의 국민부담률이 빠르게 높아지고 있다는 통계입니다. 탈세에 대한 욕구도 그만큼 높아지고 있다고 볼 수 있을 겁니다. 여기서 증세를 하면 탈세에 대한 욕구는 더 커지겠죠. **부패인식지수**는 어떤가요? 낮죠. 부패가 많다는 얘깁니다. 더 중요한 것은 **노동시장 자유도** 추이입니다. 노동시장이 얼마나 유연한지를 보여주는 지표인데, 우리나라는 유연성과는 거리가 멉니다. 노동시장 역시 규제가 많을수록 블랙 마켓이 형성되지요. 알바 형태의 거래가 많아지고 기록이나 세금 신고도 안 하는 방식을 찾게 됩니다. 즉, 소득 수준이 높아질수록, 세 부담이 낮아질수록, 노동시장에 대한 규제가 적어질수록, 지하경제는 축소됩니다.

우리나라의 GDP규모는 1,200조 원 정도이고, 국세 세수는 203조 원 정도입니다. GDP의 1/6 정도를 세금으로 걷은 셈입니다. 이 비율 자체는 일정 수준을 유지하게 될 것 같습니다. 그렇다면 지하경제를 GDP의 어느 정도로 봐야할지, 또 어떤 방식으로 지하경제를 양성화해나갈지도 질문을 해봐야 합니다. 지금처럼 당장 지하경제

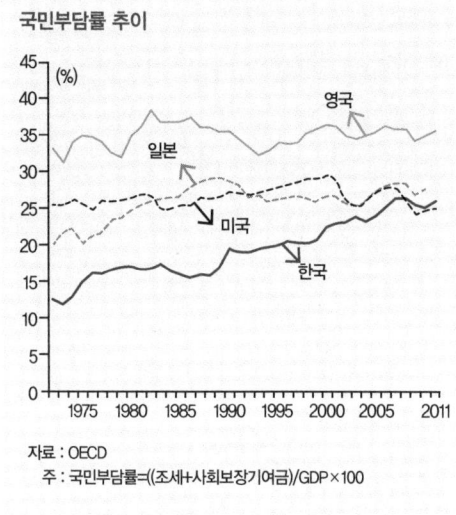

국민부담률 추이

자료 : OECD
주 : 국민부담률=((조세+사회보장기여금)/GDP×100

를 발본색원하겠다는 것은 오히려 큰 부작용을 불러일으킬 수도 있습니다. 재산도피, 은닉, 현금거래 선호 등, 오히려 지하경제로 도망가게 만드는 결과를 낳을 수도 있다는 겁니다. 그래서 이게 어려운 문제가 됩니다.

그리고 또 한 가지는 지하경제를 양성화하는 과정에서 과연 어느 정도까지 세금을 걷을 수 있을 것인가 하는 문제입니다. 얼마 전 제가 개인적으로 알고 있는 대한민국에서 둘째가라면 서러워할 세금전문가와 만나서 꽤 긴 시간 동안 이 문제로 토론한 적도 있습니다. 제가 물었지요. "박근혜 정부가 지하경제를 양성화해서 세금 얼마나 더 걷을 것이라고 생각하십니까?" 그러자 다시

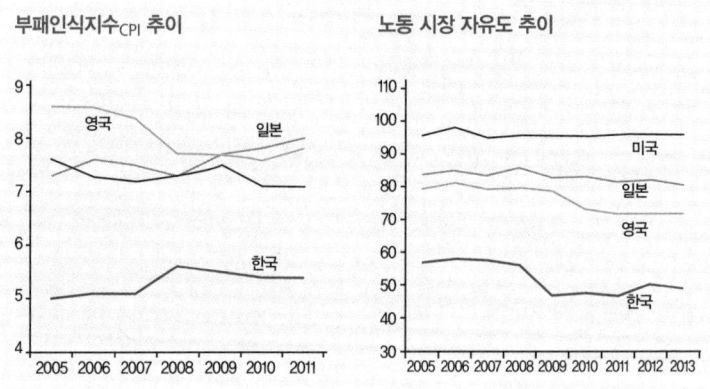

질문이 돌아왔습니다. "정 실장은 자발적 세금 납부가 얼마나 된다고 봅니까?" "신고납부만을 따져서 한 80조 정도 될까요?" 했더니 그 얘기가 아니라 국민들이 직접, 자발적으로 내는 세금이 얼마나 될 것 같으냐는 겁니다. 그러면서 하는 말이, 국세청에서 조사를 하고 독촉을 하지 않았으면 거둘 수 없었다고 보는 세금을 노력세수라고 하는데, 그것이 전체 세수의 2%가 안 된다는 겁니다. 그러니까 우리나라 총 세수 200조원의 2%, 4조가 안 된다는 거죠. 때문에 그 전문가에 의하면 지하경제 양성화로 더 걷을 수 있는 세금은 1조 원 남짓을 넘지 못할 것이라는 겁니다. 지금 매년 10조 원 가까이 세수가 늘어나고 있는 것을 감안한다면, 1조 원 남짓이라는 금액은 자연증가분이나 경기로 인한 변동 금액 정도밖에 안 됩니다. 그렇게 되면 문제는 심각합니다. 박근혜 정부의 지하경제 양성화 전략이라는 것이 실패로 돌아가기 때문이죠.

그렇다면 현재 국세청 금융정보분석원FIU이 자신들에게 천만 원 이상 금융거래의 자료를 주면 6조 원을 더 걷을 수 있다고 하는 이야기는 뭘까요? 국세청이 정보를 달라고 해봤자, 그들이 모든 금융거래 정보를 손바닥 보듯 들여다보는 것을 금융위원회나 국회나 일반 국민들이 원하지 않고, 정보를 주지 않을 게 뻔하죠. 그러니까 오지도 않을 데이터를 가지고 설레발을 친다는 것일까요?

앞서 통계를 가지고도 말씀드렸지만, 우리나라 지하경제는 점점 줄어드는 추세였잖아요? 지하경제라고 해봤자 강남의 일부 변호사나 성형외과 등이 타깃이 될 텐데, 그 사람들이 세금을 아예 안 내고 있는 것도 아니고 그거 해봤자 얼마나 하겠냐는 거죠. 근데 그 세금을 받기 위해 직원이 가서 조사를 하고 씨름을 하는 데 지출되는 비용은 얼마나 될까요?

예를 들어, 예전에는 인천공항에 가면 줄을 쭉 서서 가방 검사를 했죠. 일일이 다 열어서 하다보니 줄이 길어지고, 그러다보니 세관요원을 더 투입시키게 되었습니다. 근데 요즘에는 가방을 일일이 열어보지 않죠. 가방을 일일이 열어서 잡아낸 세금과 그것을 잡는 데 드는 시간과 비용을 계산해봤더니 오히려 적자라는 겁니다. 지하경제 양성화도 빛 좋은 개살구처럼 될 수 있습니다. 이런 것이 명분과 현실의 격차입니다.

또 지하경제라는 것이 지상경제와 완전히 분리되어 있는 것도 아니죠. 고리대금업자라고 해서 세금을 안 낼까요? 이들도 은행거래를 하기 때문에 일정한 이자 소득세를 냅니다. 또 지하경제라고 해서 모두가 높은 소득을 내고, 많은 탈세를 하는 것은 아니죠. 길거리의 포장마차의 경우는 어떻습니까? 거기도 지하경제입니다. 그 사람들은 정부에 손 벌리지 않고 독자적으로 살아가는 것만 해도 고마운 일이거든요. 천만 원 이상 금융거래라는 것도 그렇습니다. 자녀가 결혼할 때, 전세금 천만 원 정도를 부모가 보태준다면 증여세를 내야 하는 겁니다. 그렇게 하기 위해서 FIU로 자료를 다 모아 분석하고, 민원인들이 끝없이 줄을 선다고 상상해보세요. 행정적 비용과 시간이 더 많이 든다는 거죠.

🎙️ 박근혜 대통령의 지하경제 양성화라는 방향은 옳습니다. 그런데 당장 발본색원하겠다는 추진 방식은 오히려 큰 부작용을 우려케 합니다. 나중에 되돌아올 부작용과 정치적 부담을 생각하면 지하경제는 잘못 건드린 벌통처럼 될 수도 있기 때문이죠. 그래서 많은 전문가들이 적어도 세금문제에 있어서만큼은 왕도가 없다는 데에 입을 모으고 있는 겁니다. 때문에 지하경제 양성화는 전면적이고 혁신적으로 추진해나갈 것이 아니라, 용의주도하고도 부드럽게, '일보전진'$_{piecemeal}$ 식으로 이루어져야 할 것입니다.

휴대폰 단말기 보조금

🔊 　휴대폰 단말기 보조금 체계는 굉장히 복잡합니다. 제조사에서 이동통신사, 대리점에게 주는 보조금이 있고, 이동통신사는 그들대로 복잡한 유통 경로가 있습니다. 요금체계가 다 다르고 보조금이 다 달라서 어떤 단말기 가격이 진짜인지 또는 어떤 요금체계가 나에게 맞는 것인지 아는 사람은 거의 없다고 할 정도죠. 그러다보니 정부 당국자들이나 소비자들은 자연스레 통신요금이 과도한 것 아니냐는 의심을 하게 됩니다. 실제로 우리나라 가계비에서 차지하는 통신요금의 비중은 세계 어느 나라보다 높을 것으로 예상됩니다. 우선 휴대폰을 이용한 게임 사용량이 엄청납니다. 동영상 등 어마어마한 정보가 휴대폰을 거쳐 흘러 다닙니다. 지하철을 한번 생각해보세요. 그 폭주하는 통신량을 말입니다. 그게 다 돈입니다. 사정이 이렇다보니 통신요금 자체가 갈수록 높아지게 되어 있습니다. 통신요금은 높고, 단말기 보조금은 복잡하고, 그것이 또 복잡한 요금체계와 얽혀 있습니다.

때문에 정부 당국자들은 선의의 소비자를 보호한다는 이름으로 단말기 보조금을 규제하고 싶은 충동을 느낍니다. 단말기를 규제하면 뭔가 시장이 더 잘 정돈되어서 돌아갈 것 같은 착각을 하는 거지요. 그래서 단말기 보조금을 정리하기 위한 '단말기 유통산업 개선법'이라는 것을 만들고 있습니다. 새누리당의 모 의원이 입법 발의한 걸로 되어있습니다만 미래창조과학부와 방송통신위원회의 일종의 청부입법이라고 볼 수 있습니다. 의원입법은 정부입법과 달리 발의 절차가 간단한데다 규제심사를 받지 않기 때문에 정부가 의원들에게 입법안을 주고, 의원들이 스스로 입법발의 하는 형식을 빌어서 법안을 통과시키는 거죠. 한마디로 규제개혁위원회를 우회하기 위한 꼼수를 부리는 겁니다. 어쨌든 관료들은 만인이 만 가지의 요금체계를 가지고 있는 것을 이해할 수 없다는 상황입니다.

그러나 그것은 그렇지 않습니다. 예를 들어 우리가 비행기를 타잖아요. 앉아 있는 승객들 대부분은 티켓 가격이 다 조금씩 다르다는 사실을 잘 모릅니다. 여행사를 통해서 티켓을 구입한 사람, 항공사를 통해 정규 가격을 지불한 사람, 인터넷을 통해 구입한 사람, 단체로 구입한 사람, 개인이 구입한 경우 등 사람마다 가격이 모두 다릅니다. 백인백색의 요금체계입니다. 중간단계가 또 있구요. 거기서 마진이 떨어지죠. 글쎄 뭐라고 얘기해야 할까요. 시장경제라는 것은 바로 그런 시스템을 통해서 각 소비자가

가지고 있는 마지막 선호까지 효율적으로 총동원하고, 그것에 따라 낭비 없이 완벽하게 상품과 서비스를 분배합니다. 똑같은 통신사의 똑같은 단말기라 하더라도 각자가 선호하는 사용 시간대가 다르고, 요금체계가 다르고, 소비행태가 다르고, 서비스의 수준이 다 다르거든요. 물론 거기에 맞는 요금체계를 찾아가는 과정에서 터무니없는 바가지요금을 쓰는 소비자가 발생할 가능성도 있죠. 자신의 소비패턴에 대해서도 전혀 모르고, 휴대폰 요금체계도 잘 모르는 사람이 그저 판매 대리점 직원의 말만 믿고 터무니없이 장기적으로 비싼 요금을 내게 되는 상황도 없지는 않을 겁니다. 그러나 판매점들이 치열하게 경쟁하고 있기 때문에 손님과 끊임없이 치열하게 협상을 하죠. "이 손님은 얼마나 알고 있을까?" "다른 판매점에 가봤을까?" 판매원들은 줄곧 묻습니다. 이런 과정을 통해서 적정 가격을 찾아가는 겁니다. 그리고 남은 소비자 각자의 선호에 걸맞은 요금체계가 스펙트럼처럼 다양하게 만들어지고, 이처럼 끊임없이 출렁이면서 시장이 형성되죠.

주자학자들은 이런 가격체계를 이해하지 못합니다. 무슨 이런 복잡한 요금이 있어? 그냥 하나의 단일 요금표로 해. 정액제를 내든지 사용시간 곱하기 기본요금을 내든지, 하나로 결정을 해. 이렇게 주장하는 거죠. 들어보면 간단할 것 같지만, 그렇게 해버리면 다른 선호의 가치들이 모두 죽어버립니다. 나는 그런 요금제가 필요 없는데, 엉뚱하게 비싼 요금제를 강요받을 가능성이 많아집니다. 이런 규제는 아주 위험할뿐더러 비효율적입니다. 근데 지금 미래부가 하려고 하는 것이 바로 그런 작업이죠. 영화 관람료조차도 조조할인이다, 심야할인이다, 다 다르잖아요? 심지어 같은 동 아파트도 층마다 가격이 다 다릅니다.

단일가격을 만들거나 원가 공개를 통해 차별 없는 가격을 적용하라고 하면 가격이 높아지거나 시장에 부작용이 생길 가능성이 매우 많습니다. 미래부가 내놓은 **단말기 개선법**이라는 것이 100% 시장을 죽인다는 겁니다. 그렇게 되면 열심히 뛰는 판매점일수록 불리하죠. 지금은 어리석은 소비자 한 사람이 바가지를 쓸 가능성이 있지만, 그 사람을 보호하겠다고 단말기를 요금을 투명하게 하면 모든 사람이 바가지를 쓰게 됩니다. 모두가 부당한 대우를 받을 가능성이 높아지는 겁니다.

휴대폰 보조금 규제법 독소 조항에는 이런 것도 있습니다. 제조사에 대해서 문제가 있을 경우 방통위가 사무실에서 필요한 자료를 아무 때나 징구할 수 있다는 겁니다. 방통위가 왜 그런 일을 하는지 모르겠어요. 검찰도 아닌데! 이런 법을 누가 발의하는지 궁금할 정도입니다. 시킨다고 다 하면 나라꼴이 어떻게 되겠습니까?

갑을의 경제학

🔊　　우리 사회에 **갑과 을의 문제**가 계속해서 불거지고 있습니다. 유행을 잘 타는 정치인들은 '을을 위한' 정책을 추진하겠다고 난리구요.

　자유민주주의적 질서에서 모든 인간은 자존적입니다. 갑이다 을이다 해서 타인과의 관계가 종속적으로 결정되는 것은 그다지 반가운 일은 아닙니다. 개인의 자유와 권리라는 의식을 가지고 있는 시장경제에서 갑과 을은 계약관계일 뿐, 계급관계가 아닙니다. 사실 우리 주변의 모든 계약은 갑과 을의 관계로 표현됩니다. 누군가는 공급을 하고 누군가는 소비를 하죠. 어떤 때에는 갑이 되었다가 어떤 때에는 을이 되기도 합니다. 그 갑을 관계는 경우에 따라서, 또 시장의 힘과 관계에 따라서 전혀 달라지죠. 그런데 사람들은 갑과 을을 마치 중세 봉건시대나 전근대 사회의 계급구조인 것처럼 생각하는 버릇이 있습니다.

　갑을관계는 복잡하고 연쇄적인 사슬로 돌아가는 자연 생태계와 같은 것입니다. 생태계 최상부에 사자가 있다는 것은 인간의 시각이죠. 아닐 수도 있습니다. 사자는 포식자이기는 하지만 늘 극도의 빈곤 속에 살아갑니다. 포식자라는 측면에서는 사자가 생태계의 최상부에 있는 것이 맞겠지만, 다른 측면에서 우리는 의문을 품을 수 있죠. 인간사회의 갑을관계라는 것은 매우 복잡다단하게 돌아갑니다. 시장에서는 모든 것이 자신의 자발적 등가교환에 의해 이루어지기 때문에 엄밀한 의미에서는 갑을관계가 존재하지 않습니다. 하지만 어디에나 존재하는 것이기도 하죠.

경제 분야에서 대표적인 갑을관계 중 하나가 **본사와 대리점 관계**일 텐데요. 실제로 대리점과 본사의 관계는 우리가 생각하는 것처럼 구조화된 갑을 관계가 아닙니다. 대리점에 따라 상품의 종류에 따라 시장 상황에 따라 그 관계는 완전히 달라집니다. 예를 들어 대리점 점주가 그 지역 상권을 장악하고 있는 경우에는 그야말로 본사로부터 웃돈까지 받아가며 떵떵거리는 장사를 할 수 있습니다. 근데 영업이 잘 안 되고 지역 개척 능력이 떨어지는 대리점의 경우 본사에 질질 끌려 다니게 되죠. 회사와 고용인도 마찬가지입니다. 축구 클럽 맨유에 웨인 루니라는 선수가 고용되어 있습니다. 그럼 루니가 을인가요? 맨유는 그가 딴 마음이라도 먹을까봐 언제나 쩔쩔 매죠. 그러니까 갑을관계는 실은 실력의 문제로 결판이 나는 겁니다. 능력 있는 대리점이라면 본사에 대해 우월적 지위에 서게 되는 겁니다. 단순히 대리점이라서 을이 되는 건 아닙니다.

남양유업에서 대리점 문제가 심각하게 터졌었죠. 그 이유는 너무나도 명백합니다. 우유가 잘 안 팔리는 겁니다. 남양유업의 전체 매출에서 우유가 차지하는 비중이 95%정도 되었다가 지금은 10%밖에 되지 않습니다. 오히려 커피나 주스 같은 다른 상품들을 더 많이 팔게 되면서 남양유업이 종합식품기업으로 변해가고 있습니다. 그 과정에서 일부 자기 능력보다 과한 물량을 배정받은 대리점들이 폭발한 겁니다. 매출이 어느 정도 줄었냐 하면, 그동안 800만 원 정도였던 남양유업 대리점 평균 영업 수익이 300~400만 원밖에 되지 않는 겁니다.

이런 대리점 문제는 남양만의 문제가 아닙니다. 시장이 위축되면서 생겨난 문제입니다. 왜 시장이 이렇게 줄어들었나요? 세상이 변한 겁니다. 그 전에는 대리점들이 중간유통 시장을 완전히 장악하고 있어서 본사가 직거래하는 게 불가능했죠. 그러나 동네 슈퍼가 줄어들고, 편의점 체제로 바뀌면서 본사가 편의점 본사와 직거래를 하게 된 겁니다. 생산자가 편의점 본사로 물건을 보내면 편의점 본사가 개별 편의점으로 상품을 보내주는 식이죠. 결국 대리점의 상권이 줄어들게 됩니다. 또 대형마트가 생기면서 많은 물량을 취급하는 마트와 생산자가 직거래를 하게 됩니다. 이건 모든 업종에서 동일하게 나타나는 현상이죠. 남양유업의 대리점들은 사업이 위축되어 죽을 지경일 겁니다. 다시 말해 그동안의 유통구조가 무너지고 지금 엄청난 유통혁신이 일어나고 있는 겁니다.

이런 시장의 변화를 불매운동 같은 것이 해결할 수는 없습니다. 불매운동을 하면 대리점들은 더 빠르게 위기로 내몰립니다. 본사에 타격을 주기 위해 불매운동을 해봤자 죽어나는 것은 대리점과 낙농업체들입니다. 그럼 본사가 대리점에 마진을 더 주면 되지 않냐. 사실 고통 받고 있기로는 본사도 마찬가지입니다. 시장이 급격하게 위축되는데, 그런 변화 자체를 이겨낼 사업가는 없습니다. 새로운 것을 만들어내고 그 새로운 것으로 승부하여 재기하는 길이 있을 뿐, 갑의 것을 빼앗아 을에게 더 준다고 해결되는 일이 아니라는 겁니다. 산업 자체가 변하는 이 구조적 변화를 어떻게 타고 넘어갈 것인지 고민을 해야 합니다. 만일 사람들이 본사를 압박하여 대리점에 마진을 더 주라고 하면 본사는 대리점을 통한 판매 채널을 아예 포기하게 될 겁니다. 기존의 판매 채널을 빠르게 바꿀 수도 있는 겁니다. 우리가 보호하려고 했던 게 무엇이었죠? 보호하려 했던 것 자체가 없어지는 겁니다.

우리나라는 어딜 가나 공급 과잉입니다. 그래서 공급자들은 끊임없는 시장의 압력에 시달립니다. 이러한 높은 긴장감은 국민소득 4만, 5만 달러를 달성하더라도 풀리지 않을 거라고 봅니다. 한국은 태생적으로 높은 긴장도를 갖고 있는 사회입니다. 스웨덴, 핀란드 같은 나라는 자연에서 먹고 살 것들이 지천으로 널려 있지만, 우리는 이 좁은 땅에 5천만 명이 오로지 우리가 만들어내는 무언가로 꾸려가는 경제입니다. 주어진 기본 조건이 이렇습니다. 이걸 기억해야 합니다. 단순히 갑을관계를 법으로 조정한다고 해서 좋아지지 않는 겁니다. 예를 들면 가맹점법이 바뀌지 않았습

니까. 인테리어 하는데 본사가 몇 퍼센트 부담해라, 이익을 몇 대 몇으로 나눠라, 이런 걸 국가가 개입한다는 게 말이 됩니까. 아니, 개입해봤자 별로 달라질 것이 없습니다. 상품마다, 산업의 사이클마다 다 다른데.

 시장의 흐름을 거스를 수 있는 사람은 아무도 없습니다. 무엇이 진정한 갑을관계인지, 무엇이 우리를 먹여 살리며, 우리가 어떤 노력을 더 기울여야 하는지 보다 깊은 이해가 필요합니다. 불매운동이나 가맹점법을 통해 남양유업의 대리점들은 형편이 좋아졌을까요?

어,
비교우위네!

아담 스미스Adam Smith의 『국부론』이 발표된 것이 1776년. 그때 서부 독일에 유스투스 뫼저Justus Möser라는 사람이 살았습니다. 당시 길드제 생산방법을 취하고 있던 봉건 농촌에 공장제 공업에 의해 생산된 물건이 쏟아져 들어오자 거세게 반대했었던 농촌 귀족의 대표가 바로 뫼저입니다. 도시의 풍속이 농촌의 문화를 깨뜨리고 호화로운 물건들이 들어와서 시골경제를 파괴한다는 논변이었죠. 그의 논변에 대해 아담 스미스는 시골 귀족들이 귀족사회를 유지하기 위한 저항일 뿐이라고 비판합니다. 생산이 독점되던 농촌 길드를 도회지 생산품이 무너뜨리고 들어오면 귀족제, 신분제, 농노제가 위태로워지기 때문이죠. 그런데 지금도 무역에 관해 얘기할 때는 종종 **뫼저식의 논변**이 등장하곤 합니다.

우리나라는 석유를 많이 수입합니다. 1년에 천억 달러 가까이 수입하죠. 전체 무역고가 1조 달러 정도인데 그 10분의 1이 석유 수입액입니다. 사실 우리가 쓰는 것보다 많은 양인데, 그 이유는 원유를 정제해서 되팔기 때문입니다. 정제유를 팔고, 석유제품을 만들어서 팝니다. 이게 500억 달러 정도 되죠. 우리나라는 석유 수입국임과 동시에 석유 제품 수출국입니다. 위대한 한국인이죠. 우리나라가 그동안 석유를 수입할 때 주로 중동산 석유를 수입해왔는데, 흔히 두바이유라고 말합니다. 이게 유종을 일컫는 말은 아니고, 그냥 그 지역의 이름을 따서 부르는 겁니다. 서부텍사스유를 WTI(West Texas Intermediate)라고 줄여 부르는데, WTI가 세계 유종 중에 가장 품질이 좋습니다. 좋다는 건 정제할 때 비용이 적게 든다는 겁니다. 그다음이 북해산 브렌트유, 그리고 두바이 유종이죠. 우리나라는 수입액의 약 90%정도를 중동에서 사들이고 있습니다. WTI는 거의 없구요. 근데 2012년 들어 두바이유 수입액이 84.5%까지 떨어졌어요. SK에너지와 GS칼텍스가 영국과 노르웨이에서 북해산 브렌트유를 사들이고 있거든요. 평소에는 30만 배럴 정도 사오던 브렌트유를 최근 들어 300~400만 배럴 즉, 10배 정도의 양을 수입하게 된 겁니다. 무슨 얘긴지 눈치 채셨어요? 2011년에 한-EU FTA가 발효됐잖아요. 그래서 석유에 붙던 관세 3%가 전면 철폐됐습니다. 브렌트유가 비싸기도 했지만 운반료가 더 들었거든요. 근데 철폐된 3%가 수송비용을 어느 정도까지 커버해주는 겁니다. 다행히도 유럽 경기가 나빠져서 브렌트유의 수요가 줄어들어 가격도 떨어졌죠. 여러 가지 요인이 맞아 떨어진 겁니다.

요즘 가스도 재미있습니다. 그동안은 중동에서 가스를 수입해왔습니다. 중동산 가스가 입방미터 당 15달러 정도 합니다. 근데 미국 셰일가스의 가격은 1,000입방미터 당 100달러 이하로 떨어졌습니다. 미국에 셰일 가스라는 게 어마어마하게 나오고 있어서 미국의 에너지 구조 자체를 완전히 바꾸고 있는 겁니다. 과거 미국 항구에는 큰 탱크들이 있어서, 에너지를 수입하면 그곳에 비축했다가 본토로 운반하곤 했는데, 요즘은 그것이 되려 수출창고로 바뀌고 있다는 겁니다. 미국은 천연자원 수출이 금지되어 있어요. 그래서 미국의 WTI가 국제시장에 잘 안 나오는 건데, 요즘은 WTI 가격이 많이 떨어졌습니다. 미국 전체적으로 에너지 가격이 떨어지고 있기 때문입니다. 셰일가스 때문이죠. 근데 우리나라가 셰일가스를 엄청나게 사들이고 있습니다. 가스공사가 20년 동안 약 350만 톤, 즉 국내 소비량의 10%가 넘는 가스를 사오기로 했다고 합니다. 이런 에너지 수입이 가능한 이유가 FTA 체결에 있습니다.

미국은 FTA를 아무 나라와 마구잡이로 체결하지 않습니다. 아주 전략적으로 체결하죠. 미국과 FTA를 체결한 첫 나라가 이스라엘입니다. 그다음이 요르단, 나프타 자유무역협정, 멕시코 이런 순서입니다. 아시겠죠? 미국은 "쟤 좀 밀어줘야겠다." "관세를 싸게 해줘서 우리가 좀 사주자." 하는 나라와만 FTA를 맺습니다. 가스의 경우도 'FTA를 협정한 나라에는 자원을 수출할 수 있다는 규정' 덕택에 우리나라가 셰일가스를 이렇게 저렴하게 수입할 수 있게 된 겁니다. 물론 그 결정이 날 때, 인도, 스페인, 영국도 같이 승인 받긴 했습니다만 별도의 엄격한 심사를 거치게 하고 공청회를 하는 등, 절차가 매우 어려웠습니다. 후쿠시마 원전사고 이후 일본의 에너지 문제가 심각하죠. 그래서 노다 요시 총리가 오바마 대통령과 정상회담을 가졌는데, FTA 체결에 결국 실패했습니다. 그러자 일본 신문에서 "한국은 되는데 왜 일본은 안 되냐, 대책을 마련해야 한다."면서 난리가 났죠. 우리나라 브렌트유 수입이 늘어나고, 천연가스를 저렴한 가격으로 수입해 오는 것만 해도 우리는 FTA의 큰 덕을 보고 있는 겁니다. (지금은 일본이 미국의 셰일가스를 우리보다 훨씬 많이 수입하기로 미국 정부가 허가했습니다.)

가만히 생각해보십시다. 우리는 단군 이래 지금이 가장 잘 삽니다. 청년의 스펙도 가장 좋고 잘 생겼어요. 우리가 단군 이래 중국 알기를 우습게 알고, 이렇게 큰소리쳐본 적이 없습니다. **이렇게 잘 살게 된 이유는 오직 하나, 무역을 했기 때문입니다.** 북한은 자력갱생 전략으로 갔죠. 우리는 대외개발 대외무역 전략으로 갔습니다. 그것 때문에 우리가 지금 이 정도의 위치까지 올 수 있었던 겁니다. 우리나라 무역의존도가 너무 높다는 사람들이 있습니다. 물론 무역의존도가 낮으면서 우리 경제가 크다면 그것도 좋겠죠. 그러나 무역의존도를 낮추는 것 자체가 우리 경제정책의 목표가 될 수는 없습니다. 우리 내부의 살림을 키워서 무역의존도가 결과적으로 낮아졌으면 좋겠다고 이야기할 수는 있겠죠. 우리 경제 사이즈가 무역 1조 달러 정도 된다는 얘기는 동네 구멍가게에 가도 치즈, 바나나, 올리브유 등 필요한 물건들을 쉽게 구할 수 있다는 이야기입니다. 이렇게 어마어마한 재화를 마음대로 골라 사용할 수 있는 토대가 무역입니다.

결국 무역의존도라는 말 자체가 잘못된 단어입니다. 이걸 바꿔 말하면 우리나라는 내수에 비해 무역규모가 크다는 말이 됩니다. 이는 부강함의 상징이지 문제의 상징이 아닙니다. 학자들이 잘못 붙여놓은 브랜드입니다. 무역은 우리가 살아가는 삶의 방식이지, 좋고 싫음의 문제는 아닙니다. 국경을 정해놓았으니까 무역이지, 나와 다른 사람과의 거래가 다 무역이죠. 국경을 없애고 생각해보면 노동의 분업 자체가 무역입니다.

서두에서 언급했던 뫼저처럼 무역에 대한 히스테리컬hysterical한 반응을 보이는 것은 비교우위에 대해서 뭔가를 오해하고 있기 때문입니다. 예를 들어, 한 사람이 핀을 만들면 하루에 20개를 만들 수 있는데, 노동을 재조직하면 분업을 통해 4,800개를 생산할 수 있게 됩니다. 무려 240배의 효율이 생기는 거죠. 이게 바로 비교우위입니다. "너는 네가 잘하는 걸 해, 나는 내가 잘하는 걸 할게." 식으로 노동의 분업을 이루는 거죠. 근데 '잘하는 것'이란 말 때문에 절대우위와 혼동하는 경우가 많은데요. 제가 지난번에 토론에 나갔는데, 한 경제학 박사가 '라이트급과 헤비급이 함께 링에 올라가면 누가 이기겠냐?'는 말을 하더군요. 비교우위를 몰라서 무식한 얘기를 하는 겁니다. 무역은 싸우는 게 아닙니다. 아주 쉬

운 예를 들어드리겠습니다. 한 국제변호사와 고졸인 그의 비서가 있습니다. 국제변호사는 어떠한 작업에 있어서도 비서보다 우위에 있습니다. 전화를 받는 것도 변호사가 더 잘하고, 파워포인트를 만드는 것도 변호사가 더 잘하죠. 그렇다고 해서 비서의 일자리가 없어지나요? 아닙니다. 변호사는 전화를 받고 파워포인트를 만드는 시간에 고객과 상담하는 것이 훨씬 큰 이익이 되거든요. 그래서 자신보다 못 하지만 여비서에게 일을 맡기는 겁니다. 그게 훨씬 생산적이기 때문입니다. 그게 비교우위입니다.

자본주의는 경쟁체제라고 흔히들 이야기하는데, 엄밀히 말하면 누가 잘 협동하느냐를 가지고 경쟁하는 체제입니다. 누가 더 이타적 결과를 만들어내는지를 가지고 이기적 경쟁을 하죠. 해비급과 라이트급이 가장 잘 협력할 수 있도록 하는 게 무역이라는 겁니다. 왜 싸웁니까. 그래서 우리나라가 처음 무역을 시작할 때, 가발이나 봉제와 같은 다른 나라에서 하지 않은 일들을 받아서 할 수 있었고, 지금은 그 일자리가 중국으로 갔죠. 우리나라가 이렇게 잘 살게 된 힘이 바로 비교우위라는 겁니다. 그래서 격차가 오히려 클수록 좋은 겁니다. 그래야 분업이 확실히 일어나죠. 비교우위 자체를 오해하고 대외의존도를 낮추자는 어이없는 주장들을 펴는 일이 이제는 없어야 하겠습니다. 그런 주장들은 시장의 확산 자체를 경계하고 거부했던 뫼저 같은 사람들이나 하는 말입니다.

사실 뫼저의 시장경제 비판은 아주 재미있습니다. 지역의 다양성을 파괴하고 인간의 도덕적 심성을 파괴하며 시골의 온화한 오래된 질서를 파괴한다는 주장에 이르면 뫼저야말로 반시장, 반세계화 논변의 전형이라는 생각도 갖게 됩니다. 온갖 번쩍이는 상품들이 값싸게 시골로 치고 들어오는 과정에서 시골선비였던 뫼저 같은 인물이 가졌을 당혹감은 충분히 이해하고도 남습니다.

 문제는 그런 오해들이 지금 21세기 대한민국에서 되풀이 된다는 것입니다. 식민지로 곤두박질치던 구한말의 개방반대론자들과 하나도 다를 것이 없는 논리라는 것을 아는지 모르는지.

근로시간 단축,
천국은 올 것인가?

우리나라 근로시간이 OECD 국가 중 가장 길다는 주장이 계속되면서, 정부에서는 2004년 주5일제 도입 이후 10년 만에 대변혁인 근로시간 단축에 대한 합의가 이루어지고 있습니다. 새정치민주연합도 적극적이고, 고용률 70% 달성에 부산한 새누리당도 적극적이라고 합니다. 기존에 최장 68시간이었던 근로시간을 52시간으로 줄이는 것이 요점인데요. 의무 근로시간이 40시간이고, 그 외 12시간은 노사합의로 추가할 수 있게 됩니다. 물론 52시간 이상을 일하게 되면 연장근로를 해야 하는데 가능하면 연장근로도 못 하도록 하는 방향으로 정책이 추진되고 있습니다. 사실 그동안은 연장근무가 어느 정도 허용이 되었습니다. 연장근로 없이 52시간으로 줄여야지 근로시간을 줄인 만큼의 새로운 일자리가 생기지 않겠는가, 하는 게 새누리당이 기대하는 바입니다. 그런데 그 전에, 2004년 주5일제 도입으로 인해 실제 노동시장이 어떻게 달라졌는지에 대한 여러 논란에 대한 평가를 해봐야 합니다.

그 논란 중 첫째가 노동생산성과 임금의 일치입니다. 둘째는 한국인들이 정말 장시간 노동에 부대끼는가 하는 문제입니다. 그리고 세 번째는 노동시간, 임금 등의 부분을 왜 노사정 합의로 결정하도록 하는가 하는 문제입니다.

실제로 한국 사람들이 장시간 노동에 부대끼는가 하는 문제에 대해 먼저 이야기해볼까요. 통계에 의하면 한국 근로자 한 사람이 연간 2,090시간을 일한다고 합니다. OECD평균인 1,765시간보다 325시간 더 일하는 셈이죠. 325시간이라면 하루에 한 시간 못 미치게 더 일하는 겁니다. 일본은 공식적으로 1,728시간을 일합니다. 일본도 상당히 일을 많이 하죠. 우리가 통계상으로는 일본보다 약 362시간 정도 일을 더 하는 군요. 그런데 이 근로시간이라는 게 매우 애매합니다. 통계상으로는 우리가 일본보다 362시간 더 일한다고 되어 있는데, 실제 공장의 근로행태를 잘 아는 사람들은 웃기는 소리라고 말합니다. 일본의 근로시간이라 함은 출근 후 체조를 하고, 작업복으로 갈아입은 후, 청소를 다 마치고 기계버튼을 누르는 시간부터가 근로시간이에요. 회사 정문을 통과하는 시간이 아니고. 끝날 때도 마찬가지입니다. 그런데 우리나라는 정문을 통과한 시간이 출근시간입니다. 자투리 시간 대부분도 근로시간으로 포함이 됩니다. 점심시간, 중간 휴식시간 등 로스loss 시간을 다 합치면 오히려 일본보다 일을 더 적게 할 것이라고 말하는 사람도 많습니다. 전화 받고, 신문 보고, 등등. 이것은 현재 공장에서 근무하는 사람들의 이야기입니다.

일본의 닛산은 새 자동차가 나오면 이 모델을 누가 생산할 것인지 회사 내에서 공개입찰을 실시한다고 합니다. 전 세계 닛산 공장을 대상으로. 그러면 전 세계의 닛산 공장이 자신들의 노동생산성에 대해 어필하면서 여러 조건들을 종합해 경쟁을 합니다. 그런데 놀랍게도 일본 본토에 있는 공장이 대부분 떨어진다고 합니다. 오히려 미국 공장이 가져간다는 겁니다. 만약 현대차가 이런 식으로 공개입찰을 한다면 한국 공장이 일을 따낼 수 있을까요? 전 세계 현대차 공장 중에서는 한국 공장의 노동생산성이 제일 낮습니다. 근로 기강이 엉망이고, 노동조합의 힘이 너무 세죠. 전환근무도 안되고 지휘명령 등 근무 기강도 아주 낮습니다. 한국인들이 장시간 근로에 허덕이고 있다? 저는 일본이나 미국의 노동규율과도 비교 불가능이라고 봅니다. 한국의 노동생산성이 높다는 어떤 증거도 없습니다. 근로시간은 길고, 저임금에 가혹한 노동환경이라고 얘기하는 것은 마르크스 책에나 나오는 옛날이야기지, 현실에 존재하지 않는 겁니다. 더구나 현대차라면 턱도 없습니다.

여기서 노동생산성과 임금의 문제를 짚고 넘어갑시다. 노동생산성을 초과하는 임금 상승은 언제나 재앙을 불러옵니다. 흔히 임금을 올리는 것은 근로자에게 좋고, 임금을 낮추는 것은 사용자(고용주)에게 좋다고 생각합니다. 그러나 긴 역사의 과정을 보면 그렇지 않습니다. 노동생산성과 임금의 상승률이 일치되는 것이 통상적인 과정입니다.

　2004년 주5일제 도입 후 임금이 올라간 것은 확실하다고 말할 수 있습니다. 최종 조립업체 그러니까 좋은 일자리 쪽에서는 주당 근무일수가 줄어든 만큼 임금이 올라갑니다. 주5일로 줄인다고 해서 실제로 5일만 일하는 것은 아니죠. 6일을 일하면 나머지 하루는 연장근무가 되기 때문에 나머지 하루 분만큼은 1.5배의 임금을 받게 됩니다. 당연히 임금상승의 효과가 있죠. 당연히 사용자 측에서는 임금을 줄이겠다는 반응이 나올 수 있습니다. 52시간만 일하게 하고 나머지 시간은 새로운 근로자를 고용해서 채워야겠죠. 그러면 대부분의 근로자들은 반대할 겁니다. 그러면 생산성과 임금과의 격차가 벌어지게 됩니다.

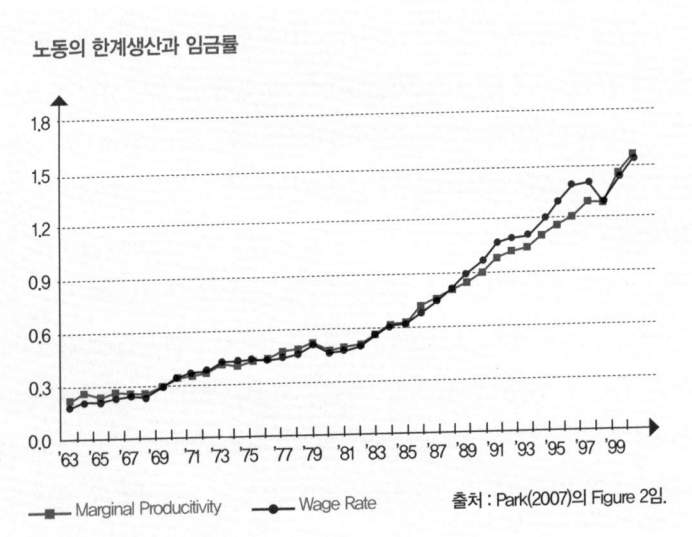

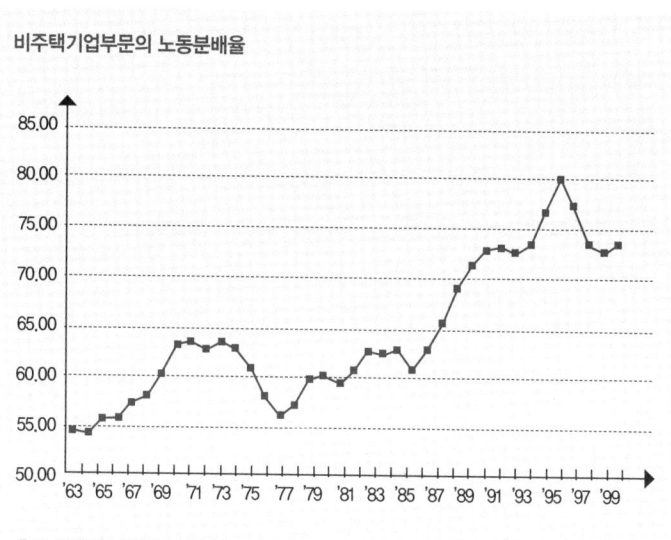

출처 : 김동석 · 이진면 · 김민수(2002)의 〈표 5-19〉.

　　이와 관련해서 『창조경제 이야기』라는 책을 한 번 봅시다. 이 책을 집필하신 박기성 교수는 노동연구원 원장도 역임하셨습니다. 여기 이 그래프를 볼까요? 「노동의 한계생산과 임금률」입니다. 흔히 어린애들이 박정희 시대에 굉장한 착취가 있었고 빈부격차가 극도로 벌어졌다고 생각하는데, 전혀 다릅니다. 처음엔 임금이 생산성을 못 따라 갔어요. 근데 길게 보면 거의 완벽하게 수렴이 됩니다. 그런데 87년 민주화 과정에서 임금률이 가파르게 올라가게 되고 그 결과 임금과 생산성의 불일치가 심화됩니다. 그리고 바로 기다렸다는 듯이 외환위기입니다. 그 밑에 「비주택기업 부문의 노동분배율」이라는 그래프를 볼까요? 노동분배율이라는 것은 기업의 이익에서 노동자들이 얼마를 가져갔는가 하는 것입니다. 대체적으로 올라갔다가 1977년도까지 다시 악화되고, 그다음 약간씩 올라가서 65% 정도로 수렴하다가 민주화 체제 이후 급등합니다. 그리고 1997년 위기를 맞아 다시 일반 수준으로 조정되는 과정을 겪게 되죠. 우리나라 지니계수의 경우 1982~1983년에 가장 낮습니다. 그러니까 박정희 경제개발 과정에서 빈부격차는 계속 줄어드는 겁니다. 1970년도 말에 오일쇼크라는 경기불황 때문에 잠시 나빠지기도 했지만 전두환 정권 2,3년차가 되면 빈부격차가 크게 완화되는 그래프를 볼 수 있습니다. 그러니까 무조건 노동 분배율이 높으면 빈부격차가 줄어드는 것인가, 생각해볼 필요가 있는 거죠.

「경제성장과 근로자 임금 비교」를 봅시다. 역시 1987년 이후로 임금이 폭등하고, 경제성장률은 계속 떨어져서 외환위기를 맞게 됩니다. 동시에 임금도 폭락하는 파국을 맞이하죠. 그러니까 임금과 노동생산성과의 관계가 일치되지 않으면, 다시 말해 노동생산성에 걸맞은 임금 상승이 이루어지지 않으면, 그 격차만큼 경제위기 가능성 또한 커진다는 겁니다. 임금과 노동생산성은 늘 수렴하는 쪽으로 가는 것이 시장의 본성입니다.

　자유주의 시장경제는 어느 부분에서도 조금의 부족이나 과잉을 가만히 내버려두지 않습니다. 치열하게 경쟁이 진행되면서 공짜로 먹을 수 있는 것은 금세 사라지고 말죠. 그것은 노동시장도 마찬가지입니다. 지금 우리나라는 헌법에는 노동3권이 명시되어 있고, 그것에 따라서 근로기준법 등 하위 법령이 만들어져 있습니다. 헌법에 노동3권을 포함하는 것이 당연하다는 주장도 있지만, 헌법에 노동3권을 포함하는 나라는 세계

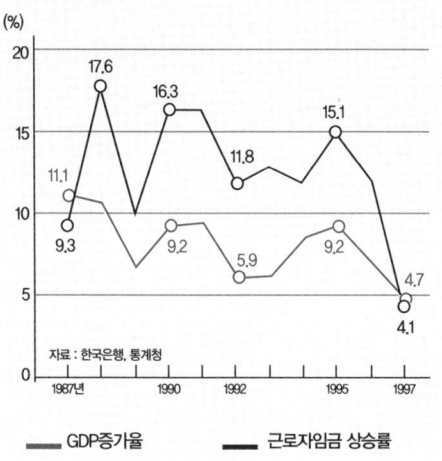

적으로 몇 나라 되지 않고, 노사자율의 민법적 계약에 맡겨두어야 한다고 주장하는 쪽도 있습니다. 최근에는 법 만능주의가 팽배해져서 근로자와 기업가가 자율적으로 결정할 사안도 노사정이 합의하도록 규정하고 있죠. 그런데 국가가 개입할수록 노동시장은 왜곡됩니다. 사람들은 반대로 시장이 불완전하기 때문에 정부가 개입해서 보정해야 한다고 생각합니다. 그러나 국가가 개입해서 체제를 만들기 시작하면 점점 국가가 시장을 대체하려 들 것입니다. 법을 만들고 정부가 간섭해 노동시장에 개입하게 되면 분명 부작용이 수반된다는 사실을 우리는 알아야 합니다. 높은 실업률

©한국경제신문

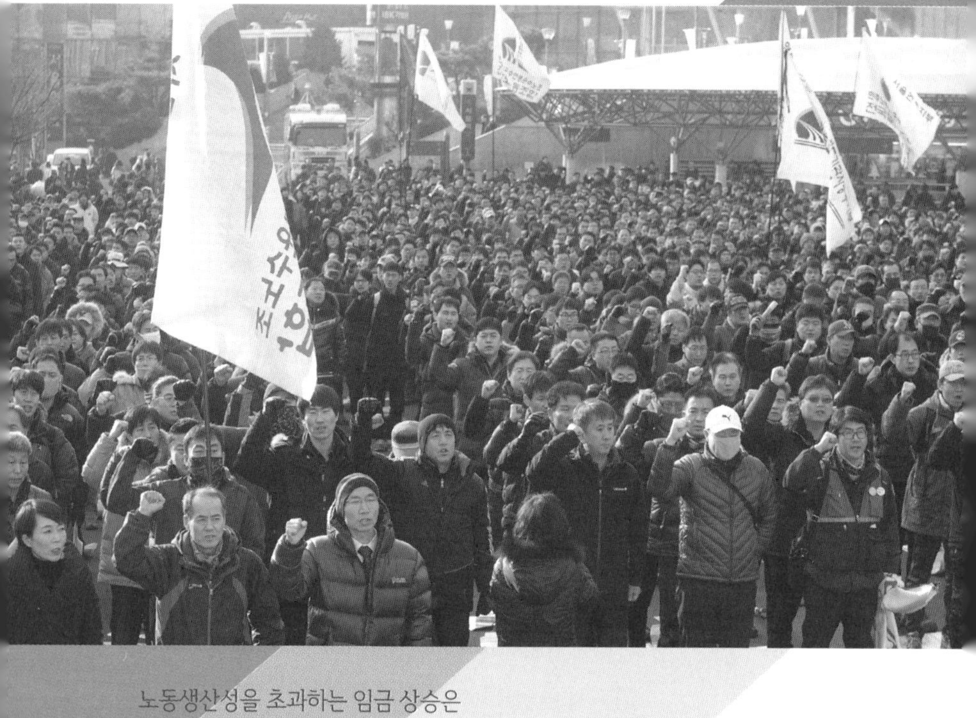

노동생산성을 초과하는 임금 상승은

언제나 재앙을 불러옵니다.

긴 역사를 돌아보면

노동생산성과 임금의 상승률이 일치되는 것이

통상적인 과정임을 볼 수 있습니다.

도 그런 부작용 중 하나입니다. 무엇보다 지금 우리사회에 만연한 '법 만능' 사고를 주의해야 합니다. 국회 도처에서 무리한 입법 활동들이 시도되고 있는데, 이것은 다수가 비슷한 주장을 하면 그만이라는 잘못된 법사상이 만연한 증거입니다. 이것이 우리 사회를 파괴하고 있습니다. 자유의 법에 반하는 입법사상이 노동문제를 완전히 지배하고 있습니다.

그런 점에서 가능하면 노사문제를 근로자와 기업가, 노동시장의 손에 넘겨주기를 바랍니다. 국가의 보호라는 말은 기득권의 보호가 될 가능성이 많습니다. 지금 일자리를 갖고 있는 사람을 보호하면 할수록 지금 일자리를 갖지 못한 자들은 소외되고 핍박받습니다.

정의의 상속세
불의의 상속세

존 롤스의 『정의론』은 현대 정의에 관한 도덕철학의 큰 봉우리라고 할 수 있죠. 저도 몇 번에 걸쳐 줄을 쳐가면서 읽었습니다. 『정의론』은 일종의 자유주의 좌파 이론이라고 할 수 있습니다. 마이클 샌델 같은 경우는 기본적으로 자본주의에서 벗어난 공동체주의, 집단주의 국가주의적 사고방식을 갖고 있죠. 샌델의 책이 우리나라에서 크게 유행한 결과가 경제민주화 같은 소동으로 나타났습니다. 경제민주화의 여러 기준이나 잣대가 존 롤스의 『정의론』이나 마이클 샌델의 『정의란 무엇인가』로부터 나오는 경우가 많은데, 오늘 그 이야기를 좀 하려고 합니다.

존 롤스는 정의에 대해 '정의는 곧 공정함Justice as Fairness'이라고 표현합니다. 동양권에서는 정의正義와 대칭되는 한자어를 불의不義라고 하잖아요. 개인 대 개인의 관계를 예禮라고 한다면 사회 전체의 집단윤리를 가늠하는 하나의 잣대를 의義라고 말합니다. 맹자가 의를 정의할 때 '수오지심은 의지단야羞惡之心 義之端也'라고 했는데, 어떤 일을 부끄럽게 여기거나 분개하는 것을 정의라고 본 겁니다. 동서양의 정의에 대한 개념이 그렇게 먼 거리에 있는 것 같지는 않지만 차이도 적지는 않습니다.

존 롤스는 정의로운 사회질서를 어떻게 만들 것인지를 설명하면서 몇 가지 전제 조건을 내겁니다. 우선 정의로운 사회질서를 논의하는 과정에서는 누구라도 무지의 베일veil of ignorance에 가려져 있어야 한다는 겁니다. 그것은 현재의 조건과 장래의 조건 모두에 해당됩니다. 현재 재산의 많고 적음, 무엇을 가장 잘하고 있는지, 또 장래에 대한 전망이나 계획에 대해 모른 채 규칙을 정해야 그게 공정한 규칙이 된다는 겁니다. 마이클 조던이 사회질서를 만드는 의회의 참가자로 와서 우리 사회의 규칙을 농구처럼 만든다, 그러면 저 같이 키 작은 사람은 절망이잖아요? 그래선 안 된다는 거죠. 마이클 조던이 참여하더라도 자신이 농구를 잘 한다는 사실, 농구에 대해 가지고 있는 지식을 몰라야 한다는 겁니다. 이런 기준이라면 우리는 충분히 동의할 수 있습니다. 그런 가정 하에 첫 제헌의회가 열린다고 생각해봅시다. 거기서 만들어지는 규칙은 공산주의일수도 있고, 자본주의일수도 있고, 유교국가일수도 있고, 또는 귀족국가일 수도 있겠죠. 어떻든 간에 우리는 그 규칙을 도출하기 위한 두 가지 기본 규칙을 도출할 겁니다. 첫째, 권리와 의무를 할당함에 있어서 균등한 기회의 원칙이 적용되어야 한다. 다들 동의하실 겁니다. 둘째, 규칙대로 사는 것은 당연하지만 그렇다고 해서 삶의 결과까지 같기를 요구할 수는 없다. 당연하죠. 결과까지 평등하기를 요구하면 어떻게 될까요? 그게 공산주의가 실패한 원인 아닙니까. 우리가 양극화에 대한 여러 주장을 걱정스럽게 보는 이유는, 양극화를 규탄하다보면 점차 결과적 평등을 요구하게 되기 때문입니다. 결과적으로 평등해진다면 좋겠지만, 결과적으로 불평등이 생기는 것까지 없었으면 좋겠다고 생각해서는 안 됩니다. 이렇게 첫째, **평등의 원칙** 둘째, **차등의 원칙**이 도출됩니다. 차등의 원칙은 조금 어렵습니다. 누구라도 더 큰 몫을 가져가도 좋다. 그러나 누군가 더 큰 몫을 가져가려면 그 과정에서 그 사회 최소 수혜자의 지위가 조금이라도 개선되는 조건이라면 차등도 용인할 수 있다는 원칙입니다.

재미있는 점은 이런 것입니다. 무지의 베일이라는 기초조건의 경우, **우연적 여건에 의한 불평등**을 어떻게 봐야 할까요? 예를 들어, 부모를 잘 만나서 부잣집에 태어난 사람은 부당한 것일까요? 맞습니다. 존 롤스는 바로 그것을 부당하다고 본 것입니다. 우연적 여건에 의한 부당한 불평등은 해소, 수정되어야 한다는 것이 존 롤스의 주장입니다. 그러니까 존 롤스의 주장에 의하면, 부모를 잘 만나서 부자로 출발하는 젊은 친구가 있어선 안 됩니다. 모든 세대는 자신의 세대와 동일한 출발선에 서야 한다는 원칙은 여기서 나오는 것입니다. 그러므로 상속세를 가능한 한 높게 매겨서 동일한 출발선에 놓이도록 조건들을 조정할 필요가 생겨나겠죠.

그리고 그런 조건이 갖춰졌을 때 우리는 비로소 사회의 규칙에 대해 이야기할 수 있다는 겁니다. 이렇게 되면 경제민주화를 주장하는 사람들이 말하는 일감 몰아주기, 부의 편법, 오너의 의결권과 같은 문제들이 쫙 나오게 되겠죠.

그런데 이런 점은 어떨까요? 어떤 학생은 한 시간 공부해도 100점을 받고, 어떤 학생은 날 밤을 새워도 60점을 받습니다. 왜? 앞의 학생은 머리가 좋고, 뒤의 학생은 머리가 나쁘기 때문이죠. 이것도 우연적 여건에 의한 부당한 불평등입니다. 재산을 물려받는 것보다 훨씬 강력한 우연적 여건에 의한 부당한 불평등입니다. 미모와 체격조건, 품성은 어떨까요. 사실 이런 요소들이야말로 부모를 잘 만나서 갖게 된 요소들이지요. 이 우연적 여건에 의한 부당한 불평등은 어떻게 조정해야 할까요. 골치가 조금 아픈가요? 한국에 태어난 것, 혹은 북한에 태어난 것은 어떻습니까. 혹은 스웨덴 같은 나라에, 아니라면 전쟁 중인 나라에 태어난 것 등이야말로 우연적 여건이지요.

우연적 여건에 의한 부당한 불평등은 시정되어야 한다는 것은 정의의 두 원칙에서 도출되는 실천 강령입니다. 미국의 소수자 우대affirmative action 같은 정책들이 바로 그런 경우에 해당하지요. 이 소수자 우대 정책은 처음에는 흑인에게만 적용되었다가 나중에는 아시아인들에게까지 확대 적용되었습니다.

최근 미국 연방대법원에서 이 소수자우대정책을 금지한 미시건주 헌법을 합헌이라고 판결해 주목을 끌었습니다. 1964년 뉴 레프트(신좌익)의 바람 속에서 케네디의 등장과 함께 실시되었던 것이 바로 흑인을 고용 승진 입시 등에서 우대하도록 한 이 정책이었습니다. 이제 어퍼머티브$_{affirmative}$도 역사 속으로 사라질 것 같습니다.

한국에서는 지역균형선발제도, 농어민 자녀 특별전형 등이 모두 우연적 여건에 의한 부당한 불평등을 시정하기 위해 만들어진 제도입니다. '시골에서 태어났다는 우연적 여건에 의해서 부당한 불평등을 받았으므로 대학 입시에서 가점을 줘서 뽑아주겠다'는 것이 지역균형선발제도였습니다. 문제는 지역의 부잣집 자제를 뽑기 위한 절차로 전락했다는 논란입니다. 어떻든 두뇌도 분명히 우연적 여건에 의한 불평등입니다. 재산보다 오히려 그게 더 중요할 수 있죠. 미모나 체격은 어떨까요? 성격은 또 어떻습니까? 나이가 들수록 성격이 인생의 성공과 실패를 가름한다는 것을 깨닫게 되는데요. 성품이야말로 타고 나는 거거든요. 어떤 사람은 타고난 성격이 좋아서 친구가 많고, 어떤 사람은 친구가 적어요. 그런 불평등은 어떻게 해소할 수 있을까요? 이런 논리로 가면 아예 답이 없습니다.

존 롤스의 『정의론』적 관점으로 보자면, 인간의 모든 자기개발 행위를 부정하게 됩니다. 열심히 노력하는 성품 그것도 우연적 여건에 의한 부당한 불평등이거든요. 타고 나기를 부지런하게 타고난 사람들이 있고, 다른 사람에게 우호적이고 동정심이 넘치게 타고난 사람들이 있죠. 이런 것들이 다 우연적 여건에 의한 불평등입니다. 때문에 존 롤스의 『정의론』적 관점에서 본다면 인간의 근면, 검소, 성실 등과 같은 노력의 자기 성취를 우연적 여건에 의한 불평등으로 돌리는 매우 위험한 결과가 되고 맙니다. 실제로 롤즈의 『정의론』 13장~17장을 읽어보면 인간의 노력하는 품성도 우연적 여건에 의한 불평등으로 보고 있습니다. 우연적 여건을 논하기로 따지면 아마도 아주 극단적인 생물학적 토론으로 넘어가고 말 것입니다. 인간은 환경이 결정하는가, 유전자가 결정하는가, 그런 문제들이지요. 그렇게 되면 도덕철학은 이미 설 땅이 없습니다.

법과 제도를 통해서 어떻게 보다 균질화된 사회, 결과적 평등이 보장되는 사회를 만드느냐의 논의는 단순히 부자의 기득권을 보호해주라는 논의와는 차원이 다른 문제입니다. 우리 속에 잠재된 증오감 질투심을 빼고 냉정히 봐야 할 문제입니다. 사실 결과적 평등에 대해서는 논란이 많습니다. 결과적으로 그리고 자연스럽게 평등한 사회가 되는 것은 환영할 일이라고 쉽게 생각할 수 있지만, 길게 보면 평등한 사회라는 관념에는 치명적 허점도 있습니다. 평등하다는 것은 너무도 이상적이어서 당연히 수용되는 가치처럼 보이지만 완전히 평등한 상태라면 가난한 평등 외엔 현실에서 존재하기 어렵습니다. 만족할 만한 평등이라는 것은 판단하기 어렵습니다. 백 년 전에 살던 사람이 지금 우리가 살아가는 시대를 구경한다면 놀라울 정도의 평등한 사회라고 말할 수도 있습니다. 타인의 신체의 자유까지도 제 마음대로 지시하며 처분하는 귀족이나 양반이 존재하는 것은 아니니까요.

그런데 현실에서는 우연적 여건에 의한 불평등을 고친다는 이유로 재산 문제에만 집중하여, 상속세를 높이는 등의 대응을 하게 됩니다. 만일 상속세를 없앤다면 일감몰아주기나 편법상속 등의 문제도 일어나지 않을 겁니다. 모두 상속세를 피해가기 위해서 벌이는 일들입니다. 한국의 상속세는 세계적으로도 높아서 대기업 경영권이 포함되었을 경우에는 무려 65%의 상속세를 내야 합니다. 기본세율 50%에 가산세가 30% 더 붙기 때문에 결과적으로는 65%라는 높은 상속세가 되는 겁니다. 그걸 잡기 위해 경제민주화라는 큰 패키지 속에 법을 다닥다닥 만들어놓았죠. 만일 상속세를 없애버리면 일감몰아주기 같은 다양한 관련법들이 필요 없을 겁니다. 배당을 높이는 것도 한 방법입니다. 그러면 재벌 3세들은 배당을 받아서 식물학 도감을 연구하고, 요트 타고 탐험 활동하고, 봉사도 하면서 품위 있고 여유롭게 살겠죠. 지금은 재벌 2,3세들이 기어이 회사 안으로 뚫고 들어오잖아요. 상속세가 너무 높기 때문에 회사 내부로 들어오지 않으면 부친(혹은 모친)이 이루어 놓은 축적물의 혜택을 거의 받지 못합니다.

만약 상속세를 낮추고 배당을 높여주면 기업 내부로 진입하지 않을 가능성이 크다고 봐야겠습니다. 재벌 3세들은 이미 좋은 환경에서 자랐기 때문에 기업가 정신이 상대적으로 낮다고 보는 게 일반적이고 상식적이겠지요. 그냥 배당 받아서 일정 부분은 사회에 기부하고 품위 있게 살도록 해주면 되는데, 한국 사람들은 배가 아파서 그걸 못 보는 겁니다. 세금은 많이 내야하고, 기업에 들어오지도 말라는 주장을 하죠. 그러다보니 편법이 생기고 편법을 잡기 위해 다양한 규제법들이 다시 생겨나는 악순환이 일어나는 겁니다.

상속문제가 철학에서는 어떻게 설명되는지 얘기를 했는데요. 극단적으로는 이런 경우가 있습니다. 똑같은 능력에 똑같은 소득을 가진 두 사람이 있다고 생각해봅시다. 그런데 성격은 다릅니다. 한 사람은 자신의 전 재산을 자식에게 투자해서 조기 유학, 조기교육을 시킵니다. 그래서 하버드 로스쿨을 나와 연봉 100만 달러를 버는 사람으로 그 자녀를 키웁니다. 근데 다른 한 사람은 자신이 버는 대로 저축을 하고 투자를 해서 조그만 중소기업을 세웁니다. 매사에 근면하고 검소해서, 자기 자녀에게도 사치를 금하고 검소한 생활을 하게 합니다. 대학도 한국에서 다니게 하고, 졸업 후 회사에서 밑바닥부터 일을 시키고 있습니다. 물론 월급도 일반 회사원의 월급을 주면서. 그런데 이 두 친구가 한 날 한시에 죽었습니다. 100만 달러를 버는 자녀를 둔 아버지는 이미 자신의 모든 소득이 자식에게 사실상 이전되어 있죠. 무형의 이력서와 무형의 지식으로 말이죠. 물론 무형이기 때문에 상속세를 하나도 내지 않습니다. 그런데, 중소기업을 세운 사람의 아들은 상속세 명목으로 회사 재산가치의 50%에 달하는 세금을 내야 합니다. 그런데 그런 큰돈이 있을 리 만무하죠. 그래서 아버지가 한평생 일궈놓은 회사를 눈물을 머금고 팔아야 합니다. 그리고 그 재산의 절반을 국가가 가져가는 겁니다. 한 사람은 근검절약해서 고용을 하고 세금을 내고, 한 사람은 모든 재산을 자식 공부에 쏟아 부었죠. 자, 여러분은 어느 쪽이 정의롭다고 생각하나요? 또 무엇을 선택하는 것이 우리 사회에 도움이 될 것이라고 생각하세요?

우리는 상속문제나 정의문제에 대해 전혀 다른 결과에 도달하게 됩니다. 중소기업을 만들고 근면 성실하게 살았던 삶이 더 장려할 만한 인간의 행동이잖아요. 그러자면 상속세를 낮춰 주는 것이 좋죠. 실제로 현실에서도 위와 비슷한 사례들이 아주 많습니다. 가업 상속이라는 고통스런 문제의 뿌리는 높은 상속세입니다. 많은 기업들이 선대가 사망한 이후 자식들은 상속세를 내기 위해서라도 기업을 팔아버리게 됩니다. 그렇게 되면 강소기업도 백년기업도 모두 사라지게 됩니다. 강소기업이다, 히든 챔피언이다, 하는 수준의 기업이 되려면 적어도 삼대 혹은 4대는 가업이 이어져야 하는 것이 대부분의 경우입니다. 그러나 높은 상속세 아래에서는 그것이 불가능합니다. 부당한 불평등을 시정하기 위해 만들어진, 가장 정의롭다고 보는 상속세야말로 어떤 인간의 평생의 근검절약과 성실한 생활태도를 벌주는 것이고 그 절반을 국가가 제멋대로 빼앗아가는 꼴이 되는 겁니다. 생각하기에 따라서는 게으른 자들이 집단적으로 부지런한 자를 벌주는 거꾸로 된 제도가 만들어지는 것입니다.

이건 말장난이 아닙니다. 모든 문제가 이처럼 복잡하게 얽혀 있습니다. 그러니까 이러한 면들에 대한 진지한 고민을 해야 한다는 겁니다. 무조건 슬로건 크게 걸어놓고 '대기업 죽여라' '부자 죽여라' 하는 식의 사고를 가지고는 복잡한 경제문제가 조정이 되지 않습니다. 더구나 우리의 삶 또한 조금도 개선되지 않을 겁니다.

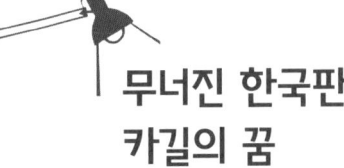

무너진 한국판
카길의 꿈

AGC(aT 그레인 컴퍼니)라는 회사가 있습니다. 농림부 산하 공기업입니다. 우리나라 주요 곡물 식량 자급률이 27%로 매우 낮기 때문에 5년 동안 식량 자급률을 55%까지 끌어올리겠다는 목표를 달성하기 위해 곡물 거래의 세계적 시장이 있는 시카고 현지에 설립된 법인입니다. 소위 한국판 카길을 만들겠다는 포부를 내세웠죠.

카길Cargill, Incorporated은 전 세계 곡물 유통의 메이저 기업입니다. 생산 쪽은 몬산토Monsanto라는 세계 최대의 농업기업이 장악하고 있죠. 지금 전 세계 농민 중에 몬산토에서 공급하는 종자를 쓰지 않는 농민은 거의 없을 겁니다. 하지만 농산물 유통에서는 카길이 단연 1위입니다. 비상장기업이고, 아주 은밀하게 움직인다고 하죠. 세계 곡물 유통 기업은 카길, 번기Bunge, ADMArcher Daniels Midland Company, 드레퓌스Dreyfus라는 4대 곡물 메이저가 전 세계 거래량의 80%정도를 장악하고 있습니다. 우주에 인공위성을 촘촘히 박아

놓고, 전 세계의 작황이나 물류 동향 등을 추정하고 가격을 예측해서 곡물시장을 선도해나가죠. 북한의 기아 사망자가 몇 명 정도인가, 쌀 생산량이 얼마인가 하는 등의 정보는 대한민국 정보기관이나 미국의 정보기관보다 카길이 정확하게 알고 있다고 할 정도입니다. 그 아래에 일본의 미쓰이와 같은 준메이저 기업이 있죠. 그런 상황에서 우리나라 농림부가 한국판 카길을 만들어보겠다고 AGC라는 회사를 출범시킨 겁니다. 자금이 부족하기도 하고 협력업체가 필요하니까, 삼성물산, 한진, STX에 각각 15%씩 지분을 넣도록 했죠.

그런데 이 회사가 그동안 뭘 했는지 궁금합니다. 당초 계획은 2015년부터 연간 215만 톤의 곡물을 조달하는 것이었는데, 2011년 콩 1만 1,000톤을 도입한 게 전부입니다. 저장 시설이 없고, 내륙 운송시설 확보가 안 되는 겁니다. 카길의 고정 거래선이 아닌 자유농들을 발견해서 계약을 한다 해도, 실어올 운송시설 확보가 안 됩니다. 당연히 내륙운송 시설회사도 인수를 해야 하는데, 모두 실패했습니다. 예산이 있음에도 쓰지를 못했습니다. 2011~2012년에 624억 원이 지원됐는데, 지출은 그 10%에 불과한 44억 6,800만 원에 불과했죠. 그리고 2013년 9월 미국 법원에 조용히 파산을 신청했습니다. 왜 실패했을까요?

우리나라 대기업들은 그동안 농업 관련 사업을 금지당해 왔습니다. 일본만 해도 미쓰이 물산 같은 경우 농업유통을 매우 오래 전부터 해왔습니다. 근데 우리나라는 경자유전耕者有田(농사를 짓는 농민이 땅을 가져야한다)이라는 농림부의 기본 원칙에 의해 생산과 유통에서 대자본의 유입을 막아온 겁니다. 그나마 사이즈가 큰 게 농협이죠. 그런데 국제적 네트워크가 있는 것도 아니고, 농협에서 뭘 하겠습니까? 얼마 전에 동부그룹에서 토마토 온실공장을 만들었는데, 농민들이 왜 토마토 농사를 대기업이 하느냐, 우리의 영토에 발을 들여놓지 말라고 해서 모두 무산시켜버렸습니다. 판매 과정에도 실력행사를 해서 가격을 깎았죠. 결국 동부그룹은 투자자금도 못 건지고 사실상 폐업 상태를 맞게 되었습니다. 농업은 그런 방식으로 계속해서 소규모화 영세화의 길을 걸어가고 있습니다. 저는 농림부가 한국판 카길을 만들겠다고 달려든 의욕 자체는 괜찮다고 생각하지만, 그 방법은 완전히 잘못되었다고 봅니다. 소위 메이저 딜러가 되려면 우선 한 종목에서라도 표준화된 물량을 장악하고 있어야 합니다. 하지만 우리는 토마토 하나조차 실패하고 말았습니다. 근데 이미 메이저들이 장악하고 있는 곡물이라니요? 앞뒤가 맞지 않습니다.

　우리나라 농민들이 계속 가난한 데는 다 그만한 이유가 있습니다. 밀만 하더라도 지난 수십 년 동안 가격이 계속 떨어지고 있습니다. 물론 상대가격Adjusted으로. 그러니까 농민들은 구조적으로 계속 가난해지고 있는 겁니다. 기업이라면 가격이 떨어지는 데 상응해서 이익률을 올릴 수 있는 모종의 시도를 할 겁니다. **농업에 자본이 투입되어야 하는 이유는 자경농으로는 도저히 경쟁력을 갖**

출 수가 없기 때문입니다. 그러니까 농업기업화를 하지 않는다면 농민은 계속 가난해질 수밖에 없습니다. 농림부가 진정 몇 개 종목에서라도 한국이 시장 지배력을 행사하길 원한다면 대기업 규제를 다 뜯어내야 합니다. 아니, 농민들이 스스로 초대형기업을 만들도록 유도해야 합니다.

AGC가 실패한 두 번째 이유는, **공기업이 카길 같은 회사를 만드는 것은 불가능**하기 때문입니다. 공무원은 법과 윤리적 행동 규정에 따라 규칙을 만드는 자이지, 시장경제 원리에 따른 활동을 하는 자가 아닙니다. 심판이지 선수가 아닌 겁니다. 그러니 보수 체계도 안 되고, 지속적인 관리도 안 되고, 이윤동기도 전혀 안 되는 겁니다. 한국판 카길을 만들어보자는 목표는 민간기업의 사적 동기에 맡겨뒀어야 하는 일이죠. 그래야 지속적으로 이익을 관리하고, 지속적인 이익의 목표와 정신병적 집중력을 가지고 그것을 해내는 겁니다. 그리고 그것을 해낸 직원은 엄청난 보상을 받게 되죠. 공기업은 사적 동기에 의해 움직이는 일을 감당하기에 적합한 조직도 아닐뿐더러, 공무원들은 그런 훈련이 되어 있지도 않습니다. 공무원이 장사를 하다니요. 장사가 안 될 수밖에요. 기본적으로 움직이는 행동 논리가 다릅니다. 공무원의 행동 논리는 수단의 합리성이구요, 민간기업의 행동 논리는 목적의 합리성입니다. 목적이 맞으면 수단의 합리성을 따지지 않아요. 원리 자체가 그런 겁니다. 골목 빵집 논란으로 대기업 빵집도 못하게 막아놓지 않았습니까. 그런데 무슨 밀가루 메이저 기업이 생깁니까? 골목 빵집이 밀가루에 대한 세계적 협상력이 있겠습니까? 그러한 규제가 나라 경제를 밑에서부터 끌어내리는 멍청이 같은 짓임을 왜 모르냐는 겁니다. 민간 기업의 길을 다 막아놓고, 우리가 더 잘 할 수 있어, 돈이나 내놔봐 하면서 해외에 나가서는 혈세만 날리고 결국 문을 닫는 겁니다. 나갈 때는 거창하게 떠들어내더니 망할 때는 보도자료도 내보내지 않고 슬그머니 문을 닫고 귀국 보따리를 쌉니다.

어떤 기업이 서고, 그 기업이 국가 경제에 기여를 하고, 그 기업이 커져서 시장을 선도하는 일련의 과정은 민간의 이윤동기에 따라 움직일 때 발전하는 것이지 공무원들이 나가서 민간을 흉내 내는 식으로는 되지 않는 겁니다.

 지금 우리나라 공기업의 부채 보십시오. 방만한 경영 보십시오. 정부란 무엇이고, 민간 기업은 무엇인지 구분하고 판단하는 힘을 길러야 하겠습니다.

중국 3중전회 三中全會
감상법

🔊   오늘 중국의 3중전회에 대해 얘기를 좀 하겠습니다. 중국은 인민민주주의의 구성 원리에 따라서 전국인민대표자회의라는 게 있습니다. 공산당과 관계없이 일반 인민에서 대표가 선출되는 국회죠. 그리고 사회단체 연석회의인 정치협상회의가 있습니다. 그것을 줄여서 정협이라고 부릅니다. 중국은 1당 독재 체제이기 때문에 당이 제일 우선이고, 국회격인 전국인민대표자회의와 정협은 일종의 액세서리 조직입니다. 중국이 정책 결정을 내리는 곳은 중국 공산당입니다. 당원들이 대표를 뽑고, 대표들 중에서 중앙위원을 뽑고, 중앙위원들이 정치국을 구성하고, 정치국에서 상무위원회를 구성하여, 상무위원회에서 주석을 선출하는 정확한 피라미드 당 조직을 갖고 있습니다. 당원은 8,500만 명 정도 되구요, 그 당원들이 2,217명의 대표를 뽑습니다. 물론 이 숫자는 지난 번 당 대회 숫자에 근거한 겁니다. 이 당 대표들이 중앙위원을 뽑아 올리는데, 정회원과 후보회원을 합쳐서 378명으로 구성됩니

다. 바로 이 378명이 모여서 개최하는 회의가 3중전회입니다. 이 중앙위원회에서 25명을 다시 뽑아 올리는 것이 중앙정치국입니다. 중국에서 이 정도 되면 굉장한 파워라고 볼 수 있죠. 그 다음에 중앙정치국의 상무위원이 9명 뽑힙니다. 이 9명의 이름은 우리가 익히 잘 알고 있죠. 시진핑習近平 Xi Jinping, 리커창李克強 Li Keqiang, 장더장張德江 Zhang Dejiang, 위정성俞正声 Yu Zhengsheng, 류윈산劉雲山 Liu Yunshan, 왕치산王岐山 Wang Qishan, 장가오리張高麗 Zhang Gaoli.

　중국의 인민대표는 5년에 한 번씩 치러지는 선거에서 선출됩니다. 이 대표들은 매년 전체회의를 열어 중요한 국정 방침들을 결정하게 됩니다. 말이 결정이지, 미리 공산당에서 정해져 내려오는 안건들을 거수기처럼 통과시키는 겁니다. 그러니까 선출이 된 다음, 첫 해부터 1중전회, 2중전회, 3중전회, 4중전회, 5중전회, 그리고 다시 한 번 투표를 해서 1중전회, 2중전회, 3중전회, 4중전회, 5중전회를 반복하면 국가주석의 10년 임기가 되는 겁니다. 보통 1중전회에서는 당 지도부를 구성하고, 2중전회에서는 국가전체의 지도부를 구성하며, 3중전회에서는 국가 전체의 나아가야할 정책 방향을 정하게 됩니다. 때문에 언론에는 마치 고유명사처럼 3중전회라는 단어가 많이 등장하죠.

　시진핑의 3중전회가 주목을 받았던 이유는 중국의 경제성장이 한풀 꺾이는 과정에서 너무나도 드라마틱했던 보시라이 사건 등, 정치적 갈등과 이념 투쟁이 터져 나왔기 때문이었습니다. 보시

Photo_ 로이터 통신

이번 3중전회를 통해 중국에서 '자원은 정부가 아니라 시장이 결정한다.'는 결정과 국가 정책 방향이 내려졌습니다. 우리나라 정치가들은 중국 공산당 3중전회에서 어떤 발표 자료가 나왔고 그것이 어떤 고민을 반영한 것이며, 그를 위해 얼마나 치열한 보혁간의 투쟁이 벌어지고 있는지 또 글자 하나하나에 중국 정치인들의 고뇌가 얼마나 녹아있는지에 대해 관심을 갖고 읽어보는지 모르겠습니다.

라이薄熙來는 충칭 당 서기를 역임했던 자입니다. 모택동의 포퓰리즘 노선을 따르는 좌익진영의 행동가라고 할 수 있겠지요. 그런데 최측근인 왕리쥔이 보시라이 부인이 연루된 영국 사업가 살인사건에 대한 자료를 가지고 미국 대사관으로 도망갑니다. 그 사건을 통해 보시라이와 관련된 살인사건과 치정사건 등이 드러나면서 보시라이는 실각을 하지요. 그런데 인민주의 노선을 가진 보시라이가 몰락하면서 보혁保革간의 치열한 이념 투쟁이 진행됩니다. 이 때문에 시진핑의 3중전회가 주목을 받았던 겁니다. 중국이 마오이즘으로 돌아가느냐, 등소평의 이념이 심화될 것이냐, 아니면 두 이념간의 타협을 이룰 것이냐로 관심을 끌었는데요. 두 세력이 타협을 본 것도 있지만 기본적으로는 등소평주의를 심화시키는 쪽으로 갔습니다.

중국 민중 레벨에서는 마오이즘이 상당히 부상하고 있지만, 중국 지식인 레벨에서는 그렇지 않습니다. 서방 언론들이 3중전회에서 굉장한 격론이 벌어진 것처럼 보도하는 것은 좀 웃기는데요. 중국은 기본적으로 만장일치의 법칙 하에 정책 결정이 이루어집니다. 찬성하면 당원증을 꺼내 내미는 방식으로 공개투표를 하는 겁니다. 다수 대중의 의견은 인민의 의견이라고 정해져 있거든요. 그렇기 때문에 다수 대중의 의견, 인민의 의견에 반하는 소수 의견을 내는 것은 곧바로 숙청의 대상이 됩니다. 표결의 형식을 갖고 있지만 내용적으로는 민주주의라고 할 수는 없는 거지요. 누군가 한 명이라도 반대하면 통과가 안 되므로 한 명을 움직이기 위해서

는 돈으로 매수하거나 겁을 주거나 결국은 숙청이라는 방법을 씁니다. 말하자면 공포와 뇌물로 찬성표를 던질 수밖에 없게 만드는 겁니다. 그리고 만장일치가 되지 않을 가능성이 있는 안건은 아예 올리지 않습니다. 아니면 "이 내용은 전문적이며 토론이 길어질 것 같으므로 집행부에 일임합시다."라고 하면서 찬반 투표를 합니다. 결국 집행부가 결정하는 독재 시스템이 되는 겁니다.

그렇다고 중국이 1인 독재체제는 아닙니다. 여러 출신 그룹들이 권력을 나눠 갖고 있죠. 시진핑이 중앙위원회 378명 중에 최고의 수재이거나 최고의 리더는 아닐 수도 있습니다. 몇 개의 정치 그룹들이 모여서 치열한 암투 중에서 도출되는 타협의 산물이 바로 당 주석이라는 자리입니다. 지도자가 동류를 압도하는 지력을 가지면 안 됩니다. 오히려 동류를 모두 존중하고 합의 정신 하에 부드럽게 끌고 갈 수 있는 조정자의 성격을 가진 지도자가 뽑힐 가능성이 높은 겁니다. 실제로는 그저 그런 적당한 인물이 지도자로 선정되는 것입니다. 지난번 박근혜 대통령 방중 때 봐서 알겠지만, 시진핑은 당에서 써준 문구를 그대로 읽은 다음 회견을 끝냅니다. 그러니까 3중전회에서 나온 발표문은 이미 상무위원에서 다 정해졌다고 보는 게 맞을 겁니다. 오히려 중앙위원회로 올려지기 전 단계에서 모택동주의자와 등소평주의자의 굉장한 갈등이 있었을 것이라 예상할 수 있죠.

어쨌든 중국의 3중전회에서 발표된 성명서communique는 언제나 세계적으로 굉장한 관심을 받았는데, 반응은 두 가지입니다. 이번 3중전회도 마찬가지였습니다. 파이낸셜 타임즈나 중국 언론들은 상당히 주목할 만하다는 반응이었고, 일본이나 월스트리트 저널 같은 경우는 단어들이 지나치게 포괄적이고 모호하다는 반응입니다. 이번에 서방 언론들이 실망을 표시하는 이유는 NSC 즉, 국가안전위원회라는 새로운 조직이 창설되었기 때문이기도 합니다. 미국이나 일본으로서는 이 조직에 굉장히 신경을 쓰고 있죠. 다당제로의 변화 등, 정치 개혁에 대한 약속이 전혀 없었다는 점도 이번 성명서에 대한 서방의 실망을 설명하는 한 요인입니다.

하지만 제가 성명서의 전문을 검토하면서 느낀 것은 이 3중전회에서 상당히 중요한 결론들이 내려졌다는 겁니다. 제가 보기엔 등소평 개혁 개방이 선언된 이후로 이번 3중전회가 굉장한 변화를 드러냈습니다. 「전면적 개혁 심화에 관한 약간의 중요한 문제에 대한 중국 공산당 중앙의 결정」이라는 제목의 성명서를 자세히 들여다보면, '기업의 자주경영, 공평경쟁, 소비자의 자유선택, 소비자의 자주소비, 상품과 요소의 자유 이동, 투명한 시장 규칙, 시장에 의한 가격 결정 체제' 같은 용어들이 등장합니다.

이번 성명서에 나온 중요한 요점을 정리하면 **첫째, 정부가 아닌 시장이 자원배분의 주된 장소다.** 즉, 정부와 시장의 관계를 재조정하기로 선언한 겁니다. 전에는 정부가 시장의 결정을 대체하거나 관리해왔는데, 정부는 점차 손을 떼고 자원의 효율적 배분이 일어나도록 자원 배분에 따른 결정은 시장에 맡기겠다는 겁니다.

정부와 시장의 관계에서 시장 우선이라는 것이 명백히 선언되었습니다. 석유, 통신, 금융 등 국유 기업을 개혁하겠다는 내용이 그 밑에 덧붙여지고 있습니다.

둘째, 법률의 권위를 유지하고 독립적이며 공정한 재판권과 검찰권을 보장하겠다. 인권과 사법보장 제도를 확고히 하겠다. 중앙과 지방의 법적용 차이를 없애고 전국에 걸쳐서 동일한 법적 환경이 되도록 하겠다는 겁니다. 이 또한 굉장히 중요한 문제죠.

셋째, 도시와 농촌의 통일된 토지시장을 허용하고, 농민들에게 토지 경작권뿐만 아니라 토지 처분권도 주겠다. 중국은 1958년 이후로 모든 토지가 국유화되었습니다. 시골 농민들이 경작하는 땅도 전부 공동 소유입니다. 1958년 이후 체제 변혁 과정에서 그레이존Grey Zone이 만들어졌는데 무려 2억 명에 이르는 농민들이 도시지역으로 와서 농민공이 됩니다. 1958년 이후로 농민은 땅에 귀속되어 있기 때문에 농촌을 떠나면 농민들은 유랑민이 되고 마는 겁니다. 그 농민공이 오늘날 중국 개혁개방의 최대 골칫거리가 되고 있죠. 근데 이번에 나온 조치에서 농민들을 토지에 얽어 놓았던 쇠사슬을 끊어 내겠다고 선언한 겁니다. 토지를 처분한 돈으로 도시에 집을 살 수 있고, 도시에서 삶의 근거를 마련하면 호구를 주겠다는 겁니다. 이것을 일각에서는 도시화 발전 전략으로 돌아섰다고 말하기도 하는데요. 이제는 경작권을 가지고 있는 땅을 처분할 수 있기 때문에, 그 땅을 담보로 금융이 일어날 가능성도 생깁니다. 그러면 적어도 당장 2억 명 정도의 농민공들에게 금융조달이 가능해지죠.

그동안의 개혁 개방 이후로 생겨났던 문제들을 끊어버리는 큰 원칙이 나온 겁니다. 상당히 획기적이죠. 농업으로부터 도시형 자본이 창출되도록 만들어주는 거거든요. 그러니까 소유권이 그렇게 중요한 겁니다. 그동안에는 외자를 유치해서 도시지역에서 공장을 돌리는 일종의 공급형 경제개발 전략이었다면 이제는 농촌과 도시의 구분을 없애고 금융기능이 통합됨으로서 새로운 거대한 소비그룹을 탄생시키는 **도시화 전략**으로 방향을 틀고 있다고 볼 수 있습니다. 이것은 과소평가할 수 없는 것이죠.

재밌게 들으셨는지 모르겠습니다. 이번 3중전회를 통해 중국에서 '자원은 정부가 아니라 시장이 결정'한다는 것을 포함한 주요 정책 방향이 내려졌습니다. 우리나라 정치가들은 중국 공산당 3중전회에서 어떤 발표 자료가 나왔고, 그것이 어떤 고민을 반영한 것이며, 그를 위해 얼마나 치열한 보혁간 투쟁이 벌어지고 있는지, 또 글자 하나하나에 중국 정치인들의 고뇌가 얼마나 녹아있는지에 대해 관심을 갖고 읽어보는지 모르겠습니다. 그저 특검이다, 아니다, 연석회의 하자, 대통령이 연설하는데 듣느니 안 듣느니, 또 그걸 가지고 싸우고…. **우리 국회의원들, 공부 좀 했으면 좋겠습니다. 세상이 어떻게 돌아가는지 촉각을 세워서 감지를 해야 국정을 운영할 것 아닙니까?**

참고로 덧붙여 알아야 할 것은 중국의 토지제도가 갖는 문제입니다. 중국은 북한과 마찬가지로 땅은 국가의 소유입니다. 농민

은 땅의 경작권밖에 없습니다. 전체 농민과 도시인들에게 토지를 무상으로 분배해주었다는 것이 공산당이 입만 열면 내세우는 달콤한 거짓말입니다. 하긴 북한도 마찬가지죠. 심지어 국내 좌익 학자들 중에는 김일성의 무상몰수 무상분배는 아주 완전한 토지개혁이었던 반면, 남한의 토지개혁은 농지에 한해 그것도 유상몰수 무상분배였기 때문에 불완전한 개혁이었다고 떠드는 인간이 많습니다. 그렇게 주장해왔던 좌익들은 이번 중국 3중전회의 토지개혁 조항을 한번 읽어보시기 바랍니다. 중국 농민은 토지의 경작권만 있습니다. 소유권은 국가에 있지요. 그런데 문제는 농민은 도시로 이주할 수 없다는 것입니다. 도시에 나가면 소위 주민등록번호를 주지 않기 때문에 아무런 보호와 지원도 받을 수 없습니다. 그래서 직장을 구하기 위해 도시에 이주해 살고는 있지만 주민번호도, 소유권도, 건강보험도 없는 그야말로 떠돌이 부랑자 신세에 불과한 농민공 문제가 생겨난 것입니다.

이제 분명히 아셨습니까. 중국 농민의 토지 소유권이라는 것의 실체에 대해서? 결국 중국 농민은 도시로 이사할 자유도 없이 토지에 발이 묶여 꼼짝 없이 죽을 때까지 땅을 파고 강제로 일을 해야 하는 농노에 불과합니다. 그런 사실상의 농노제도를 폐지하고 농민이 경작하던 농지를 팔고 도시로 떠날 수 있도록 해주겠다는 방침이 발표된 것입니다. 이제야 실체가 드러났습니다. 중국의 농민은 그동안 죽어라고 국가 소유의 땅에서 국가를 위해 평생을 농노처럼 살아야 하는 존재에 불과했다는 점 말입니다. 그것은 북한의 농민도 같습니다. 그들도 도시로 이사할 자유가 없습니다. 그저 농지에 발이 묶여 농노처럼 일을 해야 하는 노예에 불과한 것이지요. 그런데도 북한의 농지개혁 운운하는 것은 가소롭기 짝이 없는 일이죠. 중국의 3중전회에서 나온 국정 방향 중 하나는 의외로 도시화였습니다. 앞으로는 도시가 중국 문화의 중심이 되도록 하겠다는 것입니다. 5천 년 농촌사회의 틀을 벗으려는 것인가요? 어떻든 방향은 잘 잡았습니다. 원래 문명은 도시에서 건설되는 것이고 인간의 삶도 그렇습니다. 도시에 대해 이해하기 시작했다는 점에서 중국은 진일보하였습니다. 도시를 사실상 파괴하고 농촌화하려는 박원순 류의 좌익 사상들이 흘러넘치는 한국보다 앞으로 중국이 잘나갈 것 같습니다.

한국의 좌편향주의자들은 도시에서 농사를 짓기를 주장하거나 협동조합을 많이 만들자고 주장하거나 마을공동체를 복원하자는 등의 촌락주의적 정책들을 부끄러운 줄도 모르고 추진하고 있습니다. 그런 사람들은 중국의 3중전회가 어떻게 변화하고 있는지를 잘 공부하시기 바랍니다. 도시가 무엇인지 모르는 사람들이 거대도시의 책임을 맡아 자신이 무엇을 하고 있는지도 모르면서 정책이랍시고 달콤한 낭만적 스토리나 만들고 있습니다. 그것이 통한다는 것은 한국 사회의 지력에 상당한 문제가 있다는 뜻이기도 합니다.

우량기업들이 증시를 보이콧하는 이유, 모르시나

증권시장 얘기를 좀 해볼까 합니다. 페이스북에 증권시장이 빈사 지경이라는 하소연과 함께 해설 요청이 많았는데요. 전 세계 주가가 다 올라가고 있는데, (일본 주가가 급등급락 합니다만 기조적으론 최근 엄청 올랐죠.) 왜 한국주가만 유독 엉망이냐는 겁니다. 한국경제에 이런 기사가 나왔습니다. 「증권시장에 우량기업들이 그 누구도 상장하려고 하지 않는다.」 그러니까 상장 가능 기업들이 증권시장을 보이콧하고 있다는 것이죠. 우리나라의 상장 가능 기업은 6,200개로, 그 중 2014년 1분기 상장기업 수는 겨우 3개였습니다. 상장 요건을 갖추고 있는 비상장법인을 따지면 유가증권 시장에만도 당장 793개이고, 코스닥에도 5,433개 기업이 상장 가능합니다. 상장 요건을 갖춘 비상장법인 793개 기업의 매출액은 705조 원에 이르고 영업이익은 46조 원에 이르며, 코스닥 상장 가능 기업도 매출액이 271조 원, 영업이익은 20조 원에 이릅니다. 영업이익 1,000억 원이 넘는 엄청난 기업만 해도 101개나 되는데,

문제는 아무도 상장하려고 하지 않는다는 겁니다. 전체 상장기업 수를 보더라도 2011년 1,822개사를 정점으로 2012년 1,789개사, 2013년 6월 1,766개사로 계속 줄어드는 실정이죠. 투자자도 없고, 기업도 상장을 기피하고, 그러니 주가도 안 오르고. 우리 증권시장이 어쩌다 이렇게 되었을까요?

그 이유는 내부와 외부에서 모두 찾을 수 있습니다. 첫째, 앞장에서 말했듯이 **경제 성장판이 닫혔기 때문**입니다. 기업이 새 사업을 하지 않고, 투자도 하지 않는 거죠. 지난 MB정부 5년 평균 성장률이 2.9%거든요. 제 어림잡은 추산으로 그 중 1%는 지하경제 양성화의 몫이라고 봅니다. 순수하게 우리나라 경제 사이즈가 커져서 성장하는 것은 1% 남짓일 겁니다. 그렇게 본다면 우리 경제는 이미 장기 침체에 들어섰다고 볼 수 있죠. 디플레이션 과정에 들어선 겁니다. 일본형 장기불황에 들어섰다고 본다면 주가가 떨어지는 현상은 당연한 거죠. 일본의 주가가 최근 두 배 가까이 올랐다가 지금 13,000엔까지 떨어졌는데, 원래 일본의 주가는 4만 엔이었습니다. 그게 20년 동안 4분의 3이 떨어진 겁니다.

게다가 최근 들어서는 정치권이 아예 기업들로 하여금 투자를 하지 말라고 요구한다고 할 정도로 압박을 주고 있습니다. 골목에도 들어가지 말고, 신규업종도 하지 말고, 대기업다운 큰 사업을 하라는 겁니다. 아니, 처음부터 큰 사업이 있나요? 그럼 작은 사업이라도 세상에 없었던 새로운 사업을 해라. 아니, 하나님도 아닌데 어떻게 합니까. 마치 이제 한창 커나가는 고교생에게 노벨상

타오라고 닦달하는 것과 다를 바가 없습니다. 프랜차이즈도 줄여라. 그러니 당분간 할 수 있는 사업이 없습니다. 당연히 주가가 안 올라가죠. 끊임없이 새 기업이 들어오고 낡은 기업이 빠져나가야 하는데, 새 기업은 들어오질 않고 낡은 기업만 계속 죽어나가는 겁니다.

둘째, 증권시장의 각종 제도 때문입니다. 이게 더 본질적인 부분입니다. 지난 IMF 이후 15년이 넘도록 증권시장 제도는 오로지 투기꾼들에게 유리하게 바뀌어 왔습니다. 기업체 오너들을 못 잡아먹어 안달이었고, 대주주의 소유권을 제한하기 위해 안달이었죠. 기업 내 주식을 조금이라도 가지고 있으면 기업 내부의 장부까지 들여다볼 수 있게 되었고, 대주주는 주식을 단 한 주 팔더라도 공시해야 합니다. 대주주 의결권은 제한받고, 집중투표제 도입하고, 집단소송제 도입해 잘못하면 투자자로부터 소송 걸리고, 더군다나 적대적 M&A 전문 펀드들이 나와서 걸핏하면 기업을 빼앗으려 들고, 억지로 사외이사제 도입해야 하고, 분기별로 보고서 내야 하고, 사돈에 팔촌까지 보유 주식 공개 보고해야 하고, 주주총회하면 온 총회꾼들이 와서 난장판을 치고, 급기야는 국민연금 같은 데까지 나서서 기업 의결권까지 쥐고 흔들겠다, 즉 구조적으로 기업의 경영권을 빼앗겠다고 달려드니 어떤 대주주가 알토란같은 기업을 키워서 증권시장에 상장하느냐는 겁니다. 상장과 동시에 어마어마한 규제가 파고들 텐데. 거기다 주가가 조금만 떨어지면 대중들이 전화를 해서 욕을 해대죠. 말하자면 상장 비용이 엄청나게 드는 겁니다.

    증권시장에 '대기업 오너면 무조건 공격한다'는 소액주주 운동을 빌미 삼아 실제로는 사회주의 운동을 해온 세력들이 굉장히 많습니다. 우리나라 좌익들이 오로지 기업의 소유권을 공격하기 위해서 감언이설로 꼬드겨서 증권시장 전체를 투기판으로 만들어 놓고 이런 어처구니없는 증권제도를 만들어놓은 겁니다. 그러니까 우량 기업들이 증권시장에 안 들어오지요. 좋은 상장기업이 안 들어오니 중산층들의 우량한 돈$_{new\ money}$도 들어오지 않습니다. 그저 기존의 투자자들끼리 정해진 밥그릇을 놓고 이전투구를 하니 결국엔 다 손해를 보는 거죠. 거기다 외국 투자가들까지 들어와서 환율에, 선물 옵션에, 복잡하고 화려한 기술들을 선보이면서 파도를 타듯이 돈을 빼갑니다. 그럼 일반 개인 투자가들은 앉아서 쪽박 차는 겁니다.

    제게 죽어가는 증권시장에 대해 해설을 해달라고 요청하셨던 분이 여러 명 있었습니다. 이제 조금 이해가 되셨는지 모르겠습니다. 기업은 기업가들에게 돌려줘야 하는 겁니다. 대주주와 소액주주는 같다고 주장하면서 같은 의결권을 주장하는데, 그렇지 않습니다. 대주주와 소액주주는 분명히 다릅니다. 워런 버핏을 보세요. 그가 가진 차등 의결주식은 1주에 15,000개의 의결권이 있습니다. 왜? 대주주는 기업을 끌고 가는 사람이고 소액주주는 편승하는 사람이거든요. 대주주는 사업을 선택하고, 소액주주는 대주주를 선택합니다. 대주주는 그 기업과 일체화되어 있고, 소액주주는 언제라도 증권시장에서 주식을 팔고 나갈 수 있습니다. 대주주와 소액주주는 재무 이론서에서는 동등한 권리를 갖지만, 현실에서는 (그리고 본질적으로) 다른 겁니다. 원천적으로 주식의 취득 과정도 다르죠. 근데 지난 15년 동안 대주주와 소액주주는 같다고 주장을 해온 겁니다. 그런 상황에서 어떤 대주주가 목숨 걸고 키운 기업을 증권시장에 내놓겠습니까?

우리나라 증권시장은 이미 죽은 지 오래 됐습니다. 우리 경제의 성장판이 다시 열리고, 대주주에 걸맞은 권리를 회복시킴으로써 좋은 우량기업들이 증권시장에 공급되는 구조로 바뀌지 않으면 증권시장이 회복되기는 어려울 겁니다. 대주주는 대주주대로, 소액주주는 소액주주대로 자기 권한에 맞는 의무를 지는 법치적 구조로 바뀐다면 증권시장은 서서히 살아날 수 있습니다. 그러나 우리나라에서는 대부분 경영학 교수들조차 반기업 정서에 사로잡혀서 기업을 비판하고 적대시하는 데 아주 익숙합니다. 대학생들도 기업을 비판하는 이야기만 듣고 대학을 졸업합니다. 그러니 기업하는 환경이 아주 적대적이고 심지어 대기업에 취직해서 일을 하는 직원들조차 재벌에 대한 근거 없는 적대감에 사로잡혀 있습니다. 한국의 지식인들에겐 70년대 한국 기업들이 고도 성장할 당시 여러 기업에 베풀어준 특혜와 비리 등을 기억하면서 기업 활동 자체를 부정하거나 부끄러워하는 등의 분위기가 있습니다. 그런 기억들이 남아서 기업을 적대시하는 태도를 취해야 지식인인 것처럼 대접받는 풍토조차 있었습니다. 그러다보니 기업을 지지하거나 옹호하는 사람은 점차 사라져 지금의 대학생들은 기업을 비판하고 욕하는 이야기를 하도 많이 들어서 이제는 그런 이야기를 듣지 않으면 불편한 심정까지 갖게 될 정도가 되고 말았습니다.

실로 위험한 인식입니다. 한국 증권시장 투자자들은 IMF 외환위기 이후 소액주주 운동이 주식투자 수익을 올바로 올릴 수 있는 길인 것처럼 집중적인 선전공세를 받았습니다. 단기적으로 보면 소액주주와 대주주의 권한과 권리를 일치시키는 것이 당연히 소액주주에게 유리합니다. 그러나 장기적으로 보면 앞서 말한 현상들이 나타나는 것입니다. 재무학에서는 단기간의 정태모형만 가르치므로 소액주주 운동을 지지하는 결론에 도달합니다. 그러나 정작 좋은 기업 입장에서는 증권시장에 자기 주식을 상장 공개시킬 아무런 동기와 유인책이 없는 겁니다. 결국 그 어떤 우량기업도 투기꾼들이 겁나서 증권시장에 들어올 수 없게 됩니다. 대주주 입장에서 보면 증권시장에 들어가야 적당한 창업자 이득을 취할 수 있지만 그 정도보다 소액주주 등쌀에 시달리기 싫은 것이 더 무게를 가질 수도 있기 때문에 결국 상장을 기피하게 된 것입니다.

 한 가지만 알고 두 가지는 알지 못하는 단견들이 만들어낸 증권시장의 자살이라고도 할 수 있습니다. 딱한 일입니다.

도시의 몰락

미국의 유서 깊은 공업 도시이자 전 세계 자동차 산업의 메카였던 디트로이트시가 파산 신청을 했습니다. 1960년대만 해도 200만이 넘었던 디트로이트시의 인구가 지금은 70만 정도 된다고 해요. 1960년대 인구 200만 중에 흑인 인구가 20% 정도 밖에 안 되었는데, 지금은 70만 인구 중에 흑인 인구가 85%나 된다고 합니다. 거의 모든 백인들이 다 빠져나갔다고 봐야겠죠. 불과 20~30년 만에 중산층이 다 빠져나가버린 겁니다. 50만 채 가옥 중에 빈 집이 7만 채이고, 밤만 되면 폐허가 된 도심지의 을씨년스러운 풍경이 펼쳐진다고 합니다.

디트로이트시가 활발히 운영될 당시엔 미국의 GM, 포드, 크라이슬러라는 세 기업이 삼각편대로 전 세계 자동차 산업을 완전히 장악했습니다. 그 세 기업이 디트로이트를 전 세계 자동차 산업의 메카로 발돋움하게 만들었죠. 포드는 컨베이어 벨트를 공장 작업 라인으로 들여놓은 최초의 회사입니다. 컨베이어 벨트를 처음 설치한 회사는 시어즈 로벅Sears, Roebuck & Co.이지만 작업 라인에 배치한 것은 포드이지요. 포드가 처음 T형 자동차 한 대를 만드는 데는 20시간이 걸렸습니다. 그런데 컨베이어 벨트를 적용한 다음에는 1대당 작업시간이 1시간 반으로 줄었습니다. 그렇게 높아진 생산성으로 당시 다른 공장에 비해 세 배 이상의 급여를 지급하는 저력을 발휘했다고 합니다. 물론 근로자에 대한 포드의 특별한 배려도 있었지요. 생산성을 정확하게 분석하는 그의 예리한 분석이 근로자들의 고임금 신화를 만들어냈습니다. GM도 마찬가지입니다. 미국의 소규모 자동차를 대규모로 통합해가고 수직계열화 하는 과정에서 M&A와 증권시장을 최대한으로 이용했던 듀란트와 기업의 사업부제를 최초로 도입했던 슬론이라는 위대한 경영자에 힘입어 GM은 가장 강력한 기업으로 성장했습니다. 종업원이 많을 때는 100만 명에 육박했습니다. 믿기십니까?

이처럼 강력한 경쟁력을 자랑하던 GM이 도요타, 혼다, 닛산, 미쓰비시 등 일본 자동차의 미국 시장 진출에 충격을 받아 서서히 금이 가기 시작합니다. 결국 2009년 파산을 하고, 파산보호법에 따른 구조조정을 통해 최근 조금씩 살아나고 있습니다. 현재 종업원의 수는 23만 명인데요. 디트로이트에는 공장이 아예 없습니다. 포드도 저 유명한 사륜구동차 체로키cherokee 하나만 디트로이트에 남고, 모든 자동차가 해외나 남부로 떠났습니다. 자동차산업이 떠나간 디트로이트 시는 GM이 파산한지 4년 만에 파산 신청을 하기

에 이른 겁니다.

　GM의 파산은 시장경쟁력에서 밀린 탓도 있지만 **강성 노조의 탓도 있습니다.** 바로 그것이 디트로이트 시까지 무너뜨리고 말았죠. GM의 전성기였던 1948년에는 디트로이트 협약이란 것이 만들어지면서 이 도시가 근로자의 복지 천국이 되기 시작했습니다. 그때만 하더라도 걱정이 없었죠. 전 세계적로부터 어마어마한 자동차 판매 대금이 쏟아져 들어왔거든요. 1975년에는 종업원이 퇴사를 해도 월급을 주고 건강보험을 준다는 조항을 기조로 한 복지조약을 체결하기에 이릅니다. 한번 GM의 직원이면 퇴직을 해도 GM에서 보호해주는 겁니다. 완전히 근로자들의 천국이 됐죠. 문제는 그 천국이 오래 가지 않았다는 것입니다. 일본 자동차 기업들의 공격이 시작되고, GM은 경쟁기와 저항기를 거쳐 결국 사실상 파산하는 지경에까지 이릅니다. 이런 상황에서 미국 정부가 나서서 일본 자동차산업도 막고, 한국 자동차산업도 막고, 돈도 쏟아 부어서 겨우 2009년까지 끌고 왔던 겁니다. 결국에는 2009년 파산에 이르게 되죠. 그런데 2009년 GM이 파산할 때 연금과 건강보험금을 받는 퇴사 종업원이 40만 명 이상이었다고 합니다. 당시 GM 종업원이 18만 명이었는데 말이죠. 지금의 종업원들이 자신보다 두 배 이상 많은 퇴직 선배들을 먹여 살리기 위해 일을 하는 꼴이 된 겁니다. 회사가 잘 될 리가 없죠. 1993년도 이후 약 15년 동안 지출했던 복지기금만도 115조 원이라고 해요. 그러니 시도시는 기업입니다.
기업이 떠나고 사람이 떠나면
도시는 무너집니다.
지금 우리나라 도시의 근로자들이
어떤 탐욕 속에 살아가느냐에 따라
미래 근로자들이
지옥에 살지 천국에 살지가
달라집니다.

ⓒ한국경제신문

장경쟁에서도 질 수밖에 없습니다. 생산성은 계속 떨어지고 기업은 부실해진 데다 강성노조의 압박이 엄청나고, 결국 해외로 공장을 다 옮기고도 해결이 되지 않았죠.

GM의 파산으로 실업률은 높아지고, 빈집이 늘어나 부동산 가격도 떨어지고, 세수도 줄자 도시에까지 타격을 주게 됩니다. 당시 디트로이트 시 공무원들의 복지제도도 엄청났어요. 전체 인건비의 83%가 퇴직 경찰관, 퇴직 소방관들의 연금을 주는 데 쓰였다고 합니다. 그런데 그만큼 일을 열심히 했을까요? 미국 전체의 형사사건 해결률이 30.5%인데, 디트로이트는 8.7%라고 합니다. 사건이 터져서 경찰을 부를 경우, 미국 전체의 평균 도착시간이 11분인데, 디트로이트는 53분이라고 합니다. 이런 도시에서 경찰의 도움을 받는 것은 불가능하죠. 2008년부터는 세수가 세출보다 매년 1억 달러 이상씩 적어서, 현재 디트로이트 시의 부채가 180억 달러, 우리 돈으로 약 20조 2600억이라고 합니다. 미국 전체 1인당 평균 GDP가 4만 5천 달러 정도인데, 디트로이트는 23,000~24,000불 정도밖에 되지 않습니다. 미국 평균의 절반 밖에 안 되는 거죠. 왜? 기업이 다 떠나갔기 때문입니다.

우리나라에도 많은 도시가 죽었다 살았다 하고 있습니다. 목포, 광주 등은 일제시대 개항 이후 굉장히 잘 나가다가 공업화가 이루어지면서 많이 죽었습니다. 현대 중공업이 있는 울산은 현재 우리나라에서 제일 잘 나가는 도시입니다. GRDP(지역 내 총생산)가

5만 불입니다. 거제도가 아마 비슷할 것이고, 포항이 그보다 조금 낮을 겁니다. 울산은 서울 강남 못지않은 수준입니다. 한때 디트로이트가 그랬습니다. 지금 아산 탕정에 삼성전자가 들어가면서 탕정 인구가 10만 명 이상이나 늘었습니다. 삼성조선과 대우조선이 있던 거제도에서는 한참 잘 나갈 때는 강아지도 만 원짜리를 물고 다닌다는 농담이 있었습니다. 지금은 남해안 벨트 중소 선박 회사들이 망하면서 많이 부진해졌죠.

도시는 기업입니다. 기업이 떠나고 사람이 떠나면 도시는 무너집니다. 그 살아있는 교과서가 디트로이트입니다. 지금 우리나라 도시의 근로자들이 어떤 천국을 만드느냐에 따라, 어떤 탐욕 속에 살아가느냐에 따라, 미래의 근로자들이 지옥에 살지 천국에 살지가 결정됩니다. 현대자동차에서는 해외 공장에서 모범 근로자를 초청해도 울산 공장은 견학시키지 않는다고 합니다. 왜? 생산성은 떨어지고, 노조는 세고 일은 안 하기 때문에 그 모습을 해외 근로자들에게 보여줄 수가 없는 겁니다. 울산 공장에서 생산력을 높이지 않고 미국 조지아나 애리조나, 중국의 북경 등으로 공장이 빠져나가게 둔다면 미래의 우리나라 도시 풍경이 어떨지 장담할 수 없는 것입니다.

 GM 패망의 역사와 디트로이트 시의 몰락을 통해 도시의 운명에 대해 깊이 있게 생각하는 시간을 가져야 할 것 같습니다. 도시는 분업이요 기업입니다. 그 점을 잊지 맙시다.

자유인의 서재

시장경제와 화폐금융제도
with 안재욱_ 경희대 경제학교수

정 오늘 여러분께 보여드릴 책은 이것입니다. 『시장경제와 화폐금융제도』이 책은 정말 기발한 책입니다. 안재욱 교수님께서 쓴 책인데, 몇 년 전에 자유도서상을 받기도 했구요. 제가 요약을 제대로 하는지 모르겠습니다만, 이 책의 요지의 하나는 중앙은행을 없애자는 겁니다. 맞습니까?

안 네, 기본적으로 그렇습니다.

정 여러분 깜짝 놀라셨죠? 현대 경제 시스템에 있어서 중앙은행을 경제 관리의 책임기관으로까지 보는 사람이 많은데, 중앙은행을 없애다니요? 중앙은행의 화폐 독점권을 없애버리고 자유경제 화폐제도로 바꿔보자는 주장이 이 책의 골자이거든요.

안 시장경제에서 가장 중요한 게 가격제도Price System입니다. 가격이라는 것이 현대 경제에서는 화폐로 표시되고 있습니다. 가격제도가 잘못되면 자원이 비효율적으로 배분되고 거기서 여러 문제가 발생한다는 걸 사람들은 잘 알고 있습니다. 중요한 것은 가격제도와 화폐를 잘 연결시키지 못한다는 겁니다. 화폐가치가 흔들리면 가격제도가 흔들리기 때문에 자원 배분의 비효율성이 생기게 되고 그에 따른 여러 문제가 생기는 거거든요.

정 화폐가치가 흔들린다는 것은, 예를 들어 인플레이션이 와서 화폐가치가 떨어지는 등의 상황을 말하는 거죠?

안 그렇죠. 화폐 가치가 불안정해지면 상대가격relative price 변화가 생기고 거기서 또 상대적인 소득배분의 문제가 생기게 되는 겁니다. 시장경제에서 가장 중요한 것이 가격제도인 것은 알면서 그것을 화폐와 연결시키지는 못하는데, 이 책에서는 그것을 연결시켜서 화폐가치를 안정시켜야만 시장경제가 제대로 작동한다고 설명하고 있습니다.

정 일반적인 생각으로는 오히려 국가 같은 권위 있는 공적 기구가 화폐를 독점하고 발행하는 것이 훨씬 화폐가치 안정에 좋거든요.

안 네, 하지만 중앙은행이 화폐를 독점함으로 화폐가치가 지속적으로 하락했습니다. 지난 70년부터 지금까지 화폐가치의 50% 이상을 유지하는 국가가 거의 없어요. 미국 같은 경우 거의 78% 가량 화폐가치가 하락해 있습니다. 그래서 중앙은행제도에 의해 화폐가치가 안정된다는 생각은 착각이죠. 중앙은행은 화폐가치를 안정시킬 인센티브incentive도 없고 제도적 시스템도 안 되어 있습니다. 가장 중요한 것은 정치적 영향을 많이 받는다는 겁니다. 예를 들어, 정부의 재정적자 문제가 있을 경우, 그것을 해결하는 방법은 세금을 더 걷거나 채권을 발행하는 것뿐입니다. 그것들이 다 한계가 있습니다. 그래서 결국 중앙은행에 압력을 가해서 통화증발을 야기합니다.

정 그러니까 중앙은행의 제1기능은 화폐가치의 안정, 즉 물가안정이라는 것과 같은 의무가 정해져 있고, 그것을 위해 중앙은행은 정치로부터 독립되어야 한다고 규정하고 있는 거군요.

안 네, 그런데 그게 어느 나라든 잘 안 지켜집니다. 미국이든, 영국이든.

정 안 지켜지다 보니까 경기가 나빠지면 돈 풀어라, 금리 내려서 은행에 돈 찍어라, 나중에는 금리 상관없이 무조건 돈 풀어라, 이런 식으로 가는 거군요.

안 네, 2008년 글로벌 금융위기의 근본적 원인도 바로 거기에 있습니다. 상당히 우려스러운 것이 과다 통화 발행 때문에 생긴 문제를 치유한다고 통화량을 더 늘리는 것인데요. 이건 문제 해결이 아니라 오히려 악화를 불러옵니다.

정 이 책의 첫 페이지가 재미있습니다. 머리말인데요.
"이 책의 내용은 매우 도전적일 수 있다. 왜냐하면 모든 사람들이 당연하다고 여기는 것에 대해 반론을 제기하고 있기 때문이다. 모든 사람이 지금의 중앙은행제도를 당연한 것으로 받아들인다. 중앙은행제도를 최적의 화폐 제도라고 여기고 있는 것이다. 그러나 화폐는 원래 정부의 영역이 아니었다. 화폐는 시장에서 자생적으로 생성되었고 진화하였으며 사람들의 경제활동에 필요한 만큼 잘 공급되었다. 그런데 어느 순간부터 정부가 화폐발행을 독점하고 중앙은행제도를 통해 화폐를 공급하고 조절하였다." 이렇게 쓰셨죠.
아까 2008년 글로벌 금융위기 말씀하셨는데, 대부분의 사람들은 그 원인을 반대로 생각하고 있잖아요. 금융인들, 투기꾼들의 탐욕 때문이다. 그래서 탐욕이라는 신자유주의적 구조가 금융위기의 원인이라고 규탄합니다.

안 그렇습니다. 금융인들, 투기꾼들의 탐욕이 소위 우리가 말하는 도덕적 해이죠. 그 도덕적 해이가 어떤 면에서는 맞을 수 있어요. 그러나 중요한 것은 그런 도덕적 해이가 왜 생겼고 왜 그토록 증폭 되었느냐 하는 겁니다.

그러면 도덕적 해이가 왜 생겼나? 미국 정부의 부동산 정책의 실패가 첫 번째 이유입니다. 서브프라임 모기지Subprime Mortgage를 통해 거품을 만들어냈죠. 그 전에는 지역재투자법Community Reinverstment Act이라는 게 있었어요. 그게 1990년에 와서 개정됩니다. 서브프라임들이 집을 쉽게 구입할 수 있게 이자율을 낮춰줬죠. 그리고 부시 행정부에 들어와서 서브프라임 모기지를 증권화하고 유통시킬 수 있는 법을 만들어줍니다. 이런 법 때문에 은행의 위험부담이 낮아진 겁니다. 신용도가 낮은 서브프라임들에게 대출을 해주고 그 채권을 프레디 맥 같은 회사에 팔아버리면 되는 겁니다. 재미있는 사실은 프레디 맥 등이 정부보증기관이라는 겁니다. 일반 기업이라면 절대 신용이 낮은 채권을 인수할 수 없죠. 그러나 정부를 믿고 인수를 하는 겁니다. 그러니 은행은 채권을 팔아넘기고, 그러면 돈이 부동산 시장으로 다시 투입되면서 거품이 생기는 겁니다. 자기가 책임지지 않는 투자행위를 도덕적 해이라고 하잖아요. 그런 통로가 마련된 상태에서 중앙은행인 Fed, 즉 연방준비은행은 저금리정책으로 돈을 계속 대준 거죠. 그러니까 거품이 더 커지고 그게 감당이 안 돼서 터진 게 2008년 글로벌 금융위기입니다.

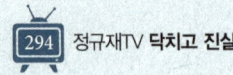

정 사실 중앙은행이 무책임하게 돈을 공급했어요. 결국 중앙은행이 화폐공급을 컨트롤하지 못했다고 볼 수 있는데, 이런 결과가 필연적인 건가요? 우리가 알고 있기로는 중앙은행이 화폐 컨트롤을 잘해낼 수 있어야 하잖아요. 중앙은행은 원래 그게 안 되는 건가요?

안 당시 Fed의 상황을 좀 보면요. 2001년에 911 사태가 터졌습니다. 그때 Fed는 미국에 불황이 오리라는 판단에 사로잡힌 거죠. 그때부터 저금리를 제도화하기 시작합니다. 그렇게 돈을 푸는데도 인플레이션은 그다지 높지 않았어요. 이 때문에 잘못 판단하게 됩니다. 그렇게 풀린 돈이 전부 부동산에 가서 놀고 있는데, 소비자 물가지수 CPI에는 부동산 가격이 포함되지 않거든요. 그러니까 잡히지 않는 거예요. 중국 효과도 좀 있었고. 그래서 돈을 많이 풀어도 인플레가 생기지 않는구나 하면서 계속 풀어재낀 거죠. 그러니까 중앙은행의 통화정책에 있어서는 시장으로부터 조짐indication이나 신호signal를 받는 시스템이 별로 없습니다. 또 중앙은행 자체로서도 통화발행 차액으로부터 얻는 이익이 있기 때문에 인플레이션 바이러스 정책을 많이 쓰는 겁니다. 결국 Fed는 오판을 한 거죠. 제가 이 책에서 주목하고 있는 것은 중앙은행이 정치적 영향을 많이 받고, 시장에서 화폐수요가 어떻게 돌아가는지 판단할 지식이 부족하고, 그것을 제대로 다룰 수 있는 능력도 부족하다는 겁니다.

정 시장 상황을 냉정하게 판단하지 못하는 건 중앙은행 총재나 직원들의 실력부족 때문에 생기는 문제는 아니죠? 구조적 지식의 문제인 거죠?

안 그렇습니다. 현재 중앙은행은 화폐수요 파악에 대한 정확한 지표가 없습니다. 거기에 문제가 있습니다.

정 어떤 지표도 사실 부정확하죠.

안 기껏 본다는 것이 유통 척도나 CPI인데, 이걸로는 진정한 화폐수요가 잘 가늠이 안 됩니다. 그런데 민간 화폐제도는 그게 가능하다는 겁니다.

정 전형적인 자유주의 입장의 밀턴 프리드먼$_{\text{Milton Friedman}}$ 같은 경우, 지식에 대해 많이 언급하는데요. 예를 들어 '샤워실의 바보'를 이야기하면서, 샤워기의 물을 틀어 찬물이 쏟아지니까 수도꼭지의 방향을 급하게 돌리고, 그랬더니 뜨거운 물이 쏟아지는 식으로. 그래서 감각을 넘어서 운영되는 준칙이라는 것이 필요하다고 말했죠. 그런데 지금 이 책에서 말하는 것은 단순히 조절 시스템의 센서$_{\text{sensor}}$가 늦다든지 정책 대응이 나올 때까지의 타임랙$_{\text{Time-lag}}$ 같은 문제만은 아니라는 거죠?

안 그렇죠. 프리드먼은 중앙은행이 존재하는 한에서는 그나마 화폐제도를 안정시킬 수 있는 제도는 화폐공급준칙이라고 말했죠. 저는 그런 수준의 주장이 아니라 원천적으로 민간화폐제도를 도입하자는 겁니다. 민간은행들이 은행권을 발행하는 제도로 가면 화폐제도의 안정화가 가능하다는 겁니다.

정 그럼 예를 들어 우리가 쓰는 돈 중에 한국은행 지폐만이 아닌, 국민은행권, 신한은행권 지폐가 있는 거네요. 그러니까 화폐에 있어서 은행들의 경쟁이 있는 거군요.

안 네, 간단한 예를 들어보겠습니다. 어떤 은행이 100원 만큼의 화폐를 발행하면 그 화폐가치만큼의 적립금reserve이 있어야 합니다. 신용 적립을 금으로 한다고 치면, 100원 만큼의 금을 은행에 보유해놓아야 하는 거죠. 그런데 은행제도는 100% 지준支準(지급준비금)제도가 아니고 부분지준제도입니다. 은행 입장에서 최적의 지준율을 계산해서 적립해놓는 겁니다. 예를 들어, 10%가 최적의 지준율이라고 하면 10원 만큼의 금을 보유하는 겁니다. 그러면 나중에 이런 일이 생기죠. 고객이 와서 5원 만큼의 상환을 요구하면 금 5원을 내줘야 합니다. 그러면 95원 만큼에 대해 10%의 지준금을 또 보유해야 하잖아요. 근데 5원을 찾아가버렸으니까 95분의 5가 되어서 19분의 1이 되어 버리는 겁니다. 적정하다고 생각했던 지준율보다 훨씬 밑으로 떨어지게 되는 거죠. 그러면

은행은 5만큼의 금을 사던가, 나머지 95만큼의 화폐를 거둬들이든가 조치를 취해야 합니다. 이게 바로 역청산逆淸算입니다. 은행은 화폐를 정산하는 시점에서 화폐발행의 과부족 여부를 알 수 있는 겁니다. 화폐를 많이 발행하게 되면 그만큼 은행으로 청산하러 들어오는 돈이 많을 것 아닙니까. 그러면 자신의 금 준비가 줄어드는 것이 보이는 겁니다. 자동조절 장치가 돌아가는 겁니다.

정 금본위와 비슷한 개념인 거네요?

안 그렇죠, 그런데 반드시 금이 아니어도 됩니다. 지금 발행되고 있는 중앙은행권을 가지고 적립해도 됩니다. 지금도 스코틀랜드나 북아일랜드, 그리고 홍콩이 그런 식으로 돌아가고 있죠. 스코틀랜드와 북아일랜드는 뱅크 오브 아일랜드에서 발행된 화폐를 적립금으로 씁니다. 그곳 국민들이 사용하는 화폐의 95%가 각 은행에서 발행되는 은행권이구요.

정 그런데 그렇게 되면 은행 간 교환비율이 생겨 혼선이 빚어지지는 않나요?

안 그렇지 않습니다. 액면가로 사용되고 있습니다. 어떤 사람은 A은행, 또 어떤 사람은 B은행 이런 식으로 거래를 하다가, 화폐가 섞이고 추후 거래 은행에 가서 예금을 하거나 바꾸게 되겠

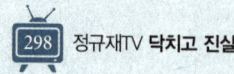

죠. 그러면 어떤 화폐가 적게 발행됐고, 많이 발행됐는지 딱 보이는 겁니다. 내 화폐에 대한 수요량을 정확히 알기 때문에 화폐를 조절하는 것이 가능하죠. 중앙은행이 통화를 늘릴 수도 있어요. 그러면 재미있는 게, 사람들의 수요가 변하지 않으면 일반 은행의 민간화폐 쪽에서 통화량을 줄일 수밖에 없습니다. 그러면 전체적으로 봤을 때 화폐량이 수요량에 맞게 공급되는 거죠. 그래서 상당히 안정된다는 겁니다. 물론 가장 이상적인 게 금으로 하는 것인데, 현재 상황으로는 어렵죠.

정 그러니까 여러 은행이 자유경쟁 화폐를 만들어도 시중에서 사용하는 데는 문제가 없고, 그 돈들이 나중에 청산소에 모여서 각 은행의 자금 과부족 정산을 가능하게 하고, 때문에 화폐가 안정적으로 조절될 수 있다는 거네요.

안 네, 만약 은행이 통화량을 조절하지 않으면 그 은행은 디폴트default가 되거든요.

정 그러니까 A은행권 많이 갖고 와서는 중앙은행권으로 바꿔달라고 요구할 때, 그것을 바꿔주지 못하면 디폴트가 된다는 거군요. 은행입장에서는 살벌하겠는데요? 근데 이럴 염려는 없습니까. 약간의 인플레이션은 만인을 행복하게 한다는 말도 있잖아요. 경제가 폭발적으로 성장할 경우, 그만큼 더 화폐 수요가 필요할 것인데 그 공급에는 문제가 없습니까?

안 문제가 없습니다. 왜 이런 질문들이 나오느냐면, 디플레이션은 나쁘다는 생각 때문입니다. 디플레이션에는 두 가지가 있습니다. 하나는 성장 디플레이션, 하나는 불황 디플레이션입니다. 우리가 우려할 것은 불황 디플레이션입니다. 실업이 생기고 경기가 저조하고 물가가 계속 떨어지는 거죠. 근데 경제가 성장하면서 물가가 떨어지는 건 좋은 겁니다. 주로 생산성 향상과 기술발전 때문에 생기는 것이거든요. 이것이 성장 디플레이션입니다. 만약에 성장 디플레이션도 문제라는 생각으로, 경기를 안정시킨다는 명목 하에 통화를 발행한다면 거기서 또 문제가 생기는 거죠.

정 그렇군요. 그런데 인구 등의 규모가 큰 국가에서도 민간화폐제도가 실현된 적이 있습니까?

안 지금은 없습니다. 미국에서는 Fed가 나오기 전에 민간화폐제도가 있었죠. 지금과 비교해보면 그때의 물가가 훨씬 안정적입니다. 그런데 1907년 위기 때문에 중앙은행이 만들어졌죠. 그 배경을 우리가 좀 들여다볼 필요가 있는데요. 1907년 위기는 유동성 부족 위기입니다. 미국 같은 경우 가을 추수기에 화폐수요가 많이 생깁니다. 그걸 서포트하지 못해서 위기가 생긴 거거든요. 화폐공급이 제대로 안 된 이유가 일반 은행들이 화폐를 발행하려면 재무부 증권을 담보로 해야 할 뿐더러 워싱턴까지 가서 허가를 받아야 했습니다. 그런 불편한 규제들 때문에 화폐공급이 잘 안 됐던 거죠. 그것과 대비되는 것이 캐나다인데, 캐나다는 그런 제약이 없었죠. 그래서 당시 미국에서 캐나다 달러를 일부 가져다 쓰기도 합니다. 그러다가 JP 모건J.P. Morgan Chase & Co.이 나서서 그 문제를 해결했죠. 경제적으로는 그런 문제가 있었고, 정치적으로는 JP 모건 같은 데서 이런 문제를 해결하니까 정부 관료들은 기분이 나빴던 겁니다. 그래서 중앙은행을 설립한 겁니다.

정 그렇군요. 만약 자유발권 화폐제도를 통해 은행화폐가 통용되고 있다고 치면, 끊임없이 소비자들이 은행을 탐색해야 하는 일이 생기지 않을까요? 예를 들어, 은행 주인들이 도망을 간다거나, 은행의 큰 거래 기업이 망하거나 하는 경우에 지불불능 상태가 될 우려가 있지 않을까요?

안 그런 우려는 있죠. 그런데 그런 상황이 일어날 가능성은 적습니다. 제대로 된 은행이라면 그런 일을 하기 쉽지 않죠. 그리고 그런 은행이라는 판단이 되면 국민들이 처음부터 발행된 화폐를 사용하지 않을 겁니다.

지금 중앙은행제도에서 민간화폐제도로 가기는 쉽지 않을 겁니다. 다만 제가 드리고 싶은 말은 민간화폐제도라는 것이 이론적으로나 결과적으로 상당히 안정적이기 때문에 그쪽으로 갈 수 있는 여지는 열어두어야 한다는 겁니다. 민간은행도 화폐를 발행할 수 있다는 여지를 열어둔다면, 언젠가는 은행 중에서 틈새를 이용해 화폐를 발행하는 은행이 나올 것이라 예상하는 거죠. 그렇게 되면 중앙은행과 민간은행간의 통화에 대한 경쟁이 생기는 겁니다. 그러면 역청산에 의해서 화폐량이 화폐수요에 맞게 유지될 수 있겠죠.

정 그런데 혹자는 이런 생각을 할 수 있지 않을까요? 이거 너무 고매한 인격자들의 얘기다. 난장판 같은 현실이 아닌, 화폐에 대한 철학적 고뇌다.

안 그래서 제가 결론에 대한 고민을 많이 했어요. 아까도 말씀드렸지만 화폐는 계속 진화하거든요. 민간화폐제도가 있을 때 청산소가 했던 역할을 중앙은행이 들어서면서 그대로 떠맡은 거거든요. 그런데 화폐 불안정이 계속되면 사람들은 또 다른 대안을 찾으려고 노력할 겁니다. 그때 또 정부 권력이 개입되면 화폐의 진화과정이 방해받을 수 있기 때문에 그것을 경고하고 싶었구요.

정 지금 전 세계적으로 경제에 대한 잘못된 주장 중 하나가 '화폐는 국가가 독점한다. 독점적인 발권력을 가지고 경기가 나쁠 때는 돈을 풀어서 경기를 살릴 수 있다. 그게 국가가 해야 할 일이다.'라는 겁니다. 근데 사실은 웃기는 신화잖아요. 국가가 개입해서 화폐가치만 떨어뜨리고 구조조정을 어렵게 하는 것일 수도 있구요. 화폐의 자연스러운 진화 과정을 그대로 두면 또 다른 길이 생길 수 있고, 그 길이야말로 자유주의가 주장해왔던 화폐조차도 자유경쟁 안에서 강하게 규율할 수 있으며, 그 프로세스를 통해서 건전성을 유지할 수 있다는 명제에 부합하는 것일 수 있습니다. 이 책에서는 그 명제를 다시 각인시켜주려 하신 거죠.

안 네. 아직까지 중앙은행제도는 유지를 해야 할 것 같구요. 그러려면 결국 원론적인 얘기지만 중앙은행의 독립성이 중요합니다. 그리고 준칙으로 운영되어야 합니다. 이게 현재 제도 하에서는 최선이 아닐까 정리를 해봅니다.

정 화폐의 공급량을 어떤 전문가도 재량적으로 파악할 수 없죠. 국가의 개입이 필요하다고 말할 때 사람들은 암묵적으로 국가는 매우 완벽하고 공정하다고 생각하는데 그렇지 않습니다. 화폐제도에 대한 이야기를 해보았는데요, 지금 화폐의 발행은 공권력의 상징처럼 되어 있잖아요. 전혀 그렇지 않은 다른 설계가 있을 수도 있다는 내용이었습니다.

정규재TV 오프 더 레코드

초여름 밤의 토크 콘서트
정규재에게 묻는다!

초여름밤의 토크 콘서트
2012.06.01.

Part 1. 사회통합을 위한 바른 용어

한국경제연구원 사회통합센터 **현진권** 소장
강원대학교 윤리교육과 **신중섭** 교수
시장경제제도연구소 **김이석** 소장

현 오늘 열기가 대단합니다. 굉장한 인기입니다. 저희가 올해 거사를 벌이고 있는데요. 우파에서 오랫동안 제일 먼저 해야 할 일이라고 여기고 고민했던 것이 바로 '용어'입니다. 그래서 사회통합 센터가 중심이 되어서 지난 6개월간 연구를 진행했고, 그 결과물이 나왔습니다. 일종의 용어정리 운동이라고 볼 수 있는데요.

『사회통합을 위한 바른 용어』라는 책입니다.

예를 몇 가지 들어보겠습니다. 우파 진영 사상에 있어서 가장 중요한 용어가 'libertarianism'인데요. 그것을 한국말로 번역한 단어가 '급진적 자유주의'에요. 근데 어떠세요? '급진적 자유주의'라고 하면 벌써 게임이 끝나는 겁니다. 제가 대학에서 강의를 할 때, 이 용어에 대해 긍정적으로 생각하는 사람은 손을 들어 보라고 하면 5%정도 손을 듭니다. 그러니까 번역 자체에서 지는 겁니다. 이런 경우에, '급진적 자유주의'라는 단어 말고 '순수자본주의'라는 말을 쓰자는 겁니다. 또 대표적인 용어가 'laissez-faire' 인데, 우리나라에서는 이것을 '자유방임주의'라고 번역합니다. 이렇게 되면 또 게임 끝나는 겁니다. 이것 역시 '자유방임주의'보다 '불간섭주의'라고 정리했습니다.

다 아시겠지만 좌파들의 용어 전략이 교묘하고 역사적입니다. 시장경제에서 가장 핵심 사상 중 하나인 '경쟁'이란 단어도 가만두지 않습니다. 경쟁 앞에 반드시 '과다한'을 붙입니다. 그럼 경쟁이란 용어도 끝나는 거예요. '자본주의'는 또 어떻습니까? 사실 그 자체가 가치중립적인 단어인데, 이것도 '정글'이란 단어를 붙여 사용하면 악마의 단어가 됩니다. 그런 게 우리 주위에 너무나 많습니다. 용어를 하나씩 짚어보고 올바르게 사용하는 것이 필요합니다. 학자들만 해서는 아무 의미가 없습니다. 많은 분들이 써주시고 전파해주시면 30년쯤 후에는 용어에 대한 균등한 세력을 가질 수 있을 것이라 봅니다.

김 네, 앞서서 말씀을 다 해주셨는데, 한 가지만 분명하게 말씀드리고 싶은 것이 있습니다. 경제 관련 용어에도 많은 혼란이 있습니다. 그 일례로 경제 관련 방송이나 기사를 보면 '시장점유율'이란 말이 자주 등장합니다. 우리가 재미있게 표현하려다 보니까 기업 활동을 전쟁에 많이 비유합니다. 근데 여러 가지 면에서 기업 활동은 전쟁과 많이 다르거든요. 승자독식이라고 하지만 오히려 그것은 선거와 같은 정치 쪽과 더 어울리는 이야기입니다. 시장은 다양한 입맛의 소비자가 선택한 만큼 각 기업이 돈을 버는 거지 독식하는 게 아닙니다. 때문에 '시장점유율'이란 단어보다 '소비자선택률'이란 단어를 사용하는 것이 더 좋을 것 같습니다.

신 한 가지 더 말씀 드리자면, 공사公私 관념입니다. 전통적으로 우리는 '공'을 매우 가치 있게 여기고, '사'를 부정적으로 여기는데요. '사적' 소유, '사적' 이익, '사'기업 등 '사'를 붙이면 매우 부정적인 단어처럼 느껴지죠. 그래서 사적 소유를 개인적 소유, 사적 이익은 개인적 이익, 사기업은 민간기업 등으로 용어를 바꿔 쓰는 게 좋습니다. 중요한 점은 언어는 꾸준히 사용해야 한다는 겁니다. 한 사람이 갑자기 바꾸자고 해서 되는 것이 아닙니다. 이것을 깨달은 사람들이 우선적으로 바꿔가야 하겠습니다.

Part 2. 역사적 관점의 한국 근현대사

정규재 · 조갑제(칼럼니스트, 조갑제닷컴 대표)

정 토크 콘서트, 재밌으신가요? 일요일에는 뭐하십니까? 취미 활동이 강의는 아니시죠?

조 제가 그동안에 제일 시간을 많이 투자한 것은 야구입니다. 메이저리그 야구를 오십 몇 년 동안 하루에 두세 시간씩 봐오고 있습니다. 한때는 70년대 야구선수 수백 명의 이름, 몸무게, 키, 평생 타율 등을 다 외웠는데 요즘은 잘 안 되더군요. 근데, 사람들이 야구랑 축구를 자꾸 비교해요. 저의 지론은 이렇습니다. (제가 야구팬이니까.) 가장 재미없는 야구는 가장 재미없는 축구보다 재미없고, 가장 재미있는 야구는 가장 재미있는 축구보다 재미있습니다. 왜냐면 축구는 한 번에 4점이 안 들어가잖아요. 야구가 역전승의 맛이 있고, 더 깊고 더 복잡하죠.

정 야구는 원래 머리가 좋은 사람들이 좋아하죠?

조 야구를 우파경기라고 해요. 왜 그런지는 잘 모르겠습니다만.

(관객 웃음)

조 사실, 미국 관객의 생활수준은 야구보다는 프로 풋볼이 더 높죠.

정 아니 근데, 야구 선수들의 명단을 갖고 다 외우고 약간… 오타쿠 기질이 있으신 거 아니에요? (웃음) 농담이구요. 사실 저도 기자지만 조갑제 선생님이 쓰신 글을 보면 같이 필드에서 만나지 않은 게 천만다행이라고 느낍니다. 팩트 파인딩Fact Finding에는 죽이는 분이세요. 재작년인가요, 노무현 대통령 일가가 미국으로 재산을 실어 나르고, 그것으로 딸이 미국에 주택을 사고… 그것에 관해 기사를 쓰셨는데, 그걸 본인들에게 미리 읽어보라고 줬다는 겁니다. 놀라운 얘기 아닙니까. 워낙 팩트 자체를 완벽하게 취재했으니까 당사자들에게 보내셨다는 거예요. 제가 그 얘기를 듣고 기절할 뻔 했습니다.

요즘 광주사태에 광주에 북한군이 투입 되었나 안 되었나를 두고 말이 많지 않습니까? 어떻게 보십니까?

조 북한군 특수부대 600명이 들어왔다는 얘기를 제가 2008년에 처음 들었어요. 박세직 씨가 재향군인회 회장 하실 땐데, 아침에 식사를 하자면서 충격적인 이야기가 있다고 하더군요. 제가 광주사태를 취재하고 책도 쓰고 했으니 저에게 이야기를 해주신 것 같아요. 근데 이야기를 들어보니까 '카더라'에요. 저는 너무 황당한 얘기라서 곧 잠잠해질 거라고 생각했는데, 어떻게 이런 황당한 소문을 믿는 사람이 많은지. 광주사태는 국가적 조사가 지금까지 여섯 번 진행됐습니다. 1980년에 사건이 난 직후 계엄사에서 조사·발표했고, 1985년에 국방부에서 다시 조사·발표했고, 1988년부터 청문회를 통해 또 조사했고, 1995년에 서울지검과 국방부 검찰부가 공동으로 조사했으며, 1996년에 5.18 특별법에 의한 재판과 조사가 다시 있었습니다. 2007년에 과거사 위원회가 또 조사했고, 국정원 비공개로 또 조사했어요. 여기에 북한의 '북'자라도 들어갈 공간이 없습니다.

정 이런 음모론은 왜 나오는 겁니까?

조 믿고 싶은 사람이 많은 거죠. 대충 이런 것 같아요. 광주사태를 너무 성역화하는 것에 대한 반감이 굉장히 오랫동안 누적되어 왔다고 생각합니다. 그러니까 믿고 싶은 감정이 앞서는 거죠. 감정이 진실을 보는 눈을 흐리게 하는 경우가 있죠. 또, 저는 광주사태를 취재한 사람으로 광주 사람들이 왜 총을 들었는지 이해할 수 있습니다만, 먼 곳에 있는 사람들은 어떻게 시민들이 총을 들고 교도소를 습격하고 APC를 몰고, 기관총으로 사격하느냐 하는 반감이 있을 수 있죠.

「화려한 휴가」라는 영화에도 굉장한 조작이 있구요. 저는 「화려한 휴가」의 왜곡이 북한 투입설보다 더 악질적이라고 봅니다. 그 영화의 하이라이트가 그거 아닙니까. 전남 도청 앞에서 애국가를 부르는 시민을 향해서 공수부대가 무릎쏴 자세로 일제히 사격하는 장면. 그런 장면은 없었습니다. 이것은 굉장히 중요합니다. 왜냐하면 발포와 관계된 장면이기 때문에. 당시 사건을 아무리 조사해도 발포 명령자는 나오지 않았습니다. 만약 발포 명령자가 있었다면 사형을 당했겠죠. 아무리 조사해도 발포 명령자가 없습니다. 왜냐하면 자위적 발포이기 때문입니다. 21일 정오 무렵에 11여단 소속의 2개 대대가 전남 도청을 지키고 있었습니다. 광주시민들이 차량을 탈취해서 밀어붙여 현장에서 두 사람이 깔려 한 사람은 즉사했습니다. 당시 장교들이 한 클립 정도의 M16 실탄을 갖고 있었어요. 그걸 그 차량에 쏘기 시작한 것이 발포의 시작입니다. 살기 위해서 발포한 거죠. 그다음 시민들이 무기고를 탈취해서 무장했습니다. 무장한 시민과 군인들 사이에 발포가 일어났죠. 그런데 그런 영화를 만들어놓은 겁니다. 제가 그 영화를 당시 11여단 소속의 대대장과 같이 봤어요. 영화가 끝나고 기분이 어떠냐니까 한동안 말을 못하더라고요. 마치 유태인 학살하는 나치처럼 그려놓지 않았습니까? 영화 시작에 이 영화는 사실에 기초했다고 써놓았습니다. 누가 봐도 이 영화는 사실이라고 믿게 되어 있어요. 제가 당시 국방장관에게 여러 번 이야기를 했어요. 최소한 입대를 하고,

자식을 보내는 국민들에게 이런 장면은 없었다는 것을 설명해야 한다, 항의해야 한다. 하지만 아무런 조치를 취하지 않았어요. 그런 것에 대한 일종의 심리적 반감이 아니었나 싶습니다.

정 광주 얘기 좀 해봤습니다. 조 선배님은 박정희 연구가로도 독보적이시죠. 박정희 연구를 하시게 된 배경이 뭡니까?

조 저는 박정희 대통령이 쿠데타를 통해 집권한 1961년 5월 16일 아침에 그 유명한 '군부는 금일 미명을 기하여…'라는 방송을 들었어요. 당시 중학생, 그다음 고등학생 때도 저는 이상하게 박정희가 좋은 사람처럼 느껴졌습니다. 한일회담 반대시위에도 저는 빠졌어요, 할 마음이 들지 않더라구요. 그러다가 기자를 하면서 비판적으로 보기 시작했습니다. 원래 기자라는 것은 미시적이고 체험적이고 항상 부정적인 것을 보게 되니까. 그러다가 부마사태를 취재하고 현장에서 느꼈습니다. 이 정권이 이제 끝나겠구나. 아니나 다를까, 열흘 후에 10.26사건이 났습니다. 그때도 슬픈 마음은 없었어요. 이제는 새로운 역사가 시작된다는 마음만 있었죠. 그러다가 1980년대 「월간조선」에 와서 제3공화국에 대한 비사를 많이 쓰게 됐어요. 잡지 황금시대가 1980년대에 있었는데, 「신동아」와 「월간조선」이 많이 나갈 때는 40만 부씩 나갔습니다. 주로 3공화국 비사를 썼죠. 근데 1984년쯤에 이르러 박정희를 아무리 비판적으로 써도 사람이 작아지지 않고 오히려 커진다는 느낌을 받았어요. 그러다가 국립묘지에 놀러갔습니다. 그냥 놀러. 그러다 박정희 묘소에 한번 가보자는 마음이 들어갔었죠. 아무도 오지 않을 거라고 생각했는데, 사람들이 많이 온 겁니다. 기념일도 아닌데. 농사일로 얼굴이 새까맣게 탄 농민들이 와서 참배를 하는 거예요. 정말 감사하는 표정이 인상적이었습니다. 그때부터 서서히 바뀌었습니다.

정 박정희에 대한 지금의 결론은 어떤가요?

조 아직도 부족한 게 많죠. 많은 책을 썼지만 추가적으로 발견되는 것도 많고 고칠 것도 많은데… 박정희라는 사람을 한마디로 말하면 근대화 혁명가라고 할 수 있겠죠.

정 박정희라는 인물 없이는 대한민국의 근대화가 불가능했다고 보시는 겁니까?

조 박정희와 군인 엘리트의 효율적인 리더십이나 국가경영이 없었다면 없었겠죠. 더구나 박정희를 평가할 때 쟁점이 많이 된 것이 5.16과 유신인데. 많은 사람들이 5.16은 불가피했지만 유신은 그렇지 않다고 부정적인 평가를 합니다. 하지만 저는 그렇게 생각하지 않습니다. 5.16도 쿠데타이고, 유신도 쿠데타임은 사실입니다. 그러나 박정희를 온전히 평가하려면 유신을 부정하고 5.16

만 긍정할 수 없습니다. 5.16의 결산이 유신의 7년입니다. 그 7년을 통과하면서 박정희는 독재자라는 욕을 얻어먹었지만, 연간 경제성장률 10%, 임금 상승률 13%, 함께 가던 필리핀, 태국, 말레이시아를 월등히 따돌리고 오늘날의 한국이 먹고살 수 있는 기반을 만들었습니다. 중화학공업 건설과 같은 시기죠. 박 대통령이 만든 유명한 말이 있습니다. "유신은 국력의 조직화와 능률의 극대화다." 그래서 당시 우리나라가 선진국으로 갈 수 있는 막차를 탄 것이 아니냐, 이렇게 생각합니다.

정 당시 중국이 문화혁명으로 내달려 가버렸죠. 우리나라는 그나마 유신독재의 시스템을 통해서 중화학공업이라는 게 폭발했고, 사실 유신과 중화학공업은 떼려야 뗄 수 없는 관계입니다.

조 박정희를 헌법적으로 따지면 독재자라고 이야기할 수 있겠죠. 그러나 지금 시점에서는 역사적 관점을 취해야 한다고 생각합니다. 역사적 평가는 그 안에 법률, 경제, 정치, 문화 등 모든 것이 포괄된 가장 큰 단위의 평가인데, 역사적 평가로 한다면 박 대통령의 18년 집권은 한국 민주주의를 가능케 한 원동력이라고 봅니다. 저는 이승만, 박정희가 한국 민주주의의 2대 건설자라고 생각합니다. 역사적 평가로. 박대통령은 한 번도 민주주의의 불가피성을 부정한 적은 없습니다. 다만 미국식 민주주의를 그냥 이식시키는 것은 안 되고, 현실에 맞게 민주주의를 변용해야 한다는 주장이었습니다. 박 대통령은 해방 이후에 한국 사람들 중에 '민주주의는 하나님이 아니고, 절대가치가 아니다. 민주주의는 국가발전을 위한 수단이다'라고 이야기한 유일한 사람이죠. 지금 모든 사람들이 민주주의를 절대가치로 생각하는데, 박대통령은 그렇게 생각하지 않았습니다.

정 지금 민주주의가 신이 되어 있죠. 사실은 박정희의 유신 시스템 속에서 중산층이 알을 깨고 나오고, 중산층이 만들어지면서 한국 민주주의가 구각을 깨고 만들어진 것이죠. 이승만 대통령에 대해서는 어떻게 보십니까?

조 박 대통령 전기를 쓰다보니까 이승만 대통령 쪽으로 관심이 또 옮겨갔습니다. 저는 이렇게 정리합니다. 박 대통령의 성공은 이승만을 계승 발전시킨 것이라고. 이승만 없는 박정희는 없습니다. 이승만은 박정희보다 사상의 크기가 훨씬 큰 사람이죠. 박정희는 실무적인 사람이고. 이것을 제대로 이해하려면 나이가 들고 경험이 쌓이고… 이승만을 아는 만큼 사람이 성숙해진다는 생각을 합니다. 저도 새로운 부분을 발견하면서 깜짝 놀라기도 하는데.

이승만은 시인이기도 하고, 옥중에서 『독립정신』이라는 중요한 책을 쓰신 분이고, 하버드 석사, 프린스턴 박사, 한국 최초의 일반 신문사 사장도 하셨고, 정상회담 하다가 아이젠하워Dwight Eisenhower

대통령이 화가 나서 뛰쳐나가니까 등에다 대고 "저런 고얀 놈이 있나!"라고 고함쳤던 분입니다. 하늘에서 내린 분이죠. 가장 위대한 점 중 하나는 자유가 가진 무한한 생산성을 안 사람이라는 겁니다. 당시 우리는 자유 하면 언론의 자유, 정치적 자유로만 자유를 이해했는데, 이승만은 이미 29세에 『독립정신』을 쓸 때 "인간에게 자유를 주면 사회가 생동해서 많은 부를 생산하고 강병을 가질 수 있다. 부국강병은 자유에서 나온다. 그러므로 나라를 만들 때는 반드시 자유 위에 나라를 세워야 한다."는 말을 합니다. 두 번째는 공산주의의 악마성을 우리나라에서, 아니 세계에서도, 가장 먼저 본 분이라고 생각합니다. 1920년대 공산주의가 세계를 휩쓸고 있을 때, 이분이 쓴 『공산주의 비판문』이 있어요. 최근 발굴됐습니다. 그걸 읽어보면 제가 써도 그 이상 못 쓰겠다는 생각이 들 정도입니다. "공산주의는 콜레라균과 같다. 같이 살 수가 없다. 즉, 좌우 합작은 안 된다." 오늘날 대한민국이 건국될 수 있었던 것은 해방 직후에 미국과 소련, 그리고 당시 한국 지식인들이 권하는 좌우합작을 하지 않았기 때문입니다. 동구에서는 비슷한 시기에 좌우합작을 통해 공산화로 넘어갔죠. 좌우합작을 하면 공산주의자들이 내무부 경찰을 장악합니다. 그다음 언론 통제로 가고. 하지만 이승만은 공산주의를 절대 악으로 봤기 때문에 동거하지 않으려 했죠.

정 저도 요즘 한창 이승만의 전기를 공부합니다. 아마 나이가 좀 들어야 이해가 되는 분이 아닌가 하는데, 사실 지식으로 따지면 그 당시에 이미 세계사적 지식수준에 완전히 도달해 있었죠. 미국 지식계에서도 그야말로 최고에 있었던 분인데, 사실 우리로 볼 때는 우연이긴 하지만 복이기도 한 거죠.

조 경이로운 거죠. 6.25 당시 미국 대사로 무초가 있었습니다. 이 사람이 1973년에 Oral History라는 프로에서 2~3일 동안 이승만을 증언한 것 중에 한 대목이 생각납니다. "세계정세를 가장 고차원에서 이해한 사람이다." 이 말은 세계정세를 읽을 줄 알았다는 의미도 있겠습니다만, 세계를 지배하는 자유민주주의에 대한 철저한 인식, 공산주의 본질에 대한 정확한 인식이 있었다는 의미가 있습니다. 그것은 기술적으로 익힌 게 아니고, 기독교 신도로서 갖게된 인간 생명에 대한 존귀함, 개인의 자유가 가지는 존엄성, 신성 불가침성에 대한 확신 때문이었던 것 같아요. 이승만은 한 번도 한국 사람은 안 된다는 이야기를 한 적이 없다고 해요. 당시 조센징은 안 된다는 말이 유행처럼 농담으로 사용될 때였거든요. 그런데 농담으로도 그런 이야기를 한 적이 없다고 해요. 오히려 "한국 국민은 세계적으로 상지상上之上이다. 그러나 양반들은 하지하下之下다. 국민들이 깨어나기만 하면 우리는 선진국이 될 수 있다."는 확신을 가졌다고 합니다.

정 제가 알기로 젊은 시절 한성 감옥에 있을 때, 당시 조선이

라는 나라가 국민이 주인인 민주공화국으로 독립되어야 한다는 생각을 처음 하신 분이라구요? 그 위에 서재필 등의 가이드들도 있었겠지만, 그 생각을 구체적으로 하고 독립운동을 한 첫 근대인이라는 평가가 있습니다.

조 이런 얘기가 있죠. "아시아에서 두 개의 기적이 있다. 하나는 중국이 공산화 된 것, 하나는 한국이 공산화 안 된 것이 기적이다." 중국처럼 실용적인 국민들이 공산화 된 것은 모택동이라는 군사적 정치가가 나왔기 때문입니다. 한국은 조선시대의 유산이 명분론이고 관념론인데, 이것은 좌파 노선과 딱 맞는 특성이죠. 그런데 왜 공산화로 가지 않았는가? 여러 이유가 있지만, 이승만 또는 기독교로 설명할 수 있지 않을까 생각합니다. 아시아에서 민족 독립운동을 한 나라는 다 공산주의로 갔는데, 이상하게 우리는 임시정부 수립 때부터 자유민주주의 체제로 간다는 선택을 한 겁니다. 독립운동의 주류 세력이 좌파가 아니었다는 점, 그런 점에서 김구 선생의 기여가 있습니다. 김구와 이승만, 이 두 분이 버틴 겁니다. 민족 독립운동의 주도권을 좌파에 빼앗기지 않게 한 거죠. 그리고 두 분 다 기독교 신자입니다. 19세기 말에 기독교가 들어오면서 병원, 학교 등을 만들고 국민을 일깨우는 역할을 했고, 역사의 한 복판에 항상 기독교가 있었습니다. 3.1운동 서명인의 33명 중 기독교인이 16명이었던 것을 보아도 그 영향력을 알 수 있죠. 그 흐름 속에서 미국과의 친화성, 그리고 이승만이라는 위대한 인물이 만들어졌다고 봅니다.

정 지금 국내 일부 세력들은 이승만과 박정희를 부정하고 싶어 하는데, 그 둘을 무너뜨리면 대한민국의 현대사를 무너뜨릴 수 있다고 보는 겁니까?

조 특히 이승만이겠죠. 박정희는 부정하려야 부정할 수 없는 게, 거대한 중화학공업의 기반이 있고, 고속도로가 있고, 살아있는 기억이 있거든요. 눈에 보이는 걸 만들었기 때문에 부정할 수 없죠. 근데 이승만은 설명이 안 됩니다. 자유 민주주의 한미동맹, 교육개혁, 농지개혁 등이 없었으면 근대화는 불가능했는데, 그것은 눈에 안 보이죠. 또 대한민국 건국의 정통성을 부정해야 북에 유리한 역사관을 만들 수 있는데, 바로 이승만이 정통성의 출발점이기 때문에 이 공격에 총집중 하는 것이라 생각합니다. 문제는 국가적 역사관을 교육해야 할 역대 대통령이 이 점에서 자기 임무를 다 하지 않고 있다는 겁니다. 제가 들어본 8.15 경축사 중에 단 하나도 이승만의 건국에 대한 역할을 언급한 것이 없었어요. 지금 우리가 쓰는 화폐 보세요. 돈만 보면 마치 조선시대를 살아가는 것 같지 않습니까? 어느 나라든 화폐에는 공화국을 세운 사람들의 얼굴이 들어가야 하는 겁니다. 이러면 교육이 안 돼요. 국가적 공인된 역사관을 수호하는 일은 대통령이 하는 겁니다. 어떻게? 연설을 통해서, 또 상징물을 통해서 하는 겁니다. 남산에 가면 이

시영 부통령 동상이 있대요. 아니, 부통령 동상은 있고, 대통령 동상은 없는 나라! 이건 나라가 아닙니다. 이건 남한테 미룰 것이 아니라 대통령에게 요구해야 합니다.

정 제가 상해에 있는 임시정부 청사에 갔을 때, 임시정부를 만들고 초대 대통령으로 취임했던 이승만에 대한 기록이 전혀 없는 걸 보고 깜짝 놀랐습니다. 어떻든 우리라도 건국의 뿌리를 깊이 세우고 대한민국의 정통을 바로 세우는 작업을 해야 할 것 같습니다. 6.25전쟁은 어떻게 보십니까? 6.25전쟁 자체는 고통의 과정이었지만, 그 이후 근대화로 새 출발하는 데 원동력이 되었다는 이야기를 최근 들었습니다.

조 6.25는 재앙으로 위장한 축복이었어요. 6.25 없었으면 1960년대 초에 한국은 월남 식으로 공산화됐을 겁니다. 6.25가 났을 때 한국은 출구가 없었어요. 한미 동맹도 없었고, 주한 미군도 나갔고, 국회에는 좌익들이 들어와서 여러 가지 분탕질을 하고 있었고, 이미 산악 지역에는 북한 게릴라들이 들어와 있었습니다. 이승만이 미국에 무기를 좀 보내달라니까 탱크 한 대도 안 보내주다가 마지막에 고물 함정을 하나 주던, 그런 상황이었습니다. (그런데 그 고물함정이 6.25 이튿날 부산에서 몇백 명의 게릴라를 싣고 오는 북한 배를 격침시키는 기적이 있었습니다만.) 저는 6.25 없었으면 한국은 망했다고 생각합니다. 왜 이런 기적이 있었느냐? 바로 트루먼_{Harry S.}

Truman대통령이란 사람이 그 순간에 대통령 자리에 앉아 있었던 것이 기적이죠. 트루먼은 한국전쟁으로 매우 고생한 사람인데요. 결국 휴전을 이루지 못하고 퇴임했고, 지지율이 20%였습니다. 그 기록을 이라크 전쟁으로 부시가 깼죠. (웃음) 최근 들어 점점 트루먼 대통령의 평가가 높아져서 미국 대통령 중에 가장 위대한 대통령 6~7번째로 꼽힌다고 합니다. 그 이유는 한국전의 승리가 동서 냉전을 서양의 승리로 이끌었다는 역사적 평가가 이루어지고 있기 때문입니다. 이 이야기는 2000년 6.25 50주년 행사 때 클린턴이 한 얘기입니다. "한국전쟁에서 우리가 지켜냈기 때문에 10년 전 베를린 장벽 위에서 축제를 열 수 있었다." 6.25가 얼마나 기적이냐면, 트루먼이 전화를 받자마자 참전을 결심했대요. "무슨 수를 써서라도 그 개새끼들을 막아야 합니다! We have got to stop the son of bitches no matter what!" 통화가 딱 10초 걸렸다고 합니다. 그리고 참전 결심이 굉장히 빨리 집행됐어요. 27일에 해-공군이 이미 작전을 지휘하고, 30일에 육군을 보내는 결정을 해요. 일본에 있던 선발대가 7월 5일 대전으로 와서 최초의 교전을 합니다. 속전속결이었죠. 이 전쟁으로 덕을 본 것이 대만입니다. 대만은 한 달 뒤에 모택동에 의해 점령되게 되어 있었어요. 미국은 당시 공식적으로 대만을 지킬 의사가 없다고 선언했었습니다. 그런데 6.25 전쟁이 터지자 대만을 지키기로 결정합니다. 일본이 재무장하고, 독일이 재무장하고, 나토를 군사동맹 체제로 강화합니다. 그리고 미국은 3년 동안 군사비를 4배로 늘리면서 본격적으로 소련과 군비 경쟁을 하기 시

작합니다. 결국 1980년대에 소련의 경제가 무너지면서 냉전체제가 끝이 났죠. 그러니까 한국전쟁은 이긴 전쟁이에요. 세계사적으로 가장 의미 있는 전쟁입니다.

점 6.25 전쟁은 유라시아 대륙에 자유를 박은 쐐기였습니다. 그렇죠?

조 미국은 '알지도 못하는 나라의 만나본 적도 없는 사람들을 지키기 위해 우리 젊은 사람들을 보냈다'고 회고합니다. 외국을 지키기 위해 자국의 젊은이를 희생시키는 게 얼마나 어렵습니까. 흔히 미국이 자기 국가 이익을 지키기 위해 참전한 것이라고 주장하는 사람들이 있는데, 정말 배은망덕한 이야기죠. 당시 세계 어떤 나라도 가질 수 없는 미국만이 가진 고귀한 뜻이 있었습니다. '자유'라는 것을 지키기 위해 자국민을 희생한다는 것이죠. 더구나 트루먼은 두 번이나 한국을 살렸어요. 당시 맥아더가 중공군이 개입하지 않을 것이라는 오판으로 북진을 강행했습니다. 때문에 중공군이 개입하는 사태가 일어났죠. 당시 맥아더는 원자폭탄을 써서 중국을 해안봉쇄하고 만주를 폭격하자고 주장했습니다. 하지만 트루먼은 그것은 3차 세계대전으로 가는 길이라고 생각하고 반대했어요. 그러니까 맥아더가 한국을 포기하고 일본을 지키자고 합니다. 당시 영국에서도 수상이 달려와서 현재 한국으로 군사가 쏠려 있어 유럽이 텅텅 비어 있으니 한국은 포기하고 유럽으로 군사를 보내달라고 말합니다. 이때 트루먼이 이렇게 결정합니다. 맥아더에게는 "싸우다 져서 철수하는 건 어쩔 수 없다. 그러나 미리 철수는 있을 수 없다." 영국에게는 "우리가 철수하면 우리를 믿고 함께 싸우던 한국인들이 다 죽습니다. 미국은 친구가 어려울 때 버리는 나라가 아닙니다." 이렇게 말합니다. 이것은 정상회담 기록에 남아 있는 겁니다.

또 하나 휴전회담이 왜 2년을 끌었는지 사람들이 의미를 잘 몰라요. 원래 휴전협상은 1951년 봄부터 시작됩니다. 제일 중요한 안건이 '포로' 문제였어요. 원래 제네바협정에 의하면 양국이 포로를 무조건 교환하게 되어 있었습니다. 미 국방부에서는 그렇게 하려는데, 미 국무부에서 문제를 제기합니다. 2차 세계대전에 독일군에 잡혔던 소련군 중에 본국으로 돌아가지 않으려는 사람들이 있었습니다. 그런데 이 사람들을 그냥 교환하니까 본국으로 가서 다 숙청당한 겁니다. 미국무부는 '본국으로 돌아가지 않으려는 반공 포로들이 있고, 그들을 그냥 보낸다면 아마 다 죽을 것'이라는 건의를 합니다. 미 국방부에서는 그러면 자국의 포로는 언제 데려오냐며 맞섰죠. 이때 트루먼이 국무부 편을 듭니다. "우리는 살육되는 것을 알면서도 사람을 돌려보낼 수 없다. 이것은 타협 불가능이다. 협상 대상이 아니다."라고 선언했습니다. 그래서 전쟁이 2년 더 지속되고 미군의 반이 더 죽습니다. 생각해보세요. 한국, 중공군 반공포로를 위해서 미군과 미군 포로를 희생시킨 것이 트루먼입니다. 이런 사례는 전 세계에 없어요.

정 한국전쟁이 세계에 재앙으로 가장된 축복이었다고 말씀하셨는데, 그렇다면 한국에서 재앙으로 가장된 축복으로 작용했던 이유는 뭡니까?

조 첫째는 우리 국민들이 처음으로 공산주의의 악마성을 체험한 것이죠. 이승만 정부 초기에도 여전히 좌파들이 헤게모니를 잡고 있었습니다. 그런데 한국전쟁으로 공산주의는 안 된다는 국민적 결단이 있었어요. 그것이 1953년 반공자유민주주의 체제라고 저는 생각합니다. 그 체제에서 우리 경제가 성장할 수 있었죠. 둘째는 한미동맹이 만들어진 겁니다. 이승만 대통령이 미국을 압박해서 우리의 생명선을 만든 거죠. 그 후 한국군이 10만 명에서 70만 군대로 강군이 되었고 군 장교단이 형성되었습니다. 당시 군대 조직이 우리나라에서 가장 발전되고, 가장 개혁적인 집단이었습니다. 유학도 많이 갔죠. 그리고 후에 군 장교단의 대표선수인 박정희가 정권을 잡게 됩니다. 셋째로 우리의 민족성이 바뀌었습니다. 관념적이었던 국민성이 실용적으로 바뀌고 악바리가 되었죠. 전쟁을 통해 이병철, 정주영 같은 대기업이 나타났구요.

정 사실 현대사 얘기를 하면 이 밤을 다 새워야 하는데요, 시간을 허락하신다면 좀 더 이어가 볼까 합니다. (관객 박수와 환호) 그러면 질문을 하나 받아볼까요?

관객1 저 또한 이승만 대통령께서 자유민주주의를 우리나라에 심어주어서 그 혜택을 상당히 받고 있습니다. 하지만 이승만 대통령이 미군 철수를 용인하고, 북침 통일을 허언하고, 국민을 고립시켜놓고 자신은 도망친 사건 등은 이해가 어렵습니다.

조 주한 미군이 1949년 6월 30일에 철수한 것은, 이승만 대통령이 막으려고 했지만 되지 않았던 겁니다. 미국은 당시 한국은 전략적 가치가 없다는 판단을 내린 상태였습니다. 또 2차 세계대전에서 일본군과 싸우고는 혼이 났기 때문에 아시아 군대와의 육상전을 피하려고 했었습니다. 그래서 이승만 대통령이 막지 못했던 것이고. 북진통일을 이야기 한 사람은 신승목 국방장관인데요. 주한미군이 철수하면 자동적으로 북한군이 내려오겠다는 판단이 섰습니다. 그건 누구보다 이승만 대통령이 먼저 알았습니다. 그래서 미국에게 무기를 요구했는데, 지원해주지 않았죠. 그 사이에 소련, 중국이 북한군을 강화시킵니다. 때문에 심리전으로 그 상황을 만회하려는 의도이지 않았을까 생각합니다. 그리고 6월 27일 수도를 사수한다는 방송을 해놓고 이승만은 야간열차 타고 대전으로 가버렸죠. 많은 사람들이 그 방송을 믿고 남았습니다. 그런데 또 한강다리를 폭파시켰습니다. 그래서 군대 5만 명이 고립되고, 국회의원들도 수십 명이 납북이 됐습니다. 이건 이승만 대통령의 큰 실수입니다. 그 이후에도 이승만 대통령이 말년에 가서 세상 물정을 모르고 측근에 둘러싸여서 오판한 것이 많습니다. 이승만 대통령을 존경한다고 해서 그런 것까지 경하할 수는 없죠. 그러나 역사적으로 전체를 놓고 보았을 때, 업적이 과실보다 많다는 것입니다.

정 박근혜 대통령 정부의 역사적 소명을 어떻게 보십니까?

조 저는 이번에 시진핑 주석이 중국인다운 표현으로 "민심과 대세가 한반도의 비핵화를 요구한다."는 말을 하는 것을 들었습니다. 민심과 대세. 이걸 합쳐서 중국은 천심이라고 표현하죠. 저는 북한 정권을 정리하는 쪽으로 동북아 정세가 흘러가고 있는 것이라고 생각합니다. 그리고 어떻게 한국에서만 광주사태가 나겠습니까. 북한에도 이런 사건이 일어날 겁니다. 10.26사태가, 부마사태가, 4.19혁명이 날 거라고 봅니다. 그래서 저는 지금 자유통일로 가는 천하대세의 문이 열리고 있다고 생각합니다. 자유진영에서는 통일의 이니셔티브를 잡아야 한다고 생각합니다. 자유민주주의 세력이 통일지향 세력이에요. 한국의 종북 좌파세력은 분단고착 세력입니다.

정 어리석은 연개소문이 무력 노선을 지속한 끝에 자식들끼리 내분과 쿠데타가 터지고, 결국 자식 중 남생이라는 자가 당나라 군대를 끌고 들어와 고구려가 망했는데요. 저는 그런 역사가 재현되는 것은 아닌가 걱정이 됩니다. 우리 힘으로 저지가 가능하겠습니까?

조 한때 노무현 정권 당시 우리나라 드라마에 연개소문, 광개토대왕, 대조영 등 북쪽을 미화하는 것들이 많이 나왔어요. 근데 한 탈북자가 연개소문 드라마를 보더니 어떻게 김정일과 저리도 비슷하냐고 이야기를 하더군요. (웃음) 고구려가 망한 것은 연개소문 때문이었습니다. 왜 당과 싸웁니까. 약한 나라는 강한 나라와 친하게 지내야죠. 이기면 몰라도. 당은 당시 최고의 전성기였는데. 그리고 당시 고구려는 귀족들을 많이 죽여서 분열되어 있었습니다. 결국 아들들이 나라를 무너뜨렸는데, 저는 북한도 비슷한 과정으로 가지 않을까 생각합니다.

우리가 통일의 역사적 사례로써 교훈으로 삼아야 할 것이 두 개 있다고 봅니다. 하나는 신라의 삼국통일입니다. 어떻게 가장 작은 나라인 신라가 당시 문화적으로 가장 발달한 백제와 군사적으로 가장 발달한 고구려를 이길 수 있었는가? 여러 이유가 있겠지만 가장 중요한 것이 내부 단결이라고 생각합니다. 내부 단결이 됐기 때문에 동원력이 컸습니다. 왜 황산벌 싸움에서 김유신은 군사 오만 명을 동원했는데, 계백은 오천 명 밖에 동원하지 못했을까? 백제의 인구가 두 배인데. 그것은 백제가 지방분권으로 가서 군사 동원에 협조하지 않았기 때문입니다. 그리고 신라가 외교를 잘 했죠.

외국 사례에서 우리가 교훈으로 삼아야 할 것이 독일 통일입

니다. 세계 역사상 가장 성공한 사례입니다. 피 한 방울 안 흘렸죠. 지금은 통일 후유증을 극복하고 유럽에서 가장 강한 경제를 갖고 있습니다. 한국 좌익들은 독일이 통일하는 바람에 경제 혼란이 왔다고 완전히 거짓말을 했습니다. 그래서 통일 공포증을 만들었죠. 그 이야기를 아직도 믿는 사람들이 있는 것 같아요. 독일 정도의 후유증만 있다면 우리는 통일을 쌍수로 환영해야 하지 않겠습니까?

저는 이제는 통일의 슬기로운 방안을 논의할 때라고 생각합니다. 우리는 역사적으로 통일된 한국이 외침한 일이 없습니다. 한반도가 강력하면 동북아에 평화가 옵니다. 신라 통일 후 200년 동안 당, 신라, 일본이 고대사의 황금기를 열었습니다. 한반도가 불안하거나 분단이 되면 반드시 전쟁이 일어납니다. 이런 이유로 우리는 얼마든지 주변 국가를 설득할 수 있습니다. 요새 친중-반일 같은 분위기가 형성되고 있는데, 그렇게 가서는 안 됩니다. 주변국가와 친해져야 하고, 어떤 주변국가와도 적대관계를 형성해서는 안 됩니다.

정 향후 몇 년 안에 통일의 정기가 올 것이라고 보십니까.

조 어떤 물질이든, 사건이든 임계점에 다다르기까지는 시간이 오래 걸리지만 임계점을 지나면 그 속도는 매우 빨라집니다. 저는 지금이 통일의 임계점 직전이라고 생각합니다. 이 임계점에 다 다르는 촉진제는 결국 우리 국민이라고 생각합니다. 주변국가의 문제는 종속되는 문제일 뿐입니다. 통일에 대한 우리의 의지가 중요합니다. 통일로 가야 우리 사회의 지역갈등, 이념갈등, 계층갈등을 해소할 수 있다고 생각합니다. 물론 경제적인 측면에서도 도움이 되고.

정 백낙청을 비롯한 좌익세력들이 통일을 완전히 포기한 겁니까?

조 종북 좌파도 현재로는 북한 주도의 통일은 불가능하다는 것에 동의합니다. 그러면 남은 것은 대한민국 주도의 통일인데, 이것을 막아야겠다고 개발한 논리들 중 하나가 '**흡수통일은 안 된다**'는 말입니다. 멍청한 역대 대통령 한 사람이 우리는 흡수통일할 의지도 없다는 바보 같은 소리를 했는데, 그럼 어떤 통일을 해야 합니까? 대한민국 헌법 제 4조는 "자유민주적 기본질서에 입각한 평화적 통일정책을 수립하고 추진한다."고 명시합니다. 평화적으로 자유통일 하라는 겁니다. 그건 흡수통일이지 뭐겠습니까. 우리의 통일 방안이에요. 그걸 안 하겠다는 립서비스가 우리 발목을 잡았죠. 그리고 두 번째로 개발한 논리가 '**평화협정**'입니다. 평화협정으로 핵문제를 해결하자는 주장을 자꾸 하고 플래카드를 내거는데, 평화협정은 쉽게 말하면 6.25를 끝내는 협정입니다. 지금의 정전협정은 당시 싸웠던 군인들 간의 협정입니다. 그것을 국가

간의 강화협정으로 만들면서 남과 북을 국가와 국가 간의 관계로 만든다는 거죠. 우리의 분단 상황을 제일 정확하게 해석하면 이것입니다. "민족사의 정통성과 삶의 양식을 놓고 다투는 타협이 절대 불가능한 총체적 권력투쟁이다. 한반도는 1민족 1국가의 전통을 계속 유지해왔다. 그래서 한반도에 정통성 있는 국가는 하나뿐이다. 때문에 우리는 상대방을 국가로 인정하지 않는다." 근데 평화협정을 통해 북한에 대사를 파견하고 교류를 한다는 것은 북한을 국가로 인정한다는 것입니다. 그것은 결국 국제사회에 우리는 통일 의사가 없다는 것을 공개적으로 천명하는 것입니다. 곧 통일 포기, 분단 고착이죠.

정 그렇군요. 관객의 질문을 하나 더 받아보겠습니다.

관객2 예전에 이명박 대통령 시절에 통일세, 또는 통일기금 등을 통해 통일의 사전 대비를 하자는 얘기가 나왔었는데, 당시 반응이 눈 먼 돈이다, 그걸 굳이 모으느냐, 해서 무산된 것으로 알고 있습니다. 통일세와 통일기금에 대해 어떻게 생각하시는 지요? 그리고 중국의 경우, 순망치한脣亡齒寒이라고 해서 북한을 현 상태로 유지하려고 하지 않을까 하는 생각도 드는데요, 어떻게 생각하십니까?

조 옛날에는 중국이 북한을 필요로 했죠. 왜냐하면 북한은 중국의 뒷문을 지키는 미친개였거든요. 뒷문은 미친개가 지키는 게 좋아요. 뒷문으로 들어오려는 사람은 도둑들이니까 막 물어야 좋죠. 근데 너무 짖어대고 아무나 물어버리니까 중국도 골치가 아파지기 시작한 겁니다. 특히 핵 위협 사태를 겪으면서 중국이 얼마나 창피하게 됐습니까. 북한이 핵 선제공격을 공개 도발하지 않았습니까. 즉, 핵을 가지지 않은 나라를 핵을 가진 나라가 공격하겠다는 도발을 한 거죠. 그런 터무니없는 도발은 핵무기가 개발된 이후 처음 있는 일입니다. 하도 이런 막말을 하니까. 중국이 더 이상 북한을 껴안고 가면 손해가 많겠다는 판단을 하게 되는 겁니다. 더군다나 시진핑은 후진타오나 장쩌민과 달리 덜 이념적인 사람이라고 해요. 실용적인 사람입니다. 이제 중국이 미국과 양극체제를 이루어서 천하대세를 논해야 하는데, 북한을 붙들고 있다간 안 되겠다는 생각이 들겠죠. 중국은 국가이익을 따져서 자국에 도움이 된다면 북한을 내줄 겁니다. 중국과 북한 지도부가 바뀌면서 과거 혈맹주의도 퇴색되었거든요. 또 통일된 한국이 절대 중국에 위협이 되지 않는 상황이 된 겁니다. 오히려 북한이 암덩어리처럼 중간에 끼어 있으니까 물류 교류도 어렵고. 때문에 저는 북한을 정리하는 쪽으로의 합의가 만들어지고 있는 과정이라고 생각합니다. 이때 우리가 좋은 안을 만들어야 합니다. 그런 의미에서 통일세, 통일기금은 꼭 필요한 거죠. 이명박 대통령은 집권 당시 대북정책을 잘 했습니다. 5년 동안 봉쇄정책을 펴서 북한으로 들어가는 현금원을 차단했습니다. 그 바람에 북한의 시장경제가 커졌죠.

정 한중 간 무언가의 큰 협상, 합의라고 할 수 있는 것이 이번에 중국 방문을 통해 시작되지 않을까 기대를 가져봅니다. 마지막으로 한 말씀 해주시죠.

조 아까 광주사태 이야기를 했는데, 단편적으로 이야기하고 넘어갈 것이 아니라 전후 맥락을 한 번 설명해드릴 필요가 있다고 생각합니다. 이게 앞으로 계속 문제가 될 것이고, 반드시 우리 사회의 능력으로 한국 역사에 담아서 녹여내야 하기 때문입니다. 그러려면 사실관계에 대한 명확한 기승전결이 있어야 해요.
 광주사태는 5.17이라는 계엄확대 조치에 의해 출발했습니다. 신군부가 정권을 잡기 위해 계엄확대 조치를 취했습니다. 거기에 반발한 학생시위가 계엄확대 조치에도 불구하고 전남대, 조선대에서 일어난 겁니다. 여기서 문제는 시위 진압으로 공수부대가 투입됐다는 것이죠. 공수부대는 시위 진압에 투입해서는 안 됩니다. 공수부대는 시위 진압 훈련을 받지 않습니다. 가장 어려운 작전을 수행하는 그야말로 특수부대죠. 이 사람들을 광주로 보낸 데서 이 비극이 시작된 겁니다. 그런데 특수부대도 명령에 의해 왔고, 상대가 돌을 던지는데 뭘 어떻게 해야 하나, 그런 상황이 된 겁니다. 총알도 안 주고 총을 쏘라는 명령도 없고. 그래서 몽둥이를 들고 난타를 하기 시작했습니다. 공수부대가 가지고 다니는 몽둥이는 1미터짜리 물푸레나무로 만든 것입니다. 머리 한 방 맞으면 죽어요. 166명의 시민 사망자 중 26명이 두부 손상, 타박상, 자상에 의해 죽었습니다. 그것이 금란로라는 도로에서 대낮에 이뤄졌어요. 이걸 보고 광주시민들이 악에 받쳐서 들고 일어난 것이 광주사태의 시작입니다. 나중에 공수부대를 물리는 과정에서 193명이 죽었죠. 사망자 중 민간인이 166명, 군인이 23명, 경찰이 4명이었습니다. 이것은 무엇을 말하느냐면, 학살이 아니었다는 겁니다. 양쪽 다 피해자가 나온 것을 학살이라고 부르지는 않죠.

현장에서 취재 당시, 저는 '내가 광주시민이라도 총을 들었을 것'이라는 생각이 들었습니다. 그런데 그 뒤에 저는 아주 특이한 경험을 했어요. 공수부대를 취재 했는데, '내가 공수부대 장교였어도 총을 쐈을 것'이라는 생각이 든 겁니다. 이것이 비극이죠.

그러므로 이 사건에 대한 사후 처리를 어떻게 했어야 하는가. 저는 5.18 특별법을 만들어서 전두환, 노태우, 진압범을 구속하는 것은 하지 않았어야 한다고 봅니다. 당시 김영삼이 다른 이유를 만들어서 재판으로 끌고 왔어요. 공소시효가 끝났으므로 역사의 평가로 사후 처리를 넘기기로 그 전에 합의가 있었습니다. 그런데 당시 전두환 비자금 등으로 정치적 분위기가 만들어지면서 다시금 재판이 이루어진 겁니다. 그렇다면 재판 결과는 어떻게 되었나. 헌법에는 국민저항권이 없습니다. 하지만 자연법에 있기 때문에 4.19 이후 두 번째로 광주 시민의 무장봉기는 국민저항권에 의한 합법적 판결을 받았습니다. 그러면 누가 죄인이 되느냐, 그것을 진압한 군인들이 내란을 벌인 것으로 처벌이 되죠. 이렇게 결론이 났습니다. 그러면 명령을 받고 광주로 파견된 군인들은 어떻게 되는 것인가. 당시 그 현장에서 사망한 군인과 경찰들은 죄인으로 남는 것인가. 지금까지 말씀 드린 사실관계는 사실 그대로입니다.

그렇다면 이제 우리가 이것을 어떻게 우리 역사 속에서 잘 녹여낼 것인가. 첫째, 광주사태는 좌익 폭동이 아닙니다. 좌익이 주동한 것이 아닙니다. 때문에 이념적으로 봐서는 안 됩니다. 둘째, 당시 군인들은 (본인 의지가 아닌) 명령에 의해 파견됐습니다. 그리고 광주 시민들은 자유민주주의를 지키기 위해 봉기했습니다. 이 두 개를 모두 인정하는 방향으로의 화해가 있어야 합니다. 이걸 가지고 반군 선동을 해서도 안 되고, 어느 지역에 대한 악감정을 유발하는 쪽으로 가서도 안 됩니다. 더 이상 터무니없는 선동이나 유언비어, 억측들이 없어야 하겠습니다.

정 오늘 긴 시간 여러 이야기를 들려주셔서 너무 감사합니다.

정규재에게 묻는다!

🎙️ 왜 자유주의자가 되셨나요?

　사실 제가 학교 다닐 때만 하더라도 '자유'라는 것이 소개되지 않았습니다. 민주주의의 일반적 원칙으로써 '자유민주주의'라고는 알고 있었죠. 당시 팽팽한 반독재투쟁 속에서 학교의 문이 열렸고, 데모로 학교가 폐쇄되는 상황들이 되풀이되었기 때문에 단순히 반독재로써의 자유를 인식했을 뿐, 개인주의에 기초한 전형적 의미로서 국가주의에 대한 반대, 전체주의의 반대로서의 자유란 개념이 명확치 않았습니다.
　그런 시대 속에서 저는 우연히도 기자를 하게 되었고, 1991년도 구소련이 무너지기 일보직전에 특파원으로 가게 됐습니다. 전체주의가 무엇인지, 사회주의가 어떻게 해서 결국 개인의 자유를 봉쇄하는지, 자본주의의 병폐를 치유하고자 하는 복지정책 같은 것들이 왜 대부분 실패할 수밖에 없으며 또 하나의 독재체제를 만들 뿐인지 등을 구소련에서 눈으로 보고 절실하게 느끼게 됐죠. 특파원 기간 동안 수많은 리포트를 쓰고, 공장이나 여러 조직 등을 미친 듯이 취재하는 과정에서 밤새워 고전을 찾아 읽으면서 현장 속에서 다시 공부를 한 겁니다. 그래서 **인간의 경제적 자유가 모든 자유의 기초가 되고 내가 내 재산을 가질 수 있는 자유, 처분할 수 있는 자유, 인생을 설계할 수 있는 자유야말로 번영의 조건이라는 것**을 명백하게 깨달았습니다.

개인적으로 공부를 열심히 하고, 운이 좋아서 경제 기자를 하고, 운이 좋아서 특파원을 간 것 외에도 이런 요인도 있습니다. 젊은 나이에도 일찍 자유에 눈을 뜨는 사람도 있습니다만, 저같이 아둔한 사람들은 젊은 시절에 그냥 휩쓸리게 됩니다. 뭔가 사회구조적인 걸로 설명하면 그럴듯해 보이고, 점점 자만하게 되고, 사회를 개조해야 한다면서 하루 저녁에도 공화국을 몇 개씩 지었다가 부수면서 청춘을 보내게 됩니다. 그런 청춘을 보낸 뒤, 인생의 진면목에 눈을 떠가면서 자유를 조금씩 알게 되는 겁니다.

🎙️ **정규재TV를 보면 많은 정보를 갖고 있는 것 같은데, 그 정보의 경로가 궁금합니다.**

정보가 아니라 지식입니다. 신문에 안 난, 공식적으로 확인되지 않은 뭔가의 고급 정보는 없습니다. 지식과 사실Fact이 우리를 움직이고 진실을 결정하는 것이지 은밀하게 전파되는 고급 정보는 존재하지 않습니다. 다시 말해 '찌라시'는 없습니다.

제가 일선기자를 할 때 증권부 기자를 오래 했는데요. 증권기자를 할 때도 보면, 온갖 정보와 루머가 많잖아요. 저는 찌라시를 본 적이 거의 없습니다. 찌라시를 보는 순간, 너무 재미있거든요. 거기에 맛을 들이면, 마치 그것이 세계를 움직여가는 기본적인 힘처럼 느껴져요. 만일 대통령이 아침에 출근했을 때, 책상 위에 놓인 온통 '카더라'로 가득한 정보를 읽는다고 생각해봅시다. 어떤 국회의원이 어제 저녁 룸살롱에서 얼마의 돈을 썼으며, 모 기업의 2세는 연예인 모 양과 연애 중이고⋯. 그걸 보고는 신문에도 안 나는 고급 정보를 내가 다 보고 있구나, 하면서 마치 세상일이 자기 손바닥에 있는 듯이 생각하게 된다면 국정은 끝나는 겁니다.

세상은 음모에 의해서 이루어지지 않습니다. 우리가 알 수 없는 불가사의한 법칙에 의해서 움직이죠. 현실에 대한 끊임없는 공부, 또는 역사 법칙에 대한 끊임없는 탐구가 쌓이면 융합적인 지혜가 샘솟기 시작하죠. 그런 지혜를 가진 사람들이 간혹 있는데, 그런 사람들이 법칙을 일부 이해하고 예측이란 걸 할 수 있는 겁니다. 예지나 예측 능력은 저와는 거리가 먼 얘기고 가지고 싶은 마음도 없습니다만, 주변에 그런 능력을 조금씩 가지신 분들의 특징을 보면 사이드 정보나 내밀한 1급 정보가 아닌 충분한 공부에서 오는 인간, 사회, 정치에 대한 이해가 있다는 겁니다.

🎙 인생의 성공을 어떻게 봐야 합니까?

무엇을 인생의 성공이라고 보느냐는 질문만큼 원초적이고 어려운 질문이 없을 겁니다. 세속적인 좋은 직업을 갖는다, 자신의 이름이 세상에 알려져서 타인의 눈을 통한 자기 자신의 인증이란 기회가 있다, 물질적으로 약간 여유가 있다, 극단적인 불운이 없다. 이런 정도면 외형적으로는 성공한 인생이라고 할 수 있겠죠. 근데 무엇이 정말 좋은 인생이었다고 회고할 수 있을 것인가? 글쎄요. 저는 아직 인생의 성공을 회고할 만한 나이가 아닙니다. 그렇다면 스스로의 인생을 성공이라고 판단하는가? 글쎄요. 저는 그런 문제에 대해서 전혀 생각해보지 않았습니다. 그렇다면 자신이 하는 일에 만족하는가? 네, 만족합니다. 끊임없는 지식 부족에 목말라하는 것 때문에 괴롭긴 하지만 그것 또한 즐기고 있으니 무난하다고 볼 수 있겠죠. 근데, 이런 문제를 누가 판단할 수 있겠습니까?

🎙 힐링이라는 게 대유행인데 어떻게 생각하시는지요?

요즘 TV 프로그램에서 '힐링'이라는 말이 자주 등장하죠. 저는 TV를 즐겨 보지 않습니다만, 보도해놓은 것들을 보면 '힐링'이란 말이 만연한 것을 보게 됩니다. 근데 저는 힐링이라는 말이 우리 사회가 병들어 있기 때문에 자꾸 나온다고 생각하지 않습니다. 일종의 증후군처럼 오히려 힐링이라는 말이 자꾸 나오니까 사회가 병적이라고 느껴지는 것 같습니다. 옛날 독일의 나치당이 히틀러를 향해 '하일 히틀러!Heil Hitler!'라고 하지 않습니까. '하일'이 '치유자'라는 뜻입니다. 병든 독일정신을 치유하고, 1차 대전으로부터 상처받고 있는 독일인을 구원해준다는 뜻입니다. 지금 그거 하자는 건가요? 누가 절더러 힐링이라는 얘기를 하면 굉장히 불쾌할 것 같아요. 힐링이라니!

'힐링'의 열풍은 사적 공간과 공적 공간을 혼동하고 있는 겁니다. 예를 들어, 한 TV프로그램 안철수 편을 보세요. 자신의 사적 얘기를 천연덕스럽게 하죠. 교과서에서도 띄워주고 하니까 본인이 위인인 줄 착각하고 기억을 재구성합니다. 술집에 가봤느냐? 가 본 적이 없다. 단란주점도 안 가보셨나? 단란이 뭐에요? 천연덕스럽게 거짓말을 하는 거죠. V3 바이러스 개발하느라 밤새우다가 가족들에게 말도 못 하고 입대를 했는데, 그것을 나중에 깨달아서 어쩌고저쩌고. 부인이 역까지 와서 배웅하고 돌아갔다는 얘기까지 했는데, 그런 앞뒤가 안 맞는 말을 하면 어떡합니까? 기억이 재구성되고 있는 겁니다. 뭔가 자기 인생이 필연적으로 위인의 과정을 거쳐 왔던 것처럼 재구성되고 있는 거죠. 우리나라에 백신 업체들이 왜 다 엉터리인지 아십니까? 안철수가 백신을 공짜로 막 뿌렸기 때문에 그렇잖아요. 다른 경쟁자를 죽이려고 덤핑을 친 겁니다. 사회를 위해 내놓은 것이 아니죠. 근데 그걸 마치 사회공헌

활동인 것처럼 또 거짓말하고. 있지도 않은 이야기를 떠들어대고 눈물샘을 자극하는 게 지금 TV들이 하는 힐링이죠. 차마 눈 뜨고 볼 수 없는 생쇼를 하는 겁니다. 독립자존적 존재인 인간이 왜 그런 힐링을 받습니까? 아프면 병원에 가야죠.

중국위기론, 어떻게 보시나요?

중국에 대한 논문이나 책 등을 찾아보면 극단적인 의견들이 있는 것을 알 수 있습니다. 중국이 고도로 성장해서 일정 기간이 지나면 미국을 능가하는 정도의 경제 규모로 성장할 것이라는 의견이 있구요. 물론 미국과 중국의 인구 차이가 워낙 많이 나기 때문에 중국이 국민소득 1만~1만 5천 달러 정도만 되어도 미국을 능가할 수 있을 겁니다. 규모자체로는. 근데 또 한 편에서는 중국이 슈퍼파워 또는 G2가 되는 게 불가능하다는 의견도 있습니다.

근데 우리가 하나 알아야 할 것은 어떤 국가나 국가 시스템을 평가할 때는 이념적 태도에서 보는 게 아니라 하나의 원칙적 관점으로 접근해야 한다는 점입니다. 현재 중국이 도달해 있는 과정이 보편적 역사 흐름으로 볼 때 어느 정도 단계에 와있는지를 정확하게 판별하는 것이 매우 중요하죠.

문턱이론이라는 게 있습니다. 한국은 이승만 대통령이 씨를 뿌리고, 박정희 대통령이 근대화 산업화를 길러내서 중산층을 만들어냈습니다. 그렇게 만들어진 중산층이 구각을 깨는 민주화의 기반이 되었죠. 그런 의미에서 본다면 한국 민주주의가 가능한 물질적 토대를 만들어 낸 사람은 박정희라고 아주 역설적으로 얘기할 수 있습니다. 찢어지게 가난한 나라에서 민주주의 운동이 일어날 수 없습니다. 대개 중산층이 두텁게 형성되고, 그들이 시민계급으로 전환하는 과정에서 민주주의에 대한 요구가 폭발하게 되죠. 바로 그 질적 변환의 기간에 중국이 들어섰는지를 판단하는 것이 관건입니다. 그게 중국위기론의 본질이죠. 국민소득 5,000~8,000달러 정도가 소위 문턱구간이라는 학자들의 평균적인 견해가 있습니다.

중국은 어떻게든 정치적 위기를 맞게 될 겁니다. 인류 보편의 민주적 가치를 받아들이고 인권이 보장되고 만인이 법 앞에서 평등한 법치주의로 나아가는 과정, 즉 구각을 깨는 과정에서 얼마만큼의 파열음을 낼 것인가가 또 하나의 질문이 될 수 있겠죠. 중국이 분열되는 극단적 사태까지 갈지, 천안문 사태가 본격적 형태로 나타나면서 진행될 것인지, 또 여러 가지가 복합적으로 나타날 것인지. 아직 시진핑이 정치 변혁에 대한 블루프린트를 내놓지 않고 있습니다. 당분간 공산당 독재체제를 꾸려나가는 프로세스로 운영되겠지만, 곧 질적 변환이 올 것이라고 봅니다. 그건 하나의 역사적 법칙이기 때문에 피해가기 어려울 겁니다.

🎙 **향후 5년 동안 어떤 시대가 도래할 거라고 보십니까?**

제가 조갑제 선생님과 이런 저런 얘기할 때, 조 선생님이 박근혜 정부 기간 동안 통일을 위한 움직임이 시작되어야 한다고 하셨는데, 전적으로 동의합니다. 더불어 한국이 저성장의 함정에서 벗어나고 대중민주주의의 인민주의적 속성, 입법우위의 정치시스템과 법치의 후퇴 등이 교정되고 새로운 선진형 민주주의의 길로 들어서는 시기가 되어야 한다고 생각합니다. 전망은 아니고 그렇게 되기를 바라는 기대의 차원에서 드리는 말씀입니다.

🎙 **우리 경제가 일본에 종속되지 않을 런지요?**

우리가 개성공단에서 보지 않았습니까? 개성공단은 북한이 우리 중소기업들에게 일방적으로 시혜를 베풀어 주는 것이 아닙니다. 북한이 개성공단에 대해 오판했던 이유는 마치 북한 애들이 땅과 노동력을 내주고 남한의 기업가들이 와서 이익을 보고 있다는 생각을 했기 때문입니다. 자신들이 이익을 보는 것을 인식하지 못한 채, 자신들이 개성공단에서 나가라고 엄포를 놓으면 우리 기업들이 못 나갈 것이라고 오판한 것이죠. 서로의 혜택을 모두 감안했을 경우에 전체가 보이는 겁니다. 시장경제의 확산이 원래 그런 성격을 갖고 있습니다. 만약 황해도와 평안도 전체가 개성공단이라면 남북 간에는 전쟁의 가능성이 없어집니다. 누군가가 철수하겠다는 일 자체가 불가능하죠.

일본이 한국에 대해 무역 흑자를 내고 한국의 주요 부품을 일본에서 많이 가져다 쓰기 때문에 외견상으로는 한국이 일본 경제에 종속되는 듯 보이지만, 한국이 부품을 사주지 않으면 일본 기업도 망하게 됩니다. 게가 조갯살을 물고, 조개가 게를 다시 물고 있는 그런 형태입니다. 누구도 함부로 할 수 없죠. 그게 거래 관계라는 겁니다. 일본이 일방적으로 무역흑자를 보지만, 우리가 일본에게서 보는 무역적자는 또 중국에 대한 무역흑자로 상쇄되죠. 그렇게 경제가 맞물려 돌아가고 있는 겁니다. 물론 한 나라에 우리가 너무 많은 무역적자를 보고 있으니 가능한 한 다변화시켜야 한다는 주장은 옳지만, 우리가 일본에 종속되었다는 주장은 잘못된 겁니다.

예를 들어 미국은 전 세계에 대해서 무역 적자를 봅니다. 그럼 미국이 세계 경제에 대해 종속이 되었을까요? 바로 그것이 시장경제의 장점입니다. 서로 전혀 모르는 관계, 심지어 적대적인 관계조차도 거래를 함으로서 억지로라도 평화를 유지하게 된다는 겁니다. 시장경제 시스템은 평화를 만들어낸다는 주장이 바로 거기서 나오는 거죠. 일본이 한국을 일방적으로 약탈하는 관계다. 그럼 전쟁을 통해 그 관계를 끊어 버리면 되죠. 그러나 일본에서 수출한 부품으로 제품을 만들어서 중국에 파는 거래관계로 꽉 맞물려 있습니다.

🎙 청년실업과 정년 연장에 대해 어떻게 보십니까?

요즘 정부가 일자리를 만든다고 여러 대책을 많이 내놓고 있습니다. 범정부 차원에서 근무시간을 줄이고 일자리를 정부부처별로 몇만 개씩 만들어내겠다고 대대적으로 보도했죠. 저는 일자리 창출에 대한 정부의 지력이 높지 않다고 봅니다.

첫째, 일자리라는 것은 누가 뭐라 해도 기업이 만듭니다. 아니면 스스로가 만들거나. 자신이 만들건 기업이 만들건 경제활동을 통해 만들어지는 것이죠. 둘째, 정부는 일자리를 만들 수 없습니다. 정부가 일자리를 만들면 그 임금을 주기 위해 민간 부문에서 일자리가 1보다 크게 줄어듭니다. 공무원 한 명을 먹여 살리기 위해서 민간에서는 1.5명의 일자리가 없어지는 겁니다. 셋째, 일자리가 만들어지려면 누가 뭐래도 파이가 커져야 합니다. 경제성장이 되어야 한다는 겁니다. 임금수준이 낮아지지 않고 일자리가 많아지려면 경제가 성장하는 수밖에 없습니다.

그런데 지금처럼 경제 성장에 대한 계획 없이 일자리를 늘리는 전략은 오로지 하나입니다. 일자리를 나누는 거죠. 그러면 기존 노동자가 자신의 임금을 일정 부분 나누어줘야 하는 겁니다. 예를 들어 100만 원을 받던 노동자 4명이 20만 원씩 내놓아서 80만 원의 임금을 받는 노동자를 한 명 더 만들어내는 식이죠. 이게 가능할까요? 노동자들이 가만히 있겠습니까? 누가 바봅니까?

정년 연장 문제는 언제 한 번 얘기를 드렸습니다. 당시 19세기의 비스마르크가 어떻게 정년이라는 제도를 만들어냈는지 여러 가지 이야기를 해드렸죠. 최근 들어 각종 할당제들이 나오고 있는데요. 참, 국회의원들의 지력을 의심할 수밖에 없습니다. 의욕이 앞선다고 표현해야 할까요.

🎙 **정규재TV는 어떻게 시작하시게 됐나요?**

당시 4월 총선과 연말 대선을 앞두고 정치적 승리를 거머쥐기 위한 거짓 주장과 선동이 난무했습니다. 사람들이 잘못된 사실에 휘둘리는 것을 바로잡기 위해 시작하게 됐습니다. 김 PD와 남대문 시장에서 가서 자비로 카메라를 샀죠.

🎙 **정규재TV의 매력은 어디에 있다고 생각하십니까?**

조미료를 넣지 않은 음식은 처음엔 맛이 없지만 먹다 보면 건강도 좋아지고 식재료 본연의 맛을 느끼게 됩니다. 정규재TV의 매력도 마찬가지입니다. 우리 사회에 지적이면서도 논리적 교양을 갖길 원하는 사람들이 두텁게 존재할 거라 믿었는데, 방송을 통해 그것을 확인한 것 같습니다.

🎙️ 보수꼴통, 보수의 아이콘
이런 수식어에 대해 어떻게 생각하시나요?

　보수란 말은 여러 오해를 불러일으킬 수 있습니다. 저의 논조는 기본적으로 자유민주주의를 정치 시스템이라는 가치 속에서 지키는 것입니다. 자유민주주의는 대중민주주의, 길거리 민주주의, 참여민주주의와는 상당히 성격이 다릅니다.
　'정규재TV'가 약간 어렵게 느껴지는 이유는 여기에 있습니다. '정규재TV'가 '나는 꼼수다'를 할 수는 없는 것입니다. 자유민주주의는 숙고할 수 있는 능력이 있는 구성원과 유권자를 대상으로 합니다. 숙고할 능력 배양을 게을리 하면 어렵게 느껴질 수 있습니다.
　'정규재TV'가 기조로 하는 이념은 자유시장주의입니다. 시장의 경쟁이 공정한 사회질서를 만들어낸다는 게 기본 철학입니다. 사람들은 공정한 분배 시스템이 시장경제 시스템과 상극이거나 다르다고 생각하지만 전혀 그렇지 않습니다. 그걸 이해하려면 어느 정도 지적 수련이 필요합니다.
　예를 들어 오늘 아침 해가 떴다는 말의 진실은 해가 뜬 게 아니라 지구가 한 바퀴를 돈 겁니다. 그래서 천동설 주의와 지동설 주의가 있습니다. 시장경제 시스템은 천동설 주의자가 지동설을 가르쳐주는 것만큼 설명하기 힘듭니다. 천동설이 아니라 지동설임을 깨닫는 데에 나름 교육이 필요하듯, 시장경제 시스템이 개인과 집단을 어떻게 공정하게 만들어 가는지 알기 위해서는 약간의 노력이 필요합니다.

그 노력이 결여되면 시장이 공정한 정치시스템과 괴리됐다거나, 시장이 불공정한 시스템을 만들어낸다는 오해와 정치적 오염 상태를 만들어냅니다. '한국경제'는 일종의 무지의 확산을 막아야 하는 사명을 띠고 있습니다. '한국경제'가 지향하는 가치가 사회를 보다 공정하고 투명하고 선진사회로 이끌 수 있고, 시장이란 모든 사람을 잘 살게 하는 가장 강력한 시스템이라고 생각하기 때문에 그런 논조는 유지해야하고 그것이 제 사명이기도 합니다.

제가 TV방송 '백분토론'이나 '심야토론'에서 싸우는 것을 보면 '정규재 실장은 굉장히 터프하거나 강성'이라고 생각하기 쉽습니다만, 알고 보면 굉장히 재미있고 부드럽고 웃기는 성격의 사람입니다. 요즘은 정치인이 (토론장에) 나와서 말도 안 되는 이야기를 그럴듯하게 합니다. 제한된 시간 내에서 정치인들은 정치선전을 퍼부어놓고 도망을 가버립니다. 제대로 이야기할 시간이 없어 좀 짜증이 납니다. 혹 그런 모습이 또 보이더라도 좀 귀엽게 봐주시기 바랍니다.(웃음)

🎙 신문사 논설위원들의 하루는 어떻습니까?

논설위원들의 일과는 신문사의 논조를 정하고 신문사의 당론을 정하는 것입니다. 다양한 사회문제에 논평을 내고 우리의 주장을 드러내는 것입니다. 하루 종일을 토론으로 보냅니다. 소위 집단지성의 프로세스로 사설을 만들게 됩니다.

가능하면 독자들에게 쉽게 다가갈 수 있는 재미있는 사설을 쓰려 합니다. 최근 몇 년 동안 사설을 읽는 (독자) 비율이 좀 줄어들었는데 지금은 고정 팬이 많이 늘었습니다. 제가 맡은 이후 (논설을) 발랄하고, 시쳇말로 꼰대처럼 쓰지 않으려고 노력합니다. 즐겁게 정보를 담아 재미있게 쓰려고 합니다.

그 연장선상에서 보면 젊은 독자들은 텍스트보다 영상을 좋아합니다. 지면 제약 없이 영상으로 사설 정보를 제공하는 '정규재TV'를 그래서 만들게 됐습니다. 인기가 폭발적입니다. 제가 알기로 소녀시대, 시스타 등 몇몇 공연 제외하면 독보적인 클릭수이지 않나 싶습니다. 교양 영상으로 이 정도 페이지뷰가 나오는 게 저로서는 '조용한 기적'입니다. 이게 잘되면 '정규재 TV'가 누구나 시장경제를 공부할 수 있는 하나의 거대한 센터가 될 거라 기대합니다. 강력한 또 하나의 매체, 발전소, 센터, 올바른 논리가 생산되고 누구나 토론하는 공간이 되길 희망하고 있습니다. 빨리 가입하시길 바랍니다.

🎙 **기자직을 꿈꾸는 젊은이들에게 소신을 들려주십시오.**

내 기자 소신은 사실이 인도하는 대로 간다는 겁니다. 어떤 사실을 사실로 포착하는 것은 주관적이지만 끊임없이 사실과 상호작용해야 한다는 게 소신입니다. 요즘 젊은 친구들은 무엇을 주장할지에 대한 콘텐트를 공부하기 전에 주장하는 행위에 대한 매력을 느끼는 듯합니다. 텍스트 기반 기자이든, 방송 매체 기자이든, 이미지 중심 논리를 만드는 기자이든, 텍스트 해독력이 가장 중요합니다. 설사 이미지나 영상 전문기자가 되고 싶다 하더라도 기본적인 논리 구조는 텍스트의 힘이고, 그에 대한 공부를 게을리 하면 안 됩니다.

기자가 되고 싶은 후배라면 엄청난 독서량에 도전해야 합니다. 독서량이 풍부해진 다음에야 사실을 포착할 능력이 생깁니다. 세상 모든 것이 기사가 되지 않기 때문에 충분한 텍스트를 읽는 능력이 가장 중요합니다.

🎙 **청춘 세대에 대한 걱정과 담론이 많은 요즘입니다.
인생 선배로서 힘이 되는 조언 들려주십시오.**

요즘 청춘 멘토라는 사람들이 많이 있습니다. 얼마 전 멘토 동영상들을 보니 가짜도 많더군요. 마치 자신은 인생을 예정된 순서대로 창의적으로 이타적으로, 사회에 대한 부채의식을 가지고, 처음부터 봉사의 삶을 설계해 살아온 것처럼 이야기합니다. 예전에는

일자리가 많았는데 지금은 없다고 거짓말하는 사람도 많습니다.

실제 인생이 예정돼 있으면 누가 두려워하고 서성이고 불안해하겠습니까. 청춘이 청춘인 이유는 아무것도 아니기에 괴로운 겁니다. 지식도 짧고, 내가 뭘 할지도 모르고, 심지어 대학교 4학년생이 자기 적성이 뭔지, 전공이 제대로 됐는지도 모릅니다.

심지어 저 자신도 모릅니다. 나 역시 50 후반 나이에, 내 적성에 맞는 일을 해왔는지 돌이켜보면 나도 모르겠습니다. 나도 모르겠는데 젊은 친구들이 어떻게 알겠습니까? 모르는 게 정상입니다.

모르고 불안해서 초조한 게 자연 상태입니다. 이걸 너무 이상하다고 생각하면 안 됩니다. 청춘은 원래 그렇습니다. 불안함, 미확정성, 두려움 이런 것들은 나이가 들어도 인생에서 떼려야 뗄 수 없는 동반자입니다. 마치 이런 것이 해소될 수 있는 것처럼 이야기하는 류는 다 거짓말입니다. 마치 출세한 사람이 자기 옛날 자랑처럼 할 수 있는 그런 이야기입니다.

청춘이 태산같이 우러러보는 부모들도 같은 고민을 합니다. 그건 더불어 살아가는 것이지 굳이 청춘만이 가진 고민은 아닙니다 다만 청춘기에 그 불안이 더 심합니다.

당연하게 받아들여야 넘어설 수 있습니다. 자기 불안을 과장되게 인식하지 마시기 바랍니다. 편안하고 담대하게 인식하고 굳건한 생각을 가지는 것이 좋은 청춘기와 좋은 30대 40대로 진입하는 에너지와 힘이 될 것입니다.

정규재TV 닥치고 진실

초판 인쇄 2014년 5월 14일
초판 발행 2014년 5월 20일

저 자 정규재

펴낸이 권기대
펴낸곳 도서출판 베가북스

책임편집 이민애
디자인 김은희
마케팅 배혜진 추미경 송문주

출판등록 제313-2004-000221호

주소 (158-859) 서울시 양천구 중앙로 48길 63 다모아 202호
주문 및 문의전화 02)322-7241 **팩스** 02)322-7242

ISBN 978-89-92309-74-5

※ 이 책의 판권은 지은이와 베가북스에 있습니다. 이 책 내용의 전부 혹은 일부를 재사용하려면 반드시 양측의 서면 동의를 받아야 합니다.
※ 좋은 책을 만드는 것은 바로 독자 여러분입니다.
책에 대한 아이디어나 원고가 있으신 분은 vega7241@naver.com으로 간단한 개요와 취지, 연락처 등을 보내주세요.

홈페이지 www.vegabooks.co.kr
블로그 http://blog.naver.com/vegabooks.do
트위터 @VegaBooksCo   **이메일** vegabooks@naver.com